J. Friedl 99

Barbara Frischmuth

Fingerkraut und Feenhandschuh

Barbara Frischmuth

Fingerkraut und Feenhandschuh

Ein literarisches Gartentagebuch

Mit Fotografien von Herbert Pirker

AUFBAU-VERLAG

»An Tulpen ist«, sagte er, »daß man ihnen den Hals umdrehen kann, ohne ins Kriminal zu kommen.«

Peter Altenberg

Der Blickwinkel

Gegen acht Uhr morgens. Hinter dem Ahorngeripppe ein bedeckter Himmel wie gekämmte Schafwolle, mit einem Stich ins Gelbliche. Es tut sich ein Loch auf – rauschgoldfarben, als bereite sich die Erscheinung des Herrn vor. Während ich von meinem Brot abbeiße, verdichtet sich alles wieder. Kurz darauf kämpft sich die Sonne für Sekunden aus dem Gewölk, und augenblicklich beginnt das Weiß zu glänzen.

Es hat zugeschneit über Nacht. Zu Bauschen geblähte Flocken balancieren ihre Schwünge aus, als fielen sie nicht einfach herab, sondern ließen sich nieder, auf Büschen und Bäumen, auf Sträuchern und Stauden, in den Zwischenräumen. Und sie decken zu, was an nicht getane Arbeit gemahnt, an nicht zeitgerecht Zusammengebundenes, Abgeschnittenes. Schnee ist der beste Schutz, solange er liegenbleibt. Und in 750 Metern Seehöhe ist die Wahrscheinlichkeit groß, daß er liegenbleibt.

Zeit der Entspannung. Keine Krähen, keine Amseln, kein Singvogelverein, der einem beim ersten hellen Schein ins Ohr trällert, wie spät es schon ist. Keine Rundgänge, ungewaschen und mit leerem Magen, um der Schnecken, des Unkrauts, der Austrocknung Herr zu werden. Kein Überanstrengen des Blicks, wird es endlich regnen oder endlich aufhören zu regnen? Diese schwefelgelbe Wolke aus Südsüdost – ob die Hagel bringt? Kein fortwährendes Schieflegen des Kopfes: sollte man den Leittrieb der Blutpflaume nicht doch noch einkürzen, damit sie mehr Krone macht?

Aufstehen, wann man ausgeschlafen ist, in Ruhe frühstücken, die Welt da draußen erst einmal aus dem Fenster wahrnehmen. Wenn außer Flocken überhaupt etwas wahrzunehmen ist.

Der Blick – die Menschen reden hier viel vom Blick und meinen die Aussicht –, der Blick zwischen die Berge läuft in wehende Schwaden aus. Nur der riesige, blattlose Ahorn des Nachbargartens behält seine Kontur, so wie die roten Ranken des wilden Weins, *Parthenocissus quinquefolia*, die die ganze Veranda bedeckt halten und auch noch überm Eßzimmerfenster baumeln. Im Vorjahr hat sich ein viele Meter langer Trieb durch das Einstiegsloch der Marder Zutritt zum Dachboden verschafft, ihn durchquert, fahl und schlaff, und sich zwischen alten Schuhen und ausrangierten Koffern einen Weg gebahnt, ohne je wieder einen Ausstieg gefunden zu haben.

Kündigt sich am Ende der erste Schneesturm an? Wäre durchaus möglich, aber es ist bloß eine Meise, die nach den blauen Beeren pickt und mit der Ranke vor dem Fenster hin- und herschwingt. Endlich haben die Meisen diese Beeren entdeckt, nachdem Krähen und Amseln fast alle aufgefressen haben. Ist
es überhaupt eine Meise? Mit der Lesebrille und im Gegenlicht bin ich mir nicht so sicher. Die andere Brille liegt zwei Armlängen entfernt am Rande des Tisches. Wenn ich mich vorbeuge, fliegt der Vogel weg. Als er mir kurz den Rücken zukehrt, um mit aller Kraft eine der Beeren abzusäbeln, hole ich mir die andere Brille.

Es ist eine Meise, und ich frage mich, wie sie die große Beere mit ihrem kleinen Schnabel bewältigen will. Mißtrauisch schaut sie kurz auf, dann wirft sie sich abweisend in die Lüfte, als gehe es mich überhaupt nichts an, wie sie mit ihrer Beute fertig wird. Dabei mache ich mich um sie und ihresgleichen laufend verdient. Meisenringe, freischwebendes Futterhäuschen, Netze voller Erdnüsse. Noch ignorieren sie das alles. Aber wartet, Freunde, der Winter zeigt irgendwann sein wahres Gesicht. Da werdet ihr mich dann schon zusehen lassen, wie ihr die Schnäbel ins Fett bohrt.

Sind die Meisen tatsächlich so dumm, daß sie die Beeren erst jetzt bemerken? Was aber, wenn sie sich gerade die auf den hin- und herschwingenden Ranken, die für die großen Vögel – mangels Halt – ohnehin nicht leicht zu erwischen sind, als Futterdepot für die Zeit der Schneefälle aufgehoben haben?

Halte ich die Krähen nur deshalb für intelligenter, weil sie Ende Oktober, als die Weinbeeren prall und schwarz waren, einen strategisch ausgefeilten Beutezug unternahmen und dabei tatsächlich fast alle Beeren an sich brachten bis auf diese hier?

Ich frühstückte ebenfalls gerade, als der Himmel im Fenster sich schlagartig verdüsterte wie vom schwarzen Flügelschlag der Posaunenengel. Die Ranken peitschten gegen die Scheiben, als handle es sich um einen Orkan.

Die Attacke wurde vom Dach gegenüber geleitet. Jeweils die Hälfte des Schwarms blieb auf dem First sitzen, hielt den Kopf schief und beäugte die Aktion. Die anderen zehn bis fünfzehn stürzten sich auf die festsitzenden Früchte, rupften sie ab, wobei die scharlachroten Blätter erst hochwirbelten und dann in verhaltenen Schleifen, vermischt mit ein paar schwarzen Flaumfedern, zu Boden schwebten.

Der Angriff wiederholte sich mehrere Male. Sobald ich mich bewegte, wurde er abgebrochen. Vorsicht ist die Mutter des Bestandes. Es mußte in

der Nacht kurz geschneit haben, denn unterhalb der Krähen-
linie, wo das Dach den Fallwinkel ändert, lag ein zarter Streifen
Schnee und unterstrich auf geheimnisvolle Weise die Entschlossenheit der Krähen.

Ich gebe zu, dieser Ausfall hat mir imponiert, so präzise wie
diese stattlichen Vögel – in zeitlichem und handlungsmäßigem Einklang –
aufeinander eingespielt zu sein schienen. Es war wie im Kino.

Für diesmal bleibt es bei der einen Meise mit der einen Beere, und ich kann es
mir endlich erlauben, an den Garten als Garten zu denken, begrifflich sozusagen, in den Dimensionen eines Buches, jetzt, wo er unterm Schnee verschwunden ist.

Was also ist ein Garten? Darauf wußte ich eine Antwort, bevor ich einen
Garten hatte. Wahrscheinlich sollte ich mich konkreter fragen: was hat es mit
meinem Garten auf sich, was bedeutet er mir, wie lebe ich darin?

Seit zehn Jahren versuche ich, mir ein paar vernünftige Sätze dazu einfallen zu lassen, schreibe sie in kleine linierte Bücher, die ich dann nebeneinander ins Regal stelle. Wenn ich später einmal voller Hoffnung hineinschaue,
lesen sie sich wie der gesammelte Wetterbericht, wie Pflanzanleitungen auf
der Rückseite von Samenpäckchen (nur ausführlicher), aber auch wie Ver-
lustanzeigen. So viel ist mir also schon ein- oder verlorengegangen. Wie entmutigend. Gleich darauf richte ich mich an den Fotos, die ich in all den Jahren von meinem Garten gemacht habe, wieder auf. Was da nicht schon alles
geblüht hat, noch dazu dokumentarisch festgehalten.

Begonnen hat alles mit einem Grundstück, das günstig zu erwerben war
und auf dem ein Haus gebaut werden sollte. Gelegenheit macht Gärtner. Ich
bin ein Mensch der Schrift und ordne meine Welt nach Buchstaben. Allein
die Aussicht auf einen Garten ließ mich Stöße von Büchern kaufen. Ich las,
was greifbar war, von der philosophischen Abhandlung bis zum Auspflanz-
buch, von Anleitungen zur Rosenwartung bis zu Tips für die Bodenverbes-
serung. Und war so unerfahren wie jemand, der Reiten vom Hörensagen lernen will anstatt mit seinem Pferd.

Zum Glück gab es hilfreiche Nachbarinnen, die sich mit Sämlingen und
Ablegern einstellten und gerne bereit waren, mir meine Mißerfolge zu erklären oder mit Kompost auszuhelfen, bis ich selber welchen hatte.

Ich will nicht sagen, daß die Lektüre von Gartenbüchern mir nicht
genützt hätte. Sie hat mir sehr genützt, indem sie Richtlinien setzte, an denen ich mich orientieren konnte und die meinen Ehrgeiz weckten. Aber

wirklich zu gärtnern fing ich erst an, als ich den Garten sich äußern hörte, in den Sätzen seiner Bedürfnisse.

Wie so oft, stand am Anfang nicht das Wort, sondern ein Verständigungsproblem. Solange man glaubt, man würde einen Garten ›schaffen‹, ist man weder wirklich bei sich noch beim Garten. Es kann höchstens darum gehen, ihn in Erscheinung zu locken. So bringt er einen dazu, für ihn zu arbeiten, gelegentlich ziemlich schwer, aber auch für sich selbst etwas zu tun – wer bewegt sich schon freiwillig so viel, wie er sollte –, was ihm mit noch mehr Arbeit gedankt wird.

Von einem bestimmten Zeitpunkt an ist die Stimme des Gartens, sein forderndes Gedeihen, gar nicht mehr zum Verstummen zu bringen. Nicht der Gärtner ist es, der der Natur einen Garten abgetrotzt hat, sondern der Garten hat sich einen Gärtner gefunden, der an seinem Zustandekommen leidenschaftlich interessiert ist.

Die Thesen des Ethnobotanikers Wolf-Dieter Storl klingen nur auf den ersten Blick wirklich kühn. Er vermutet nämlich, daß die Pflanzen die Tiere – und somit auch uns Menschen – ›erfunden‹ haben könnten, um den überschüssigen Sauerstoff, den ›Abfall‹ der Photosynthese, zu entsorgen.

Es hat mich harte Arbeit gekostet, meinem Garten das Gartensein schmackhaft zu machen. Während des Hausbaus war ich meist in Wien und in die Lektüre verschiedener Naturgartenbücher vertieft, die von selbständigen Gärten schwärmten, für die man so gut wie nichts tun müsse, da sich in der Natur ohnehin alles von selbst regle, wenn man es nur zuließe. Was ja stimmt, nur daß das auf diese Weise Zugelassene dann wenig mit einem Garten zu tun hat und letztlich den Verzicht auf die gärtnerisch ›gehegte‹ Vielfalt bedeutet. Diese Bücher sind deshalb so populär, weil sie einem einreden wollen, daß ein Garten keine Arbeit mache, was auch noch mit entsprechenden Bildern untermauert werden soll. Da ich selbst seit Jahren Fotos von meinem Garten mache, wenn auch nur für den Hausgebrauch, weiß ich, wie viel an Unansehnlichem auf Fotos kaschiert werden kann.

Jedenfalls bemerkte ich vor lauter Naturgarten-Illusionen gar nicht, daß der Baumeister die fruchtbare Aushuberde abtransportiert und nach Fertigstellung des Hauses das entstandene Gefälle mit Bauschutt von anderswoher aufgefüllt hatte.

Jedes Beet, das ich in den ersten Jahren anlegte, jedes Pflanzloch, das ich grub, förderte zerbrochene Kacheln, zertrümmerte Ziegel, Mörtelklumpen, Bleirohre, Plastikplanen und jede Menge Metallschrott zutage. Von den

Steinen, die von Haus aus zahlreich im Boden vorhanden sind, ganz zu schweigen. Ich schichtete die größeren zu einer Pyramide auf, benutzte die mittleren als Beeteinfassung, schüttete die kleineren südseitig zu einem länglichen Steinbeet auf als Fußbodenheizung für meine Kürbisse, aber es aperten immer noch welche aus der Erde.

Bei all der Wühlarbeit lernte ich so einiges über die Beschaffenheit von Böden und daß der Garten einem ein hohes Maß an Beharrlichkeit abverlangt und an Hockvermögen, bis er seine Geschenke großzügig, ja geradezu verschwenderisch auszuteilen beginnt.

Das langsame Zustandekommen

Es schüttet in durchsichtigen Schnüren. Tressen- und Rötelstein, Radling und Kammergebirge sind nur mehr als verblassende Umrisse zu erkennen. In einer der Gebirgsachseln ist eine graphitfarbene Wolke zu sehen, die sich vor dem Hintergrund hellerer Schwaden immer mehr Raum schafft. Kein Schnee mehr, nicht einmal in der Kuhle des Nachbardachs. Das Fenster ist von fahrenden Tropfen überzogen, diesmal ist es der Wind, der die Ranken des wilden Weins schüttelt. Nachts war das Gluckern in den Dachrinnen so laut, daß an Schlaf nicht mehr zu denken war.

Sobald der Regen nachläßt, wird mir nichts anderes übrigbleiben, als die restlichen Beete mit Reisig abzudecken und die Stämme der von den Rehen bevorzugten Büsche und Bäume in gelochte grüne Plastikmanschetten zu packen. Die Wildrosenhecke muß noch eingekürzt werden, damit die Schneefräse sich nicht an einem in die Zufahrt ragenden Trieb verfängt. Die vertrockneten Stengel des Sedums gehören geschnitten und als Mulch ausgelegt. Englische Gärtnerinnen empfehlen, jene Blüten- und Fruchtstände stehenzulassen, die – von Rauhreif überzogen – den Garten auch im Winter wie verzaubert aussehen ließen. Aber das ist nichts für Gegenden mit viel Schnee, der alles knickt und niederdrückt. Auch wenn weit und breit keine Flocke zu erspähen ist, der Schnee ist in dieser Gegend noch jedes Jahr gekommen, mitunter auch erst im März, auf jeden Fall ausgiebig.

Rudolf Borchardt, der philosophische Gartenheilige des zwanzigsten Jahrhunderts, entwirft in seinem Buch *Der leidenschaftliche Gärtner* ein Bild des ›Heimatgartens der Menschheit‹ und versucht eine Vorstellung seiner möglichen Struktur zu geben: »Er war, wie alles urälteste Menschliche, eine ganz symmetrische Anlage, genauer gesagt eine geometrische. Alles Menschliche beginnt darum, weil der menschliche Geist eingeatmeter göttlicher Geist ist, als eine Ordnung und muß auf dem Wege der von Gott verhängten Unordnung wieder eine Ordnung werden. Der Garten Eden war eine quadratische Anlage, durch ein Kreuz von vier aus seiner Mitte entspringenden Flüssen symmetrisch aufgeteilt und bewässert.«

Dafür mag vieles sprechen, das männliche Vorzeichen beim göttlichen Geist miteingeschlossen. Ich habe dieses wunderbare Buch erst ›nach dem Sündenfall‹ gelesen. Mein Garten hat also keinerlei Ähnlichkeit mit dem des Paradieses. Es wurde auch alles verabsäumt, was ihn in die Nähe dieser Vorstellung hätte bringen können. Nicht aus Absicht – es hat sich einfach ergeben. Hinzu kommt, daß das Gelände unregelmäßig und teilweise recht abschüssig ist. Wäre der Garten in die Planung miteinbezogen gewesen, wäre so einiges begradigt, abgestützt, ausgehoben und aufgeschüttet worden. Aber selbst wenn ich das gewollt hätte, es war kein Geld mehr dafür da.

Es ging also darum, sich nach dem, was war, zu richten. Heute weiß ich, daß diese Voraussetzung ihr Gutes hatte. Sie ließ mich von Anfang an genauer hinschauen. Es gab keinen geometrischen Grundriß, der dann nach ästhetischen Gesichtspunkten mit Blumen hätte ausgefüllt werden können. Der Garten wuchs organisch, streckte sich sozusagen nach der Decke.

Und ich habe mir gestattet, Fehler zu machen. Das heißt, ich habe alles ausprobiert, wozu ich Lust hatte. Zu Anfang noch mit der typischen Überschätzung mentaler Kräfte, meiner mentalen Kräfte. So als könne man Pflanzen durch gutes Zureden und bekundete Sympathie zum Gedeihen zwingen. Ich will damit nicht sagen, daß das nicht möglich ist – im Gegenteil. Aber wenn Standort, Bodenbeschaffenheit und Kleinklima nichts taugen, müssen Pflanzen schon einen großen Narren an ihrem Gärtner oder ihrer Gärtnerin gefressen haben, wenn sie sich dennoch in ihr Programm bequemen. Zum Glück sind sie in Anspruch und Charakter dermaßen unterschiedlich, daß immer ein paar in den Garten finden, die mit dem Vorhandenen vorliebnehmen.

Ich erinnere mich noch an die Zeit, als das Indische Springkraut, *Impatiens glandulifera*, als Unkraut unter dem Namen ›die bösen Männer‹ verschrien, die pompöseste Blütenpflanze in meinem Garten war. Ich muß sie mit niedrigwachsenden Steinbrecharten (wahrscheinlich mit der roten *Saxifraga* x *arendsii*) eingeschleppt haben. Als sie plötzlich aus dem blühenden Polster in die Höhe schoß, hielt ich sie – unerfahren, wie ich war – der ersten Blätter wegen für eine versprengte Fuchsie, setzte sie in besseren Boden, goß und düngte sie, bis sie größer war als ich.

Als eine der Nachbarinnen sie – als sie etwa 20 Zentimeter hoch war – bemerkte, meinte sie nur »oje!« und hob bereits die Hand zum vernichtenden Griff. »Wenn du die einmal hast, wirst du sie nicht mehr los!« Ich konnte ihr noch gerade rechtzeitig in den Arm fallen.

Recht hatte sie, die Nachbarin. Aber ich mag diese Pflanze, obgleich sie mir gerade wegen ihrer Anspruchslosigkeit viel Arbeit macht. Sie bildet nun im Sommer eine rosa glühende, dichte Waberlohe um die drei Kompostmieten,

überragt und überduftet sie. Allerdings schleudert sie auch einen Großteil ihrer zahllosen Samen in meine zukünftige Gartenerde, was bedeutet, daß im Frühsommer überall ›böse Männer‹ aufgehen, die zu jäten ich nicht müde werde, auch wenn sie sich noch so gut tarnen. Aber deswegen kein Springkraut dulden? Auch die Hummeln würden mir eine solche Enthaltsamkeit übelnehmen.

Da wir schon einmal beim Kompost sind, er ist die Grundlage des Gartens, das, was diesen von der Natur unterscheidet. Es ist die von Menschen zubereitete Nahrung, ohne die viele Pflanzen nicht mehr wachsen wollen oder können.

Ich fing mit einem dieser quadratischen Holzgestelle an, mittlerweile sind es drei und ein Totholzplatz, aber davon später. In meinem ersten Überschwang fütterte ich den Haufen außer mit Rasenschnitt und Abgeblühtem auch noch mit allem, was in der Küche so an- und abfiel. In dem Buch zweier alter englischer Gärtnerinnen las ich von vergrabenen Föten und Bierresten, von Suppenfett und Fischskeletten, die das Gedeihen auf besondere Weise anregen sollten.

Bald warnten mich Nachbarn vor Wanderraten, auch wenn sie in erster Linie ihren Hund meinten, der angeblich fast an einer Fischgräte aus meinem Kompost erstickt wäre. Ich hörte auf damit, Knochen, Fleisch- und Speiseölreste zu kompostieren. Nicht weil sie meinen Pflanzen nicht geschmeckt hätten, aber sämtliche Hunde der Nachbarschaft hatten damit begonnen, ihren ersten morgendlichen Gang zu meinem Komposthaufen zu machen, und als Entschädigung dafür, daß sie ihn gründlich durchwühlten und alles Verzehrbare fraßen, schissen sie – mit Verlaub gesagt – auch noch überall hin. Als Gärtnerin müßte ich ihre Fäkaliengabe ja zu schätzen wissen, aber da sie die Angewohnheit haben, ihr Geschäft nicht auf dem Komposthaufen, sondern an strategisch wichtigen Stellen des Gartens zu verrichten, ist die Wahrscheinlichkeit, daß ich beim Wäscheaufhängen oder beim Wasserschöpfen aus der Regentonne hineintrete, ziemlich groß.

Geholfen hat es eigentlich nicht, daß ich meinen Komposthaufen seit Jahren fleischlos halte. Die Hunde kommen noch immer, aus Fadesse oder aus Gewohnheit, zerren Eierschalen (auf die ich ihres Kalkgehalts wegen nicht verzichten möchte) aus den Gemüseresten, fressen gelegentlich auch Karottenabschnipsel (vielleicht decken sie so ihren Vitaminbedarf) oder treffen einander quasi auf gesellschaftlicher Ebene. Und sind, wie ich herausgefunden habe, morgens bei weitem nicht die ersten. Da die Hunde erst von ihren Menschen aus dem Haus gelassen werden, sind die Krähen immer schon da gewesen und haben vorsortiert. Wenn sie dabei wenigstens ein paar von den Nacktschnecken fressen würden, die um diese Zeit aus allen Fugen gekrochen kommen. Aber ich glaube, selbst den Krähen graust vor ihnen. Möglicherweise hat es sich auch herumgesprochen, daß im Nagerldorf eine von den indischen Laufenten, die als Schneckenvertilger gehalten werden, an einem besonders klebrigen Exemplar erstickt ist.

Die allererste Wahl aber muß jener Fuchs haben, den ich gelegentlich davonschnüren sehe, wenn ich nachts mit einem Auto, dessen Scheinwerfer bis zum Kompost reichen, nach Hause gebracht werde.

Kompost kann zu einer fixen Idee werden. Karel Čapek beschreibt das in seinem Buch *Das Jahr des Gärtners* eindrücklich: »Es gibt wohl Augenblicke, wo sich der Gärtner wünscht, alle diese edlen Erdarten, Zusatzstoffe und Düngemittel [wie Taubenmist, Buchenlaub, verwester Kuhmist, alter Mauerbewurf, Torf, abgelagerte Rasenerde, verwitterte Maulwurferde, Waldhumus, Flußsand, Moorschlamm, Teichschlamm, Heideerde, Holzkohle, Holzasche, zermahlene Knochen, Hornspäne, alte Jauche, Pferdemist, Kalk, morsches Holz] zu verwenden, zu mengen und zu mischen; leider wäre dann im Garten kein Platz mehr für die Blumen. So verbessert er halt den Boden, so gut er kann, sammelt Eierschalen zu Hause, verbrennt die Knochen vom Mittagessen, hebt seine abgeschnittenen Nägel auf, kehrt Ruß aus dem Kamin, kratzt den Sand aus dem Abfalleimer. [...] Nur feige Scham hindert den Gärtner daran, auf der Straße das aufzuklauben, was die Pferde verloren haben; aber sooft er auf dem Pflaster ein hübsches Häuflein Mist erblickt, seufzt er wenigstens tief auf.« Ich weiß genau, wovon Čapek da redet, und seufze in Gedanken mit.

Und von Zeit zu Zeit überwinden die neue Nachbarin, die ihren Garten erst anlegt, und ich die genannte Scham, rücken bei Vollmond aus, um auf entfernt liegenden Feldern eimerweise ›unverbleite‹ Maulwurfserde einzusammeln. Zu Spaziergängen nehme ich den kleinen Rucksack mit (ein Werbegeschenk des ORF Studios Kärnten, das zum Bachmann-Preis ausgegeben wurde), einen zusammenklappbaren Spaten, ein paar Plastiktüten und Wegwerfhandschuhe. So mancher hochalpine getrocknete Kuhfladen – aus lauter verdauten Gebirgskräutern bestehend – hat schon auf diese Weise den Ort gewechselt, genauso wie halb verrotteter Rindenhumus von einer Tanne, die an Ort und Stelle geschlägert und geschält wurde.

Hortus conclusus

Die Fensterscheibe ist wieder einmal ganz verschmiert. Einer der Kater, die täglich zu Besuch kommen, hat mit Hilfe seines Rotzes eine Nachricht hinterlassen: Maxi was here!

Über dem Plattenkogel liegt ein mehliger Schwaden, nur die fichtengezackte obere Linie ist zu ahnen. Gleich daneben, ein wenig durchsichtiger, blasse Schleier über dem Radling. Den Tressenstein herunter läuft noch eine schneeige Schrunde, der Himmel darüber weißgrau geballt mit einem Hauch von Blau, oder ist er doch bloß schieferfarben? Stumpf leuchtet das Dach gegenüber, wie von Nässe getränkt. Es muß nachts anhaltend geregnet haben.

Die ersten Beete entstanden unmittelbar ums Haus beziehungsweise um die Terrasse herum. Ein Sonnenbeet, ein Schattenbeet, schmale Beete vor und neben der Veranda. Erst mit den Jahren wagte ich mich ins ›Freie‹ vor. Zuerst mit kleinen Bäumen und Büschen, später auch mit Stauden. Als dann vor zwei Jahren gegenüber der Terrasse gebaut wurde, war ich gezwungen, das Grundstück als endliches zu begreifen. Wo früher der Blick bis zum Dachstein über Wiesen glitt, ohne daß es eine Rolle spielte, wem sie gehörten, bildete das neue Haus eine massive Begrenzung.

Frei nach Russel Page, dem großen englischen Gartengestalter (›If you have a view – use it‹), konnte ich die Aussicht, die ich acht Jahre lang hatte, ohne florale Ablenkung genießen. Als es mit der Aussicht vorbei war, faßte ich eine Art ›Hortus conclusus‹ ins Auge und ließ eine Blutbuchenhecke pflanzen, die mit dem purpurfarbenen Laub dreier Haselbüsche sowie einigen anderen purpurblättrigen und -blütigen Gewächsen im Inneren des Gartens korrespondiert und dadurch in einem Zusammenhang mit dem Ganzen des Gartens steht.

Die meisten Pflanzen, die ich in die Beete setzte, kannte ich vom Sehen, einige davon nur aus Büchern oder Zeitschriften. Oder ich kannte die Pflanzen, nicht aber ihre Namen. Die beste Methode, mich damit vertraut zu machen, war das wiederholte Durchblättern von Pflanzenkatalogen. Auch begann ich, wo immer ich gerade war, botanische und sonstige Gärten zu besuchen, ob in Wien, Berlin, Atlanta, Kobe, Kanton, Hannover, Budapest oder Kioto.

26

Als ich noch den größeren Teil des Jahres in Wien lebte, ging ich häufig in den Alpengarten hinter dem Belvedere, aber auch zu den Versuchspflanzungen der Universität Wien im botanischen Garten. Ich fand heraus, daß es ab dem ersten April eine Liste von Überschußpflanzen gibt, hektographiert und mit ein wenig überzogenen Preisen. Aber da wurden Pflanzen angeboten, an die sonst kaum heranzukommen war.

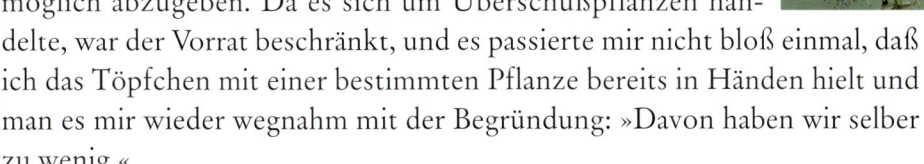

Ich versuchte also jahrelang, spätestens am 2. April zu einer solchen Liste zu kommen und meine Bestellung so rasch wie möglich abzugeben. Da es sich um Überschußpflanzen handelte, war der Vorrat beschränkt, und es passierte mir nicht bloß einmal, daß ich das Töpfchen mit einer bestimmten Pflanze bereits in Händen hielt und man es mir wieder wegnahm mit der Begründung: »Davon haben wir selber zu wenig.«

Natürlich wurde weder eine Beschreibung des späteren Aussehens der Pflanze noch eine Pflegeanleitung mitgegeben, was den Kauf von vornherein zu einem Experiment machte.

Ich gebe zu, daß ich manche Pflanze nur ihres interessant klingenden Namens wegen gekauft habe oder weil ich sie noch in keinem anderen Katalog angeboten gesehen hatte. Wie alle Anfänger traute ich mir viel zuviel zu, schließlich meinte ich es gut, und meine Neugier war nicht zu bezähmen.

So erwarb ich zum Beispiel einen Maiapfel, *Podophyllum peltatum*, weil ich ihn bei Jürgen Dahl in *Nachrichten aus dem Garten*, zwar abbildungslos, aber um so ansprechender beschrieben fand. Wie alle Überschußpflanzen war er winzig, als ich ihn an mich brachte (er war das einzige Exemplar, das zum Verkauf stand), und beinah verhungert in seinem Sandtöpfchen. Nachdem ich ihn mit dem Zug nach Altaussee gebracht hatte, setzte ich ihn ins Sonnenbeet. Er trieb mehrere fünflappige, hübsch gefleckte, aber dennoch eher unscheinbare Blätter, und ich vergaß ihn. Zwei oder drei Jahre später, als ich eine ziemlich buschig hochwuchernde Bergflockenblume, *Centaurea montana*, von ihren abgeblühten, blauen Körbchen befreite, leuchteten mir aus ihrem Schatten die roten Äpfelchen des ›Fußblattes‹ entgegen.

Wieder neugierig geworden, schaute ich in meiner – mittlerweile zur kleinen Bibliothek angewachsenen – Pflanzenbüchersammlung nach und fand heraus, daß der Maiapfel (Wurzel, Blätter, Samen) giftig ist, und zwar so sehr, daß er angeblich von manchen Indianerstämmen als Mittel zum Selbstmord verwendet wurde. Hingegen soll man aus den winzigen Äpfeln laut Roger Philipps und Nicky Foys Buch *Kräuter* ein leicht säuerlich schmeckendes

Gelee herstellen können. Eine Versuchung, in die ich mit meinen paar Beeren gewiß nicht komme. In kleinen Dosen hinwiederum soll die Pflanze statt zum Selbstmord zu Abführen und Wurmfreiheit verhelfen. In der modernen Medizin aber wird sie zur Krebsbekämpfung, das heißt zur Chemotherapie, gebraucht.

Nachdem ich das alles in Erfahrung gebracht hatte, ging ich zu meinem Maiapfel zurück, verneigte mich in Bewunderung und wünschte weiterhin gutes Gedeihen. Was der Maiapfel auch tat, sogar mit einer kleinen, aber wahrnehmbaren Neigung zur Kräftigung, die ich als Tendenz zur Verbreitung auslegte. Wie gesagt, als Tendenz.

Geduld, ob freiwillige oder erzwungene, ist es, was einem der Garten von Anfang an beibringt. Auch wenn man vielleicht nicht immer in der Stimmung ist, sich so ausdrücklich und anhaltend belehren zu lassen. Dennoch behält der Garten recht.

Ein weiterer Fund auf einer Überschußliste veranschaulicht dieses Maß an erforderlicher Geduld vielleicht am besten. Es handelt sich um pontischen Seidelbast. Ich stellte mir wunder weiß was darunter vor, als ich die etwa vier Zentimeter hohe *Daphne pontica* zum ersten Mal in Händen hielt. In Stephen Laceys *Der duftende Garten* fand ich dann die Abbildung eines ausgewachsenen Exemplars. Hübsche, dunkelgrün glänzende Blätter mit cremefarbenen sternförmigen Blütenbüscheln. Verbunden mit der Warnung: »Wenn den Seidelbastarten auch nachgesagt wird, sie seien schwer zu ziehen und unberechenbar, sollte man sich nicht davon abhalten lassen, ihnen einen Platz im Garten einzuräumen.«

Ich räumte ein und pflanzte die Winzlingin an den Fuß der Steinpyramide. Später kam ein schon ziemlich großer Wacholder, *Juniperus communis*, dazu, der im Sommer, wenn er sich ausbreiten konnte, Schatten machte, jedoch im Winter zusammengebunden wurde, damit der Schnee ihn nicht ganz an den Boden klatschte. So erhält die pontische Daphne viel Licht und ist, obwohl sie südseitig steht, im Hochsommer gut beschattet.

Im ersten Jahr war ich froh, daß ich sie überhaupt über die Runden brachte. Im zweiten Jahr geruhte sie, sich von 5 auf 8 Zentimeter zu verlängern. Und so ging das Jahr für Jahr. Sie ließ sich Zeit, enorm viel Zeit. In ihrem sechsten Jahr hatte sie es bis zu einer Höhe von 40 Zentimetern gebracht, und siehe da, der milden Winterwitterung wegen setzte sie zum ersten Mal, und das schon ganz früh, ein paar Knospen an. Im April konnte ich sie dann zum ersten Mal blühen sehen. Seither glänzen ihre ledrigen Blätter ziemlich zuversichtlich, wenn auch irgendein Nimmersatt aus dem Tierreich ihr ein paar Löcher hineingebissen hat.

Ein Jahr nach *Daphne pontica* konnte ich eine *Actinidia kolomikta* (Strahlengriffel) ergattern. Sie erschien mir als eine der ausgefallensten und begehrenswertesten Kletterpflanzen überhaupt. Ich kannte sie vom Titelblatt des Buches *Gartenpflanzen für Kenner* von Roy Lancaster und kam mir selbst gleich um so  mehr als Kennerin vor. Sie ist eine Verwandte des Kiwi-Strauchs, blüht äußerst unscheinbar, hat aber dreifarbige Blätter, in Pink, Weiß und Grün. Ich war von der Aussicht, sie an meiner Schuppenwand aus dunklem Holz emporwachsen zu sehen, geradezu überwältigt.

Als ich gründlicher nachlas, stellte sich heraus, daß *Actinidia kolomikta* zumindest am Anfang (und auch sie war winzig, als ich sie in der Pflanzenabgabestelle hinter dem Belvedere holte) von Katzen Gefahr drohte, die genauso verrückt nach ihr wären wie nach Baldrian und Katzenminze. Und da mindestens drei Katzen regelmäßig bei mir verkehrten, mußte ich mir etwas einfallen lassen. Ich setzte sie also in das Steinbeet unter der Schuppenwand, was bedeutete, daß ich zuerst die Steine entfernen, ein riesiges Loch graben und daraus den üblichen Bauschutt extrahieren mußte. Dann füllte ich das Loch mit Kompost, drückte die kleine Pflanze fest und schüttete um sie her die Steine wieder auf. Übrigens wärmen die Steine und halten die Feuchtigkeit fest, was der *Actinidia* anscheinend behagt.

Danach faßte ich mich in Geduld. Auch diesmal hatte ich die Warnung gelesen, nämlich daß man ihr in den ersten Jahren Zeit lassen müsse, bis sie sich wirklich eingewöhnt hätte. Es dauerte ungefähr vier Jahre, bis letzten Sommer, als sie zum ersten Mal etwas von jener verblüffenden Färbung zeigte, die sie über gewöhnliche Kiwi-Stauden hinaushebt.

Ich konnte mich kaum lassen vor Stolz. Bis ich wieder einmal um Terrakottatöpfe in die hiesige, ziemlich gut sortierte Gärtnerei mußte. Da standen im hinteren Teil bei den Kletterpflanzen mindestens drei, lieblos in Plastik getopfte, mehrjährige *Actinidias* herum, und nicht nur das, sie waren auch noch wesentlich besser durchgefärbt als meine. Ich war für Sekunden wie vom Schlag gerührt, blieb mit verkniffenem Blick vor ihnen stehen und suchte nach einer Begründung, mit der ich leben konnte. Alsdann, sagte ich mir nach längerem Überlegen und eingehender Inspektion, aber meine *Actinidia* wirkt irgendwie fröhlicher.

Zu allem Überfluß sah ich *Actinidia kolomikta* dann auch noch in einem dieser holländischen Pflanzenfabrikskataloge angeboten. Aber wer weiß, dachte ich bei mir, ob diese in die rasche Reproduktion gehetzten Gewächse nicht derart überzüchtet sind, daß sie sofort den Geist aufgeben, wenn man

sie in einen wirklichen Garten pflanzt. Jedenfalls hatte ich keine Lust, es auszuprobieren. Bei meiner *Actinidia* weiß ich wenigstens, womit ich mir das blickfängerische Dreifarbenspiel in all den Jahren verdient habe.

Auch eine andere Pflanze hat mich hart auf die Probe gestellt und zwischendurch die Geduld verlieren lassen: *Acanthus spinosus*. Ich entdeckte ihn 1992 in einem Katalog der Feldweberschen Staudengärtnerei (Ort im Innkreis) und bestellte 1993 zwei Stück davon. Pflanzte sie südostseitig in ein schmales Beet, tat ihnen schön, betete um trockenes Wetter, aber sie zickten bloß herum, und zwar beide.

Wenn ich nicht im lokalen Alpengarten einige gut gewachsene Horste gesehen hätte, wäre ich ihnen womöglich schon im zweiten Jahr zu Leibe gerückt. So wartete ich drei Jahre, bis ich sie ausriß und kompostierte.

Ich hatte offensichtlich nicht alle Wurzelausläufer erwischt, denn im Sommer darauf zeigten sie nicht nur ihre anmutig gezackten, auf der Unterseite silbrig gerauhten Blätter, sondern auch prächtige Blütenstäbe, die von Rosa nach Purpur und beinah bis ins Violette spielten. Offensichtlich hat meine Gewalttat sie zur Besinnung gebracht. Auch Pflanzen reagieren gelegentlich sonderbar. Oder sollte ich einfach öfter die Geduld verlieren?

Türkenbund und Akelei

Die Konturen des Tressensteins, seine Schründe und Schneeflecken zeigen sich gestochen scharf, nicht der kleinste Schwaden greift über. Über den Himmel zieht eine große, leicht angeschmutzte Wolkenmasse, die in Lagen zerfällt wie Wattebausche nach der Gesichtsreinigung. Die Nadelbäume auf dem Kamm des Plattenkogels sind Wipfel für Wipfel unterscheidbar. Vor lauter Schauen wird langsam mein Tee kalt.

Es gibt Blumen, mit denen ich schon als Kind geliebäugelt habe, wie zum Beispiel Türkenbund und Akelei. Meine Patentante hatte Ende der fünfziger Jahre ein Büchlein herausgebracht, in dem sie die Märchen, die sie mir zehn Jahre zuvor erzählt hatte, unter dem Titel *Was der Bergwind den Blumen erzählte* publizierte. Eines davon trug den Titel *Türkenbund und Akelei.* Es handelte von einem kleinen, zwangsgetauften Jungen namens Ali, einem Mitbringsel von den Türkenkriegen, aus dem um jeden Preis ein Johannes werden sollte, und der kleinen blonden Tochter des Grafen, die ein violettes Kleidchen trug und Akelei hieß.

Im Grunde – und wie fast alle Märchen – eine grausame Geschichte, die den Primat Europas und des Christentums demonstrierte. Doch durfte der kleine Ali zumindest den Wunsch äußern, Akelei zu zeigen, wie es ›bei ihm daheim zugeht‹. Auch wenn der Graf es verboten hatte, spielten die Kinder dieses Spiel, natürlich heimlich, und setzten sich rote und blaue Turbane auf, die sie später im Wald liegenließen, als Akelei ihren Spielgefährten zum frommen Klausner mitnahm, der so schön vom Christengott zu predigen wußte.

Das Märchen hat erzählt wesentlich mehr Eindruck auf mich gemacht denn geschrieben. Ich erinnere mich noch an das Gefühl, daß viele Details ausgelassen worden wären, als ich es mit achtzehn in Buchform zu lesen bekam. Aber da hatten Türkenbund und Akelei längst ein Inbild in mir hinterlassen, und es war von Anfang an klar, daß sie in meinem Garten nicht fehlen durften.

Was den Türkenbund angeht, ist er – wie fast alle Lilien – am Anfang schwierig. Ich tat, was in den Büchern steht, kratzte Schotter von Straßenrändern, zerschnitt einige meiner Farne, mischte Sand mit Erde und sprach in Engelszungen.

Die Leidenszeit dauerte ganze drei Jahre. Die erste Pflanze schenkte mir eine Nachbarin unter geheimnisvollen Andeutungen eines vorangegangenen

Waldfrevels. Ein verblühter Stengel zeigte mir einen Herbst lang ihren Stand-ort an. Im nächsten Jahr kam sie wieder, dünn und anämisch, bis die Lilien-hähnchen sie fraßen. Und schließlich verkam sie in meinem unwirtlichen Schattenbeet.

Kleinmütig geworden, kaufte ich Zwiebeln, steckte sie tief in ein Beet, in die Nachbarschaft von Akeleien und Stachelbeersträuchern. Im Jahr darauf geschah nichts. Nicht einmal eine Triebspitze. Ich verdächtigte Wühlmäuse, Schimmelpilze, spontane Antipathie und wurde grüblerisch.

Im darauffolgenden Jahr stach dieser Türkenbund alles in seiner Umgebung an Prächtigkeit aus. Seine mehrstöckigen Palmwedel drängten zu dritt aus der Erde, einer davon blühte mir fast bis zum Hals. So ging das weitere zwei Jahre. Im letzten Sommer wurde ich dann wieder um mein Türkenbundglück gebracht. Er trieb kraftvoll aus, blieb aber den ganzen Sommer über ein Schirm von etwa 30 Zentimetern. Schon ganz zu Anfang müssen ihm Schnecken den Austrieb abgeraspelt ha-ben. Er hatte keine einzige Blüte. Jetzt mache ich mir natürlich Gedanken, wie ihm dieses Schicksal im nächsten Sommer zu ersparen wäre.

Mit den Akeleien ist es einfacher und schwieriger. Sie zählen zu den ältesten Gartenpflanzen, sind Hahnenfußgewächse und haben in ihrer heimischen Form *Aquilegia vulgaris* die Robustheit von Unkraut. Einmal vorhanden, säen sie sich überall aus und gehören mit ihren warmen Blütenfarben zu den fröhlichsten und anmutigsten Gewächsen, mit denen ein Garten einen ohne viel Aufwand belohnt.

»Viel zu wenig bekannt ist die eleganteste, duftigste Blume, die Garten-Akelei. Selbst unsere alte blaue *Aquilegia vulgaris* ist voller Charme. Nie bringe ich es über mich, sie auszureißen, wo immer sie sich hinsetzt, obwohl ich weiß, daß sie beinahe wie Unkraut ist und sich zum Nachteil der edlen Sorten vermehrt. Tatsächlich gibt es wenige Blumen, die sich so gerne unter-einander kreuzen – oder wie ein Züchter es ausdrückte: ›Ihre Moral läßt zu wünschen übrig.‹ Im Falle der Akeleien aber ist dies sehr erfreulich, denn es bedeutet, daß wir Zufallssämlinge in nie erwarteten Farben bekommen.« So schwärmte Vita Sackville-West, die englische Romanautorin, Freundin von Virginia Woolf und Gärtnerin, in ihrem auf deutsch unter dem Titel *Aus mei-nem Garten* erschienenen Buch von den Akeleien.

Schon der Name zeigt, daß mehr in ihnen steckt als Adlerschwänze (von aquila) oder -krallen, Feenhandschuh, Elfenschuh, Fünf Vogerl zsamm,

Venuswagen, Taubcrln und im Englischen Columbine, Fool's cap und Granny's bonnet. Sogar Hildegard von Bingen wird als Namensgeberin bemüht. Sie soll die lateinischen Wörter aqua und legere verbunden haben, weil die becherförmigen Kelchblätter den Regen fangen.

Natürlich wächst *Aquilegia vulgaris* in all ihren Farben auch in meinem Garten. Im Sonnenbeet ebenso wie im Schattenbeet, zwischen den Terrassensteinen und an den Stellen, an denen die Kieswege des Gemüsegärtchens an die Beete grenzen, aber auch unter Stachelbeeren und Johannisbeersträuchern und in den Rosenbüschen.

In der mittelalterlichen Medizin sollen Akeleien eine Rolle bei der Bekämpfung von Milz-, Leber- und Gallebeschwerden gespielt haben, aber auch bei der Behandlung von Wunden. Ihre Wirkung beruht vermutlich auf Gerbstoffen und Spuren eines Blausäureglykosids. Altem Aberglauben nach gibt die Akelei impotenten Männern die Zeugungskraft wieder:

>»So einem Manne seine Kraft genommen
> und durch Zauberei oder andere Hexenkunst
> zu dem ehelichen Werken unvermöglich geworden,
> der trinke ständig von dieser Wurzel
> und dem Samen,
> er genieset,
> und kommt wieder zurecht.«

Auch wenn dieser Text in einem Buch über *Hildegard Medizin* zu lesen steht, ist von Selbstversuchen abzuraten, Akeleien gelten nach heutigen Gesichtspunkten eindeutig als giftig.

Aquilegia vulgaris und die gängigeren Gartensorten sind ziemlich pflegeleicht, so sie einem auch nur im geringsten wohlwollen. Aber wenn man an einer Pflanze wirklich Anteil nimmt, dann möchte man all ihre Ausdrucksmöglichkeiten kennenlernen und sucht nach besonderen Sorten mit abweichendem Erscheinungsbild und in ungewohnten Farben, mit einem Wort, nach den selteneren Formen eben, die man sich schwer verdienen muß.

Aus der Nachbarschaft brachte ich die ersten ›McKana‹-Hybriden nach Hause, langsporig und bunt. Eine gelbe hat mir jemand zum Geburtstag geschenkt. Gelb ist nicht die Farbe, nach der ich suchen würde, schon gar nicht bei Akeleien, aber sie macht sich als Pflanze gut und trägt genau jenen Tupfer bei, der ein ansonsten gelbloses Beet so überzeugend macht.

Bald darauf kamen altrosafarbene mit weißem Röckchen zustande, blaue, die ebenfalls innen Weiß trugen, purpurfarbene, beinah schwarze und viele andere, von denen ich gar nicht mehr wußte, woher sie stammten, mit einem Mal waren sie alle da. Ihre Moral ließ eben zu wünschen übrig.

Aber noch immer stand mir der Sinn nach Höherem. Ich mußte wissen, was diese Art noch alles kann. Also peilte ich die ursprünglichen Amerikanerinnen an, aus deren hohem Wuchs und langen Sporen die ›McKana‹-Hybriden mit der *vulgaris* eingekreuzt worden waren, nämlich *A. canadensis* und *A. caerulea*.

A. canadensis ist eine schlanke Dame, weniger staksig im Wuchs als die Europäerinnen, mit schmalem roten Hut und gelben Kelchblättern. Ich stellte bald fest, daß ich sie bereits im Garten hatte. Einer Verwechslung der Bildunterschriften in einer englischen Gartenzeitschrift zufolge – von der Abbildung her war mir der Sinn nach ›Nora Barlow‹ gestanden – hatte ich sie bestellt und sie bald darauf, ein wenig enttäuscht, blühen sehen. Also bestellte ich erneut, diesmal die wirkliche ›Nora Barlow‹, eine untypische, fast an Sterndolden erinnernde, sporenlose Züchtung mit weißrosa Blütenblättern, deren Spitzen manchmal ins Grünliche auslaufen.

Als sie blühte, stellte sich heraus, daß diesmal in der Versandgärtnerei eine Verwechslung passiert sein mußte. Ich hatte fünf wunderhübsche, jedoch rosafarben und gefüllt blühende Biedermeier-Akeleien erhalten, die ich als *A. vulgaris plena* ›Pink‹ identifizierte und die nur einen Fehler hatten, nämlich daß sie nicht ›Nora Barlow‹ waren. Im nächsten Jahr war dann ›Nora Barlow‹ aus dem Katalog gestrichen worden; inzwischen war ich geradezu versessen darauf. Im Jahr darauf entdeckte ich sie dann in der hiesigen Staudengärtnerei, kaufte die drei vorhandenen Exemplare und setzte sie in das kleine Beet unter der Steinpyramide, sozusagen in den lichten Schatten des Wacholders. Dort gedeihen sie recht gut, allerdings ohne sich auszusamen. Zumindest bisher.

Vor einigen Jahren entdeckte ich dann die Gebirglerinnen. Zuerst die azurblaue *A. alpina*, die mich mit ihren ausgebreiteten, beinah sporenlosen Blütenfächern in etwa 40 Zentimetern Höhe nie an sich vorüberläßt, ohne daß ich sie nicht gebührend anstaune.

Dann war da *A. akitensis* var. *kurilensis*, eine an die 15 Zentimeter hohe, blaue Zwergakelei, danach kam *A. dinarica*, an die 20 Zentimeter hoch und hellblau mit Weiß. Die Kleinen bevorzugen allesamt den Steingarten.

Im April 1993 schlug meine Stunde, als ich nämlich die Überschußpflanzenliste aus dem Belvedere-Alpengarten holte. Es waren gleich dreizehn Akeleien-Sorten angegeben, von denen ich bei fünfen nicht einmal den Namen je gehört hatte. Es versteht sich, daß ich sie haben mußte. Auf der Liste waren, wie immer, weder zu erwartende Farbe noch Größe angegeben. Ich kaufte blind, zeichnete einen Pflanzplan, um sie später wiederzufinden, und setzte sie – wie die Erfahrung dann zeigte – zu schattig und in zu schweren Boden.

Die erste war *A. amaliae*, die, wie ich später eruieren konnte, am Thessalischen Olymp zu Hause ist. Nach zwei Jahren versetzte ich sie in den Steingarten, wo sie zu blühen begann, blau mit innen Weiß, und ungefähr 30 Zentimeter hoch wurde. Leider ist sie im Jahr darauf verschwunden.

Die zweite war *A. buergeriana*, die 1995 etwa 20 Zentimeter hoch wurde und zart, gelblich, bräunlich, weiß, blühte. Auch noch 1996. 1997 war sie dann ebenfalls abgängig. Die dritte, *A. chrysantha*, hat wohl ihren Platz gefunden, blüht kleinblütig gelblich mit manchmal rot auslaufenden Sporen, wenn sie es noch immer ist und nicht ein heimlich entstandener Bankert. Ihr nur 40 Zentimeter hoher Wuchs würde dafür sprechen.

Die vierte, *A. jabeana*, hat die Flucht ergriffen, noch bevor ich dahinterkam, wie sie aussehen würde, wohingegen die fünfte, *A. einseleana*, zumindest im Jahr 1994 mit vielen hübschen blauen Blüten, die im Inneren sieben weiße Punkte hatten, prangte, sich aber dann ebenfalls verabschiedete. So wie auch ihre Namen kaum mehr in irgendwelchen Katalogen zu finden sind.

Überall wo von Zwergakeleien aus den Gebirgen die Rede ist, steht zu lesen, daß sie schwer zu ziehen und noch schwerer zu halten sind. Doch ich lebe hier mehr oder weniger im Gebirge, also müßten sie heimisch werden können, wenn man es richtig anstellte. Noch verstehe ich wohl ihre Sprache nicht so recht, das heißt, ich werde mein Augenmerk verdoppeln müssen. Sie haben in mir eine Art Sehnsucht zurückgelassen. Vielleicht weil ich einmal in einem Buch die schönste von ihnen allen als Bild gesehen habe, *A. nivalis*, mit einer aufrecht stehenden, dem Himmel entgegengereckten Blüte, die sich aus großen hellila Deckblättern mit ganz kurzen Sporen und tiefvioletten Blütenblättern um gelb leuchtende Staubgefäße herum zusammenfügte. Sie stammt aus Kaschmir, wo sie in 3150 Metern Höhe vereinzelt an den Rändern eisfreier Gebirgsbäche vorkommen soll. Sie wird zwischen siebeneinhalb und 15 Zentimetern groß. Angeblich hat sie (in Gefangenschaft wollte ich schon sagen), im Topf nach England gebracht, nur zweimal in 15 Jahren geblüht. Es ist also aussichtslos. Aber träumen wird man wohl noch von ihr dürfen.

Vor Jahren habe ich auch einmal eine *A. transsilvanica* in Blau und eine *A. hybr.* ›Double White‹ (eine Hybride in Weiß, die einen Stich ins Rosa hatte) ein Jahr lang im Topf gehalten. Sie blühten prächtig, der Topf schien ihnen zu behagen. Dann setzte ich sie aus. Sie kamen noch ein, zwei Male wieder, wenn auch immer kleiner, bis auch sie sich davonmachten beziehungsweise am großen Akeleien-Vermischungsspiel teilnahmen und sich nicht als die, die sie waren, vermehrten. Die ›Wilden‹ kamen ihnen einfach zu sehr in die  Nähe, als daß sie Lust gehabt hätten, sich weiter an ihre züchterische Vorgabe zu halten.

Letztes Jahr habe ich bei Feldweber eine *A. fragrans* gekauft, die – so sie und die Akeleienfee wollen – im kommenden Sommer blaßgelb bis blaugrau blühen und leicht nach Äpfeln duften wird. Gerade deshalb erscheint mir eine *fragrans* unabdingbar, weil ich wissen muß, ob Akeleien es tatsächlich schaffen, wahrnehmbar zu duften, oder ob dieser Duft nur die Einbildung von Züchtern durchzieht, deren Phantasie sich nicht immer mit den Intentionen der ursprünglichen Pflanze trifft.

Bevor ich das Kapitel Akeleien abschließe, muß ich noch von einer Pflanze sprechen, deren Erscheinungsform an Harmonie die der meisten Akeleien übertrifft, obgleich sie ihnen sehr ähnlich ist. Nur ist ihr Laub gefälliger, ihr Wuchs biegsamer, ihre Blüten viel kleiner, ohne Sporen und eher purpurviolett, und ihre Gestalt ist zierlicher als die aller vulgaris- und ›McKana‹-Sorten. Sie ist ebenfalls ein Hahnenfußgewächs, liebt aber ausschließlich Schatten und Halbschatten sowie feuchten, moosigen Boden und stammt aus West-China. Es handelt sich um die sogenannte Scheinakelei, *Semiaquilegia ecalcarata*. Ich habe vier Stück davon, und sie gedeihen zu meiner großen Freude problemlos.

Warum es ohne Rosen nicht geht

Die durchsichtige, nach dem Föhneinbruch noch verbliebene Schneedecke klebt wie ein Seidentuch auf der Wiese. Weißer Hochnebel, durch den man die wandernde Spur der Sonne als goldenen Fleck verfolgen kann. Im Gegensatz dazu das Gerippe des Ahorns, das anthrazitfarbene Eternitdach, die schwarzbraune Föhre etwas unterhalb, der schwarzgrüne Wald auf dem Plattenkogel, ein paar Krähen.

Der Bildausschnitt erinnert an jene dickpapierigen, an manchen Stellen reliefartig aufgetriebenen Weihnachtskarten, auf denen der Schnee immer von einem Hauch Grau überzogen ist. An den Ranken des wilden Weins hängen noch immer ein paar verschrumpelte nachtblaue Beeren.

Es riecht nach Orangen, in die ein Muster aus Gewürznelken gesteckt ist und die ein ganz anderes, strengeres Aroma verbreiten als die sommerlichen Rosen.

Eine Rose ist eine Rose ist eine Rose ... wenn sie duftet. So kam ich von selbst auf die sogenannten ›alten Rosen‹ und ihresgleichen. ›Alt‹ bedeutet – grob gesprochen – Sorten, die es bereits vor 1867 gegeben hat.

Gerda Nissen bringt ihre Geschichte in dem Büchlein *Alte Rosen* in die kürzest mögliche Form: »Die europäischen Gartenrosen stammen nicht etwa von den in Europa heimischen Wildrosen ab, sondern sind fast ausnahmslos vor Jahrtausenden aus Vorderasien über Kreta, Griechenland und Rom ins Abendland eingewandert. Die ältesten Klassen waren die Damaszenerrosen, die Gallica-Rosen und die Alba-Rosen. Aus Zufallskreuzungen dieser Klassen und vielleicht auch durch Selektion in den alten Rosenschulen entstand wahrscheinlich in Holland gegen Ende des sechzehnten Jahrhunderts eine neue, vierte Klasse, nämlich die der *Rosa centifolia*, hinzu kam dann noch die Moosrosenklasse.«

Diese Rosen waren frosthart, ausdauernd, stark duftend und hatten somit genau die Eigenschaften, die auch für mich entscheidend sind. Sie hatten und haben nur einen Nachteil, sie blühen nur einmal im Jahr, dann aber wie im Rausch, und sie berauschen einen mit dem Charme ihrer gerüschten Blätter in den alten Farben Weiß, Rosa und Karmin- bis Purpurrot.

Aber Gärtner wären nicht Gärtner, wenn sie nicht an diesen – an sich erfreulichen – Gegebenheiten zu rütteln versucht hätten. Und zwar mit Erfolg.

Die Ostindienfahrer hatten die dauerblühenden China-, Multiflora- und Teerosen als die großen Wunderblumen mitgebracht, die nun eingekreuzt wurden, um frostharte Dauerblüher zu erzielen. Und hinsichtlich der Farben tat sich ebenfalls einiges, mir eher Unliebsames. Es gab plötzlich kräftiges Gelb und grelle Rottöne, die nicht blaustichig waren.

Der Rest war Mode und Moden zu verdanken. Aber auch diese ersten Kreuzungen gelten noch als alte Rosen. Erst mit den Teerosenhybriden wurde eine neue Zeitrechnung eingeführt und mit dem Jahr 1867 dingfest gemacht. Was mich am meisten an dieser explodierenden Züchtungsmanie irritiert, ist, daß in fast allen Fällen der Rosenduft verschwunden war und die Form der Blüten immer mehr denen ihrer Abbildungen in Marzipan zu gleichen begann.

Zum Glück hat man sich in den letzten zwanzig Jahren wieder eines Besseren besonnen, vor allem in England, aber auch im übrigen Europa. Mit den Austin-Rosen und den anderen Rück- und Nachzüchtungen historischer Rosen schauen Rosen wieder wie Rosen aus und riechen auch so.

Ganz zu Anfang meiner Gartenzeit hatte ich mit Rosen – außer Heckenrosen, die die Einfahrt säumen – nichts im Sinn. Die man in den Blumengeschäften zu kaufen bekam, gefielen mir nicht, auch hörte ich immer wieder, wie schwierig und empfindlich Edelrosen wären und welche Giftcocktails gemischt werden müßten, um sie vor den vielen möglichen Erkrankungen zu schützen. Und außerdem war ich noch viel zu sehr in meiner Naturgarten-Ideologie befangen, um an industriell hergestellte Mittel gegen Mehltau, Rosenrost und Sternrußtau zu denken.

Bis ich dann eines schönen Septembertages in einem Münchener Gartencenter vor drei schwarzen Plastiktöpfen stand, in denen jeweils ein Schild mit folgender Aufschrift steckte: *Rosa rugosa* (was soviel wie Kartoffelrose bedeutet) ›Conrad Ferdinand Meyer‹. Und darunter: stark duftend, reinrosa, öfterblühend (was zweimal im Jahr heißt).

Einer der drei Büsche hatte eine Blüte und zwei Knospen, die anderen mehrere Knospen. Ich ging in die Knie und versuchte an dieser einen Blüte zu riechen. Und da hockte ich auch schon und schnupperte und schnupperte. Es war, als hätte ich einen lange entbehrten, altbekannten Duft wiederentdeckt. Dabei konnte ich mich wirklich nicht erinnern, wann ich je diesen besonderen, ich sage es mit Absicht, betörenden Geruch eingeatmet hätte.

Es endete damit, daß ich alle drei Büsche mitnahm und dazu noch die falsche Auskunft, ein halber Meter Abstand zwischen ihnen würde genügen.

Ich ließ die drei Exemplare den ganzen Herbst über im Topf auf der Terrasse stehen. Inzwischen wurde ein rundes und sehr tiefes Beet gegraben, vom Bauschutt befreit und mit Hornspänen ausstaffiert, worauf Gartenerde mit Kompost kam. Ich hatte gelesen, daß man ein Rosenbeet mindestens sechs Wochen vor der Pflanzung anlegen sollte.

Es gingen zwei weitere Knospen auf, und ich schnupperte mich morgens aus dem Schlaf und abends in denselben. Doch eines Tages fehlten die restlichen Knospen, und während ich mich noch über ihr Verschwinden entsetzte, fielen mir die Warnungen aus der Nachbarschaft wieder ein. Daß man, wo so viele Rehe um die Wege wären, eben keine Rosen haben könne. Mein Gott, Rehe, dachte ich, die werden doch irgendwie auszutricksen sein.

An diesem Tag begann eine Serie von bis heute anhaltenden, gegenseitigen Überlistungsversuchen (ich spreche nicht gerne von Krieg), von Manövern, die früh genug oder erst zu spät durchschaut wurden, von Überraschungssiegen und ausgetüftelten Kampfansagen, die dennoch keinen Erfolg brachten.

Ich gebe zu, daß ich zwischendurch häufig von Rehragout mit Serviettenknödeln und Preiselbeeren träumte, dennoch respektiere ich diese Spezies der Trughirsche, *Capreolus capreolus*, als kühn, ausdauernd und enorm einfallsreich beim Aufstöbern floraler Leckerbissen. Unsere Freund-Feind-Beziehung geht bereits ins zehnte Jahr, einige von ihnen kenne ich persönlich, wie jenen Bock, der im Sommer morgens gegen fünf seinen Harem mit fürchterlichem Geröchel und Gebrünftel zurück in den Wald treibt und mich aus dem Tiefschlaf. Und auch sie kennen mich, haben wahrscheinlich ein vollständiges Geruchsbild von mir, und studieren vor allem zur Rosenzeit ausführlich meine Gewohnheiten.

Die drei ›Conrad Ferdinand Meyers‹ kamen also knospenlos in ihr Loch, wurden angehäufelt und versanken für Monate im Schnee. Einstweilen hatte ich Zeit, mich mit Rosenbüchern einzudecken. Ich fand heraus, daß ›C. F. Meyer‹ strenggenommen gar keine ›alte Rose‹ ist, sondern eine Züchtung aus dem Jahr 1899, die der deutsche Rosenspezialist F. Müller aus einer Rugosa-Hybride und ›Gloire de Dijon‹ gezogen hatte.

Ihr Erwachen im nächsten Frühjahr war königlich. Die drei Büsche trieben um die Wette aus, und als die ersten Knospen kamen, blickte ich immer

nervöser hinauf zum Wald, denn der Ärger mit den Rehen war vorherzu-
sehen.

Es dauerte eine Weile, bis ich all die Gerüchte als solche enttarnt hatte,
nämlich daß Rehe sich durch Silberpapierstreifen, Rosenkugeln oder gekämmte Schafwolle von den Rosen abhalten ließen. Mitnichten. Das einzige,
was hilft, ist Petroleum.

Es kostete mich viele Knospen und Triebe, und das gerade in der heiklen
Anfangszeit, in der einem jede einzelne Blüte noch ans Herz wächst – wohingegen man von einem üppig mit Blüten übersäten Strauch
großzügig einiges abzutreten bereit ist –, bis ich bei alten englischen Gärtnerinnen den heißen Tip mit dem Petroleum er-
stöberte. Die hatten zwar auch mit Löwendreck Erfolg, aber wo
den hernehmen in dieser Gegend?

Ich kaufte im Konsum einen Posten liegengebliebener Waschlappen auf,
zog sie über Stäbe, die für bunte Glaskugeln gedacht waren, tränkte sie mit
Petroleum und steckte sie abends in die Rosenbüsche.

Am liebsten wäre ich die ganze Nacht aufgeblieben, um zu sehen, was für
ein Gesicht die Rehe machten. Es half aber auch, während ich schlief – offenbar grauste ihnen. Die Methode ist nur ein wenig umständlich, da man die
Stäbe tagsüber nicht gut bei den Rosen lassen kann. Die Waschlappen fügen
sich zu schlecht ins Bild. Auch muß man die Prozedur Abend für Abend
wiederholen, um den Erfolg nachhaltig zu machen. Irgendwann haben be-
sagte Trughirsche dann ihre Lektion gelernt und lassen die Rosen in Frieden,
zumindest für diese Blütezeit.

Wiegt man sich aber zu sehr in Sicherheit oder vergißt man, daß die Rehe
auch im September, wenn einige Rosen remontieren, das heißt nachblühen,
Appetit auf Knospen haben, geht es einem so wie mir, die ich mir letzten
Herbst, vor einem drohenden Regen, noch ein, zwei Blüten der Sorte ›Gertrude Jekyll‹ in ein kleines Glas holen wollte, um abends gelegentlich dran zu
schnüffeln, und nur mehr filetierte Ruten vorfand, als hätten die Rehe sich
nicht nur die Blüten einverleibt, sondern auch noch ganze Triebe zwischen
ihren Zähnen durchgezogen. Erzähle mir noch einmal jemand etwas von
Bambis empfindlichem Mäulchen. Rosenstacheln können ihm jedenfalls,
und das erwiesenermaßen, nichts anhaben.

Den Rehen zum Trotz oder gerade wegen des öfteren Abgebissen-Werdens in
ihrem Wachstum angeregt, gediehen die drei ›C. F. Meyers‹ hervorragend, und
schon im zweiten Jahr bedauerte ich, dem Rat des Gartencenter-Menschen

gefolgt zu sein. In Wirklichkeit sollten sie jeweils bis zu drei Metern hoch und bis zu zweieinhalb im Umfang werden. Doch da überall zu lesen steht, wie ungern Rosen ausgegraben und versetzt werden, getraute ich mich nicht, den Fehler gutzumachen.

Inzwischen hatte ich meine Rosenbücher alle gelesen und dabei eine Menge Wissenswertes erfahren, wie zum Beispiel daß Lavendel als Unterpflanzung die Läuse abhält, was nicht unbedingt stimmt, aber es sieht so hübsch aus, daß das als Grund genügt.

Und natürlich gab es auch ernstzunehmende Warnungen. Daß der Wuchs von ›C. F. Meyer‹ besonders sperrig sei und man sie gekonnt beschneiden müsse, wenn auch nicht zu sehr, aber daß sie vor allem bekannt für ihre Rostanfälligkeit sei und man besser auf sie verzichte, wenn man andere rostanfällige Rosen im Garten habe.

Andererseits wurden die Bücher, die für biologisches Gärtnern plädierten, nicht müde, zu versichern, daß Pflanzen, denen es gutgehe, die alles hätten, was sie brauchten, auch viel resistenter gegen Krankheiten und Schädlinge wären. Das stimmt vielleicht, nur wie stellt man fest, daß es ihnen gut genug geht? Und das rechtzeitig? Wenn der Rost einmal ausgebrochen ist, ist es schon zu spät.

Meine drei ›C. F. Meyers‹ zeigten im dritten Jahr die ersten Anzeichen von Rost, aber er hielt sich in Grenzen. Ich klaubte die befallenen Blätter ab, spritzte mit Schachtelhalmbrühe, und sie blühten so üppig wie nie zuvor, remontierten im Herbst und waren insgesamt die reine Freude. Auch die Läuse, die sich hin und wieder einstellten, von den Ameisenbauern als Melkkühe eingeschleppt, oder vereinzelte Larven der Blattrollwespe verursachten keine ernsthaften Schäden.

Das Glück dauerte einige Sommer, bis die Katastrophe in Form einer großen Junikäfer-Attacke ihren Anfang nahm. Im ersten Jahr, als sie merkbar auftauchten, genügte es noch, die Käfer von Zeit zu Zeit abzuschütteln. In den nächsten Sommern wurden es immer mehr, und ›C. F. Meyer‹ gehörte zu ihren bevorzugten Opfern. Bis zu dreißig Stück krallten sich jeweils in ihren duftenden, üppigen Blüten fest, bissen Löcher in die Blätter und paarten sich zwischen den Staubgefäßen. Geradezu obszön.

Die befallenen Blüten sahen verheerend aus, mit und ohne Käfer. Ich wußte mir nicht anders zu helfen, als Handschuhe anzuziehen und die Käfer zu zerquetschen. Dabei ekelte sogar mir. Also schüttelte ich sie in ein Lavoir mit Petroleum und hoffte, daß sie dabei high werden und ertrinken würden. Aber um tatsächlich Erfolg zu haben, hätte ich den ganzen Tag schütteln müssen. Zum ersten Mal glaubte ich mir vorstellen zu können, was eine Heuschreckenplage bedeutet.

Von da an nahm auch der Rostbefall zu. Als hätten die Pflanzen, von diesen schwarzbraunen Horden gedemütigt und geschwächt, nicht mehr die Kraft gehabt, sich des Rosts zu erwehren. Ich zupfte ihre Blätter ab, schnitt sie kräftig zurück, zu kräftig offenbar – nun rächte sich auch der zu geringe Abstand –, und nachdem sie zwei Saisonen heldenhaft um ihr Überleben gekämpft hatten, blühten sie im letzten Sommer nicht mehr und kamen über ein paar kümmerliche Triebe nicht hinaus, und auch diese verfielen zur Gänze dem Rost.

Noch habe ich nicht das Herz, sie auszugraben. Ich möchte ihnen nächstes Jahr eine letzte Chance geben, aber insgeheim sehe ich schwarz. Auch kann ich sie nicht einfach ersetzen. Rose auf Rose gedeiht angeblich nicht. Ich müßte Jahre warten, um wieder ein Exemplar an diese Stelle setzen zu können, und genau da stehen sie ideal.

Wer einmal eine ›C. F. Meyer‹ im Garten gehabt hat, weiß, daß es ohne Rosen eben nicht geht. Und wer sie blühen gesehen und an ihr gerochen hat, kann sich nicht mehr begnügen, der hat sich sozusagen mit Rosen infiziert. Und selbst wenn er ›C. F. Meyer‹ wieder verliert, tröstet ihn die Aussicht auf ältere, hübschere und robustere Sorten, auch wenn ich noch keine gefunden habe, die sie an Duft übertroffen hätte.

Alte und neuere Rosen

Nichts als verschüttete, flockende Milch mit dem Kamm des Tressensteins als einzig erkennbarer Krume hinter dem Ahorngezweig. Der Schnee ist bis auf schmalste Ränder verdunstet, und der Nachtregen setzt sich als Nieseln fort.

Es hat milde zwei Grad, wie oft genug selbst im Mai, wenn die ›Eisheiligen‹ sich noch an so mancher Pflanze vergreifen.

Wäre es nur schon wieder soweit! Dieser schneearme Winter erweckt frühlingshafte Gefühle nicht bloß in mir, auch in manchen Gewächsen. Der Flieder hat bereits ausgetrieben, und in der Nachbarschaft spitzen in den hausnahen Beeten die Tulpen hervor. Die Reisigabdeckung schützt so weniger gegen die Kälte als vor Sonnenbrand und frühzeitigem Keimen.

Als ich nach dem Frühstück den Namen des Züchters von ›C. F. Meyer‹ nachschlage, jenen Herrn Müller (warum mir der wohl nicht einfallen wollte?), fällt mir der alte Katalog von *Roses du Temps Passé* wieder in die Hände, aus dem ich Anfang der neunziger Jahre die ›alten Rosen‹ bestellt habe. Zusammen mit der beiliegenden Liste, die sogar Blühdauer, günstigste Lage, Wuchshöhe, Art der Blätter, Geruch, Stacheltyp, Schattenverträglichkeit, aber auch so wichtige Eigenschaften wie Winterhärte, erforderliche Bodenbeschaffenheit, Blütengröße und Robustheit der einzelnen Rosen vermerkt.

Unserer Höhenlage wegen, achtete ich vor allem auf Frosthärte, doch mittlerweile glaube ich, daß ich die Minusgrade ein wenig überschätzt habe.

Die meisten alten Rosen vertragen Kälte recht gut, unbeschadeter jedenfalls als die Freßgier der Junikäfer, obgleich ich sagen muß, daß meine ›Alten‹ selbst die wesentlich besser überstanden haben als ›Conrad Ferdinand Meyer‹.

›Rose de Resht‹ zum Beispiel, eine Damaszener-Rose, die angeblich aus dem Jahr 1820 stammt und karminrot gefüllt blüht, pomponförmig.

Ich setzte drei Stück in ein nicht sehr breites Beet, ostseitig, vor die untere, offene Veranda. Auf der einen Seite gab es bereits zwei ineinander verwachsene violettblaue Clematen, ›The President‹ und eine ›jackmanii‹, während die Unterpflanzung, Tulpen fürs Frühjahr, *Calamintha nepetoides*, eine rosaviolett blühende, stark duftende Steinquendelart für den Sommer und Japananemonen, *Anemone japonica* ›Rosenschale‹, für den Herbst, unter

54

den mittlerweile mannshohen Büschen geradezu verkommen ist und nur noch sporadisch Lebenszeichen von sich gibt.

›Rose de Resht‹ blüht, nach einer etwa vierwöchigen Pause im August, bis in den Oktober hinein, wenn auch nicht mehr so üppig wie im Frühsommer. Ich glaube, sie dankt ihr Gedeihen meiner Bequemlichkeit, die mich Bananenschalen und Teeblätter im Winter einfach übers Balkongeländer ins Beet kippen läßt. Ich bringe es einfach nicht über mich, derart wertvolle Bodenverbesserer in die Biomülltonne zu entsorgen, und der Kompost ist im Winter von einer Plane bedeckt oder überhaupt zugeschneit, also bleibt nur dieser Weg der Spontanverwertung.

›Rose de Resht‹ hat am wenigsten Schnee im Beet. Obwohl auch sie auf warm in verrottetem Rindermist gepackten Füßen steht und den Schnee gut vertragen würde, dringt er nicht immer bis in den schmalen Spalt zwischen Hausmauer, Balkonbrettern und Rosendickicht. So arbeite ich auch im Winter an  der Bodengewinnung. Bei den übrigen Rosen, die bis auf ›Hero‹ frei und im Schnee stehen, schrecke ich schon aus ästhetischen Gründen davor zurück, ihnen Küchenabfälle vor die Füße zu kippen.

Die andere Damaszener-Rose meines Gartens ist *Rosa damascena* ›Bifera‹, die schon von den Römern als Herbstdamaszenerrose gelobt wurde, weil sie damals die einzige Rose war, die ein zweites Mal, nämlich im Herbst, blühte. Sie duftet kräftig, hat hellrosa, halbgefüllte Blüten mit gekräuselten Blütenblättern, eine prognostizierte Höhe von eineinhalb Metern und einen Durchmesser von 1,20 Meter. Beides hat sie noch nicht erreicht.

Da ich ursprünglich eine Rosa Mundi bestellt hatte, die aber ausgegangen und vom Versand durch *Rosa damascena* ›Bifera‹ ersetzt worden war, behandelte ich die nicht bestellte eher nachlässig und steckte sie in das für Rosa Mundi gegrabene Loch zwischen die Heckenrosen, die an dieser Stelle Platz gelassen hatten. Rosa Mundi sollte sich sehr gut in Hecken machen, hatte ich irgendwo gelesen.

Rosa damascena ›Bifera‹ gedieh, wenn auch nicht so üppig wie die anderen mit ihr in den Garten gekommenen ›alten Rosen‹, und von Jahr zu Jahr wurde deutlicher, wie sehr sie sich von den Hunds- und Apfelrosen bedrängt fühlte, die ihr immer unverschämter zu Leibe rückten, als hätten sie längst ausgekundschaftet, daß sie in wesentlich besserer Erde stand. Als die ersten Wilden ihre Triebe ins Pflanzbeet der *Damascena* senkten, beschloß ich, sie zu versetzen. Ich grub ihr ein doppelt so großes Loch in die Böschung, wo sie zwar frei stehen, aber dennoch durch das Haus und die Blutbuchenhecke ein wenig geschützt sein würde.

Es war so trocken in jenem Herbst 1996, daß sie ziemlich problemlos auszugraben war. Dennoch war ich voller Skepsis und zweifelte an ihrem Fortkommen. Aber offenbar war sie dermaßen froh, ihren futterneidigen Verwandten entronnen zu sein, daß sie schon im nächsten Sommer wieder blühte, wenn sie sich auch – wie gesagt – zu dem Busch, der sie werden soll, erst mausern muß.

Seit *Rosa damascena* ›Bifera‹ frei steht, habe auch ich einen anderen Blick für sie und freue mich an ihren originell, um nicht zu sagen unordentlich gefältelten Blüten in der Farbe von rosa Seidenzuckerln.

Ähnlich wie ›Conrad Ferdinand Meyer‹ ist auch ›Blanc Double de Coubert‹ eine Rugosarose, die 1892 von Cochet eingeführt wurde. Sie blüht mit elfenbeinweißen, halbgefüllten, sehr vergänglichen, aber frisch nach Äpfeln duftenden Blüten, durch kleine Pausen unterbrochen, den ganzen Sommer hindurch und ist mein größter Busch, mit 1,80 Meter mal 1,50 Meter angeschrieben.

›Blanc Double de Coubert‹ ist sehr widerstandsfähig, mit dunkelgrünen, glänzenden Blättern und – wenn man sie läßt – großen orangeroten Hagebutten. Und wenn sie so weiterwächst, werde ich sie kräftig zurückschneiden müssen, damit sie sich eleganter und unverkrampfter hält.

Die schönste von meinen ›alten Rosen‹ aber ist ›Queen of Denmark‹, eine einmal blühende Alba-Rose, der man nachsagt, auch auf weniger guten Böden gut zu wachsen. Sie wurde 1816 von Booth aus Samen von ›Maiden's Blush‹ gezogen, 1826 eingeführt, und soll 1,50 Meter hoch und circa 1,20 Meter im Durchmesser werden, was sie längst ist. Ihre Blüten sind außen sehr hellrosa und werden nach innen hin dunkler, ihr Duft ist angenehm, wenn auch nicht so stark wie der der Damaszener-Rosen.

›Queen of Denmark‹ bricht Mitte bis Ende Juni in Blüten aus, anders kann man es nicht nennen, und wenn nicht ein heftiger Regen ihr die Petalen verklebt, schiebt sie drei bis vier Wochen hindurch ununterbrochen neue Knospen nach.

»I never saw such fat roses«, rief die Frau eines amerikanischen Freundes, anstatt in die Knie zu gehen und tief einzuatmen. Verglichen mit der – wie Rudolf Borchardt sie nennt – »hohlen amerikanischen Knospenzüchtung der

Hybrid Remontant Rose, der an der schlecht blühenden Blume nichts mehr gelegen ist«, mag meine dänische Königin schon üppig wirken, aber es ist eine Üppigkeit der Lust, die auch nicht lange durch Düngergaben und Giftmischungen gebeten werden muß. Deshalb dauert das Wunder ja auch nur ein paar Wochen, aber wenn es sich ereignet, ist es überwältigend, Hagel hin, Kerbtiere her. Und die Rehe verschnupfen sich ohnehin am Petroleum.

In Stephen Laceys *Der duftende Garten* gibt es eine sehr schöne Abbildung von ›Queen of Denmark‹ in einem Beet, das von einer niedrigen Buchsbaumhecke eingefaßt ist. Als Unterpflanzung dienen karminrote Bartnelken. Dennoch, bei mir steht sie südöstlich der Steinpyramide, und zwischen ihre Zweige hat sich eine purpurfarbene Akelei gesetzt. Selbst wenn ich wollte – was ich gar nicht will –, könnte ich sie von dort nicht mehr entfernen, ohne mir die Arme heillos zu zerkratzen. Die Akelei wird schon wissen,  warum sie sich ausgerechnet in die Fänge der dänischen Königin begeben hat. Außerdem mag ich den Geruch von Bartnelken nicht besonders.

Rosa Mundi, *Rosa gallica* ›Versicolor‹, die älteste gestreifte Rose, die wahrscheinlich im sechzehnten Jahrhundert in einem englischen Garten als Augenmutation entstanden ist (1,50 Meter mal 1,50 Meter), sieht mittlerweile ihrem fünften Sommer in meinem Garten entgegen. Während einer Lesereise entdeckte ich sie in der Grazer Gärtnerei Viellieber. Es war das letzte verbliebene Exemplar im Topf und bereits abgeblüht, was mir nichts ausmachte. Bei Rosa Mundi wußte ich ja, wie sie sich färben würde.

Ich hätte es nicht über mich gebracht, sie zurückzulassen, also nahm ich sie unter den Arm, fuhr mit ihr ins Hotel, wo ich sie eine Zeitlang in der Badewanne weichen ließ. Und weiter mit ihr zur nächsten Station meiner Lesereise und ins nächste Hotel. Von dort mit dem Zug nach Wien, wo ich ein paar Stunden zu tun hatte. Zum Glück war die Premiere meines Stückes beim Donau-Festival in Krems wegen der Erkrankung einer Schauspielerin auf Herbst verschoben worden, also konnte ich noch am selben Tag zurückfahren.

Es war Ende Juni und die erste Hitzewelle wälzte sich über Mitteleuropa. Ich brachte also Rosa Mundi frisch gewässert, den Topf in eine Plastiktüte eingeschlagen, zusammen mit meinem Koffer zur Gepäckaufbewahrung. Eine Weile hielt ich den Blick gesenkt und tat, als sei es das Selbstverständlichste der Welt, mit Rosen im Topf zu reisen. Als aber nichts geschah, schaute ich auf und ertappte den zuständigen Eisenbahner, wie er mit dem Finger das Plastik zur Seite schob, um nach dem Namensschildchen zu sehen. An seinem wachen Blick erkannte ich den Gärtner. Schon war auch sein fürwitziger Finger in die Erde gefahren, um zu tasten, wie es um deren Feuchtigkeit stand.

»Fahren Sie heute noch weiter?«

Ich nickte. »In vier Stunden.«

»Weit?«

»Bis Bad Aussee, mit umsteigen in Bruck und in Stainach.«

Er seufzte mitfühlend. »Na ja, bis dahin steht sie wenigstens kühl.«

Er nahm den Topf und stellte ihn so ins Regal, daß Luft dazu kam.

Als ich später die Heimreise antrat, hatte ein anderer Beamter Dienst. Nachdem er meinen Schein für Koffer und Handgepäck in Empfang genommen hatte, suchte er lange, bis er mit einigem Kopfschütteln den Topf entdeckte. Und als er ihn dann vom Regal herunterholte, meinte er, »Sachen gibt's, die gibt's gar nicht«.

Beim Umsteigen hatte ich natürlich Schwierigkeiten, vor allem in Stainach-Irdning, wo es keinen Bahnsteig gibt und man vom Zug springen beziehungsweise danach die Salzkammergutbahn wieder erklimmen muß, und ich hatte schließlich auch noch einen Koffer. Aber letztlich kam Rosa Mundi heil in meinem Garten an.

Den ersten Sommer verbrachte Rosa Mundi im Topf auf der Terrasse, zusammen mit zwei Engländerinnen, ›Gertrude Jekyll‹ und ›Hero‹, die ich mir im Frühjahr bei Praskac in Tulln besorgt hatte, während sich in ihren zukünftigen Beeten die Bodenlebewesen wieder beruhigten.

Im Herbst setzte ich Rosa Mundi und ›Gertrude Jekyll‹ in die Wiese, vorm Gröbsten geschützt durch Wacholder und die Blutbuchenhecken, wo es ihnen immer besser zu gefallen scheint. Allerdings passierte auch gleich ein Mißgeschick. Ein junger Absolvent der Bodenkultur, der vorübergehend beim hiesigen Gärtner arbeitete, sollte mir beim Zurückschneiden und Zusammenbinden der größeren Büsche helfen (*Buddleia davidii* und *Viburnum opulus*). Doch – hast du's nicht gesehen – hatte er sich auch an den beiden frisch Ausgesetzten zu schaffen gemacht und ihnen einen Edelrosen-Radikalschnitt verpaßt, von dem sie sich erst im übernächsten Jahr wieder einigermaßen erholten.

›Hero‹ entging dem Massaker in einem kleinen ostseitigen Beet. Doch dann las ich, daß sie sich auch als Kletterrose gut mache. Seither rankt sie anstelle des Winterjasmins, *Jasminum nudiflorum*, der zwar reich geblüht hatte, wenn auch leider in gelb, jedoch ziemlich sparrig dastand, an der südseitigen Hauswand empor und streckt sich mit ihren großen, zartrosa halbgefüllten Blüten schon weit über das ihr nachgesagte Maß hinaus, ›Hero‹ blüht von Juni bis in den Spätherbst, erfreut vor allem die Nachbarn, die einen Blick auf sie haben, und hat nur einen Fehler, ihr Duft ist so schwach, daß er an manchen Tagen kaum wahrzunehmen ist.

Das nächste, was sein mußte, war ein Rosenbogen zwischen den Büschen der Blutbuchenhecke, genau über dem sogenannten Haustierwechsel, dem kleinen Weg, den sich die Nachbarshunde und Nachbarskatzen deutlich erkennbar ausgetreten hatten. Nun kommen sie durch ein prächtiges Tor, einen grüngestrichenen Eisenbogen, an dem von jeder Seite eine kräftige Rankerin,  nämlich ›New Dawn‹, eine Augenmutation der alten ›Dr. W. van Fleet‹, hochklimmt, mit wohlgeformten, beinah Junikäfer-resistenten, hellrosa Blüten und einem zarten, fruchtartigen Duft. Sie ist dermaßen wüchsig, daß einige ihrer Triebe weit in die Blutbuchenhecke ausgreifen. Sollen sie nur – farblich ist es die reine Augenlust. Auch ›New Dawn‹ hat eine lange Blütezeit.

Allein wenn ich den alten Katalog wieder hernehme oder in einem der Rosenbücher blättere, regen sich buschweise Rosenwünsche in mir, die ich mir am liebsten sofort oder zumindest im nächsten Herbst erfüllen möchte. Die Frage ist nur, wohin damit? Soll mein Garten ein reiner Rosenhag werden?

Gegen zu heftiges Wünschen dieser Art hilft eigentlich nur eines: die Überfülle.

Nachdem ich vor drei Jahren anläßlich einiger Lesungen im Bodenseegebiet einen Junitag auf der Insel Mainau verbrachte und all die dort blühenden Beet-, Strauch-, Park- und Kletterrosen gesehen hatte, ging es mir wie bei der Frankfurter Buchmesse, ich hatte mich überschaut und wollte ein paar Wochen lang keine neuen Rosen für meinen Garten.

Leider kann ich nicht alle paar Wochen an den Bodensee fahren, also muß ich weiter mit meinen Wünschen leben. Und sobald ich einen Platz gefunden habe, der zu ihr paßt und nichts anderes verstellt, werde ich mir eine ›Madame Isaac Pereire‹, die »wahrscheinlich am stärksten duftende Rose überhaupt«, in den Garten holen und vielleicht auch noch eine ›Fantin-Latour‹

oder eine ›Tuscany Superb‹ mit kastanienbraunen bis karminroten Blüten, und und und …

Auch könnte an der südseitigen Terrassenüberdachung noch eine Rose hochklettern, vielleicht eine ›Constance Spry‹ oder eine ›Coral Dawn‹ oder eine stark duftende ›Compassion‹. Doch zuerst möchte ich es noch mit einer Akebie, *Akebia quinata*, einem starken Schlinger mit fünfteiligen Blättern und violettpurpurnen Blüten, versuchen. Ich weiß nämlich nicht, wie Akebien in Wirklichkeit aussehen.

Die Farben des Regenbogens

Hochnebel. Mit einem Mal wird die Sonne sichtbar, als hinge sie in den Rippen des Ahornskeletts, hätte sich darin verfangen. Das Strahlen nimmt zu, funkelt wie die Monstranz, die bei der Fronleichnamsprozession weithin sichtbar in die Höhe gehalten wird. Heilig, heilig, heilig …

Gleich darauf ertrinkt alles in weißem Dunst. Das Dach gegenüber ist wie mit Mehl bestäubt. Noch immer kein Neuschnee. Tagsüber hat es bis zu zehn Grad Celsius. Ich kann die Krähen bloß hören.

Freude am Garten, eine Sammlung von Hesse-Texten, ist mir als handliche Taschenbuchausgabe untergekommen. Ich lese *Iris* nach dem Frühstück. Iris … auch in meinem Kopf bewegt sich eine Erinnerung, drängt mit Macht ins

Bewußtsein. Ein Sumpfschwertlilienhorst, *Iris pseudacorus*, hinten in der Seewiese, die Blüten gelb, mit zartbrauner Zeichnung, zur Hälfte im See, für mich als Kind der Inbegriff des Exotischen. Es gibt noch immer Iris an dieser Stelle. Sie haben sich nicht vermehrt, noch sind sie zur Gänze verschwunden. Wer weiß, welcher versprengte Schwan ihren Samen einst hierher verschleppt hat.

Der kleine Anselm in Hesses *Iris* hatte Gott und die Ewigkeit im Blütengeheimnis der blauen Iris wohnen sehen. »In ihrem Kelch hatte er irgendeinmal, im frühesten Kindestraum, zum erstenmal im Buch der Wunder gelesen, ihr Duft und wehendes vielfaches Blau war ihm Anruf und Schlüssel der Schöpfung gewesen.«

Für mich bedeuteten jene paar gelben Iris Fremdes und Vertrautes zugleich. Ich kann mich nicht erinnern, als Kind je blaue Iris gesehen zu haben. Der Krieg hatte auch in den Garten aufgeräumt, und die meisten Blumen waren dem Anpflanzen von Eßbarem zum Opfer gefallen.

Später, als ich viel mit dem Zug fahren mußte, der immer wieder an Gärten vorüberfuhr – ich weiß auch nicht, warum beinah alle Kleingärten an Eisenbahnstrecken liegen –, weckten jene blauen Irissorten verläßlich die Sehnsucht nach einem eigenen Garten.

Solange ein Garten nur in der Vorstellung vorweggenommen ist, besteht er meist nur aus Typischem, aus dem, was die Erinnerung bruchstückhaft zur Verfügung stellt. Gelbe Sonnenblumen, rote Pelargonien, weiße Margeriten, violette Clematis, rosa Rosen und natürlich blaue Iris. Und in den ersten Gartenjahren ist man dann damit beschäftigt, all das zu ziehen, was diesen aus den verschiedensten Erinnerungsbildern bestehenden Garten ausmacht.

Natürlich auch Iris. Nicht die Sumpfirisart, dafür fehlt mir der Sumpf oder auch nur eine ausreichend feuchte Stelle, sondern die gebräuchliche blaue Art, *Iris* x *barbata*.

Ein Freund brachte aus seinem Garten in der Nähe von Stuttgart je einen Eimer mit hell- und dunkelblau blühenden Rhizomen mit. Wichtig sei, sagte er, daß sie nicht zu tief gesetzt würden. Im Hochsommer wollten die Knollen dann so richtig ausbacken. Bei zu dichtem Bestand und anhaltendem Regen bestehe die Gefahr, daß sie faulten.

In einem meiner Bücher las ich, daß man nach der Teilung der Knollen die Schnittstellen zur Desinfektion mit Holzasche bestäuben soll. Eine Gelegenheit, endlich den Kachelofen auszuräumen. Das Bestäuben hatte ich mir allerdings anders vorgestellt. Während ich mit einem ausrangierten Löffel herumstippte, blies ein Windhauch mir die Asche ins Gesicht anstatt auf die Rhizome.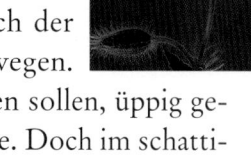

Die Übersiedlung aus dem Weinbaugebiet ins alpine Reizklima hat dennoch anstandslos geklappt, wahrscheinlich der prallen Sonne und des lehmigen, kalkhaltigen Bodens wegen. Schon im nächsten Jahr blühten die Iris so, wie sie blühen sollen, üppig genug, daß ich bereits im Herbst einige verschenken konnte. Doch im schattigeren Garten der Nachbarin geben sie sich blühfaul.

Richtige Herrschaftsblumen, wappentauglich und dennoch nicht besonders anspruchsvoll, wenn ihre Grundbedürfnisse befriedigt werden.

Meine Bewunderung steigerte sich zur Begeisterung. Schon im alten Ägypten hielten siegreiche Kriegsherren eine Iris wie ein Szepter in der Hand. Thutmosis I. soll ihre Knollen zusammen mit anderer Kriegsbeute aus Syrien mitgebracht haben. Auch war das Wappenemblem der französischen Könige nicht die Lilie, sondern die Schwertlilie Iris, *Iridaceae*. Und bei den alten Griechen galt Iris als der weibliche Hermes, an dessen Stelle sie die Seelen der Frauen in die Unterwelt geleitete.

Die Art ›Violwurz‹ oder ›Veilchenwurz‹, wie sie im Volksmund auch heißt, weil die Wurzeln von *Iris pumila* oder *Iris odoratissima* nach Veilchen duften sollen, fiel mir auf, weil ich auf Duft immer anspreche, dennoch habe ich nie die Probe aufs Exempel gemacht. Erstens, weil mir noch keine solche ›Violwurz‹ untergekommen ist, und zweitens, weil ich es wahrscheinlich nicht über mich gebracht hätte, sie einfach aufzuschneiden, um mich von ihrem Veilchenduft zu überzeugen.

Aber was war das alles gegen die Farben des Regenbogens, die mir aus

Gartenzeitschriften und Iris-Büchern entgegenleuchteten, besser gesagt schimmerten. Vor allem eine, die ich nur ein einziges Mal abgebildet, aber noch nirgendwo zum Verkauf angeboten gesehen hatte, *Iris basaltica*, von der sowie von ihresgleichen sogar Rudolf Borchardt als von den Iriswundern der *Regelia-Oncocyclus*-Klasse zu schwärmen beliebte: »Enorme Gebilde, von einer sonst unerhörten Farbenskala aus kobalt und olive, aus schwarz und rosig, braun und blaugrün, silbergrau und purpur –, wir kultivieren von ihr nur eine einzige ›leichte‹ Art, *Iris susiana*, die ›Dame in Trauer‹ – sind persische Wildpflanzen und ganz so fabelhaft, wie sie auf Perserteppichen verblüffen. Sie waren so berühmt, daß vorderasiatische kriegsgefangene Völker sie, nach Ausweis der Wandgemälde, den Pharaonen als Landestribut darbringen konnten.«

Ermutigt durch das problemlose, ja auf Anhieb sogar üppige Gedeihen meiner Hausgarten-Iris, verstieg ich mich bereits in Gedanken zu Gruppierungen, in denen vor allem die purpurgründigen Farben jener Züchtungen, die amerikanische Iris eingekreuzt hatten, die Hauptrolle spielten. Zum ersten Mal versuchte ich auf dem Küchentisch ein Beet zu entwerfen, mir aufzuzeichnen, wie es aussehen sollte, wo welche Pflanzen und in welchen Farben zu wachsen hatten. Mit einem Wort, ich ließ mich auf Design ein. Das runde Beet, das ich mühsam aus dem Bauschutt vor der Terrasse ausgegraben hatte, um darin Artischocken zu pflanzen, und das, von selbst gezogenem Buchsbaum begrenzt, zum Rondeau veredelt hätte werden sollen, schien mir geradezu ideal dafür.

Den Artischocken hatte es zu viel geregnet, und die Buchsstecklinge waren nur zum Teil angewurzelt und ließen erkennen, daß sie Jahre brauchen würden, um so etwas wie eine bodennahe Beeteinfassung zu bilden, also verbannte ich sie unter die weiße Rose ›Blanc Double de Coubert‹, wo die Reste, insgesamt etwa drei von zwölfen, langsam zu zwergenhaften Buchsbaumbüschen heranreifen.

Im Jahr darauf hatte ich die Idee, aus dem Rund- ein Steinbeet zu machen und einen Kürbis darüber ranken zu lassen. Ich machte mir die Mühe, Steinchen um Steinchen auszulegen, doch der Kürbis dankte es mir nicht. Nachdem er zwei große Früchte im heißen Juli 1994 produziert hatte, faulten die restlichen trotz Steinunterlage im nassen August. Ihre Blätter waren von den Schnecken durchlöchert, und das Ganze wirkte so undekorativ wie ein alter, verschlissener Regenschirm mit geknickten Speichen.

Mein Auge war beleidigt, und ich machte einen Plan, der als erstes die Entfernung der sorgfältig aufgelegten Kiesel vorsah. Ein rundes Iris-Beet, allein der Gedanke versetzte mich in Verzückung.

In der Mitte sollte es einen weißen Rittersporn geben, und zwar einen namens ›Galahad‹, einen Ritter mitsamt seinem Gral, und was mich sonst so an mythischen Assoziationen befiel. Iris und Rittersporn sollten angeblich zu beinah symbiotischen Beziehungen neigen und einander gegenseitig zum Gedeihen anregen.

Sir ›Galahad‹ sollten drei weiße Malvendamen das Wasser reichen können, *Lavatera thuringiaca* ›Barnsley‹ mit dunkelrotem Grund. So wollte ich die Farben Schritt für Schritt zum Beetrand hin steigern. Dazwischen kamen schwarze Papageien-Tulpen als Schock-Akzent im Frühling, schließlich sollte man sich auch einmal etwas trauen dürfen. Der äußere  Ring aber, der erst blühen würde, wenn die Tulpen unansehnlich geworden waren, sollte aus herrlichen Iris-Horsten von silbrig bis rauchgrau zu rosa behaucht und violett geändert, bis zu purpur mit Bronze bestehen. Nicht mehr und nicht weniger als das Große und Ganze, die volle Palette eben.

Das runde Beet gibt es noch immer, auch wenn seine Gestaltung mittlerweile stark von der seinerzeit entworfenen abweicht. ›Galahad‹ war nicht zu retten. Wenn Schnecken außer Tagetes, der sogenannten Studentenblume, einen absoluten Lieblingsfraß haben, dann ist es Rittersporn, und weißes Delphinium scheint die Krönung zu sein, ähnlich weißen Trüffeln für den menschlichen Gourmet. Ich hätte wohl, solange ›Galahad‹ noch klein war, nachts persönlich Wache halten müssen, um ihn heil über die Runden zu bringen. Und selbst dann hätte ich ihn keine Sekunde aus den Augen lassen dürfen. Schnecken sind nämlich viel schneller, als man glaubt, zumindest beim Fressen.

Um nicht klein beizugeben und ins Triviale abzurutschen, ging ich die Kataloge durch und stolperte dabei über einen rosablühenden Lavendel, *Lavandula augustifolia* ›Loddon Pink‹, mit dem sich die alte Geschichte der ›Sorten‹ wiederholte. Im ersten Jahr blich er anämisch vor sich hin, nahm im zweiten endlich Farbe und Gestalt an und ist seit seinem dritten wahrscheinlich so, wie er sein soll. Dennoch ist er nicht mit seinen ›lavendelfarbenen‹ Brüdern zu vergleichen.

Die weißen Malven mit dem dunkelpurpurnen Grund hatten offenbar regrediert und blühten üblich rosafarben, noch dazu in einem Rosa, das sich mit dem des Lavendels biß, und hatten eine geradezu ordinäre Ausstrahlung.

Im Herbst grub ich sie aus und verschenkte sie. Sie sind die verläßlichste Freude ihrer neuen Besitzerin.

Da ich im Steingarten einen Überschuß an zu großem, kräftigem Sedum hatte, verpflanzte ich vier kleine Horste an die Stelle der Malven. Es gefällt ihnen da sehr gut, sie wuchern geradezu, trotz Mittagsglut, die sie voll trifft, und blühen spät, aber dann bis zum Schnee. Um sie herum haben sich ein paar Erdbeeren angesiedelt, die der sonnigen Lage wegen besonders gut schmecken, und da ich mich noch nie dagegen wehren konnte, wenn Eßbares mir zugelaufen ist, pflanzte ich weitere Erdbeerableger dazu, damit die Sache auch nach etwas aussah.

Selbstredend haben auch einige Akeleien, Vexiernelken und Mohne das Beet entdeckt, nur das einfallende Mutterkraut, die alte Wucherin, habe ich  schließlich ausgerissen. An einem der Ränder kauert auch noch, in absoluter Bescheidenheit, als wisse sie, daß sie nur geduldet ist, eine Walzenwolfsmilch, die zwar jeder Symmetrie spottet, deren Anspruch auf Existenz ich dennoch jedes Jahr erliege.

Was die außergewöhnlichen Iris-Horste angeht – nun ja. Es hat in den letzten Jahren die herrlichsten Blüten in den wunderbarsten Farben gegeben, von weiß mit zarten dunklen Punkten, über silbergrau nach schokoladefarben hin Changierendem, bis zu melonenrosa und grünlich Behauchtem. Aber erstens haben sie nie zur selben Zeit geblüht, und zweitens waren sie (trotz anderslautendem Steckbrief) nie gleich hoch und rundeten sich daher auch nicht harmonisch nach dem Bild, das in meinem Kopf existierte. Dennoch hat das Beet einen gewissen Charme, ist für Überraschungen gut, und wenn es gerade in der Mauser ist, ich meine, wenn die Iris verblüht und ihre Blätter von Schnecken und Käfern angebissen vor sich hin gilben, sind da immer noch die Erdbeeren, und denen wachsen tatsächlich bis weit in den Spätherbst Früchte nach.

Letzten Herbst mußten die Rhizome wieder einmal geteilt werden. Ich schnitt und schnippelte, wahrscheinlich doch zu radikal, bestäubte mit Holzasche und redete allen Nachbarn Iris ein, weil ich es nicht übers Herz brachte, den Überschuß auf den Kompost zu werfen, trennte die hell- und dunkelblauen, setzte sie zusammen mit den weißen in ein anderes Beet und wollte nur die am besten blühenden gemischtfarbigen im Rodeau belassen. Oder umgekehrt. Da ich es mir nicht aufgeschrieben hatte, war ich mir gar nicht mehr sicher und mußte auf den Augenschein im nächsten Mai warten.

Es gibt von vielen Pflanzen Zwergsorten, mehr oder weniger geglückte, aber eigentlich interessieren sie mich nicht. Nicht einmal die Bonsai-Gärtnerei, die wohl eine Leidenschaft für sich ist und nichts mit Garten zu tun hat, treibt meinen Puls in die Höhe. Einzig bei Zwerg-Iris werde ich schwach – und in einzelnen Fällen bei den Zwergformen der Akelei.

Die ersten *Iris Barbata Nana* kaufte ich im Vorübergehen, der Kuriosität wegen, und setzte sie, Ende März, zwischen die Terrassensteine, wo sie sich sichtlich wohl fühlten und auch ein paar Blüten produzierten. ›Cherry Garden‹ in Weinrot-Blau, ›Regards‹ in Weinrot-Violett und ›Gingerbread Man‹ in Kupfer-Blau. Eine Augenweide. Im nächsten Jahr wurden die Zwerge von einem üppigen Silberling- und Fingerkrautbefall zugewuchert, und ich mußte sie vor dem Vermatschen retten. Also wanderten sie ins kleine Pyramidenbeet, vermehrt um eine wunderhübsche ›Green Spot‹, mit weißem Dom und cremefarbenen Hängeblättern mit grünlichem Fleck, und eine ›Blue Beret‹, mit mittelblauem Dom, seidigen violetten Hängeblättern und weißem Bart in nur 15 Zentimetern Höhe.

Das Glück schien ein bleibendes, doch schon im Jahr darauf rückten ihnen wildgewordene rosa Storchschnäbel, *Geranium dalmaticum*, die sich lange geziert hatten, sowie ein sich wunderbar zur geschwungenen Halbkugel formierender Frauenmantel zu Leibe, und ich beschloß, den Steingarten gründlich zu jäten, um den Zwergen eine endgültige und komfortable Bleibe zu schaffen.

Von wegen komfortabel. Der Boden war wohl zu abschüssig, der Regen schwemmte die Rhizome zu sehr aus, die Schnecken kamen in Scharen geradewegs aus den umliegenden Wiesen und raspelten die Austriebe dermaßen hurtig ab, daß man denken konnte, die kleinen Iris hätten nie ausgetrieben. Diejenigen am Grunde des Steingartens, im Schutze eines ungemein trockenheitsverträglichen spanischen Löwenmäulchens, wuchsen besser an, waren auch weniger zernagt, schauten aber auch nicht gerade glücklich drein. Außerdem wußte ich von den meisten nicht mehr, wer wer war, weil im entscheidenden Moment die Plastiksteckschilder nicht zu finden waren und es bereits dunkel zu werden begann, als ich sie übersiedelte.

Kein Wunder also, daß ich als nächstes an Töpfe dachte, mit Kies belegt und mit Steinen dekoriert, was die Feuchtigkeit in den Wurzeln halten würde, während die Rhizome zur Hälfte in der Sonne braten konnten. Auch brauchte man die Töpfe im Spätherbst nur auf die untere offene Veranda zu stellen und ein wenig mit Reisig abzudecken, um sie gut über den Winter zu bringen, ohne daß sie faulten.

Die Idee faszinierte mich so nachhaltig, daß ich sogleich eine Reihe von flacheren Terrakottagefäßen besorgte und jene kleinen *Barbata Nanas* hineinpflanzte, von denen ich wußte, wer sie waren. Dazu besorgte ich noch eine ›Laced Lemonade‹ (rein zitronengelb mit gewelltem Rand) und ein paar ›Wilde‹, *Iris melitta* zum Beispiel, die grün-rauchig blühen und auch nur 15 Zentimeter hoch werden sollte, sowie *Iris Swertii*, eine mittelalterliche Iris, wenn nicht *die* mittelalterliche Iris schlechthin, weißlich mit violetten Adern, die ich mir besonders schön dachte.

Es sah alles recht gut aus. Die Töpfe machten viel her, und die kleinen Rhizome mit den einstweilen noch eingekürzten und daher stumpfen Blatt-dolchen ließen Extravagantes erwarten. Ich brachte von ausgedehnten Wanderungen in über 1000 Metern Seehöhe den hübschesten Muschelkalk mit, so gesehen, ging wieder einmal das Design mit mir durch. Und da ich beinahe schon gelernt hatte, Geduld zu haben, lehnte ich mich irismäßig zurück und erwartete voller Hoffnungen das neue Iris-Jahr. Es konnte nur regenbogenfarben werden. Gelegentlich, wenn ich von meinem Garten erzählte, streute ich das Wort Zwergiris-Sammlung ein, so selbstverständlich, als hätte ich schon seit Jahren eine und wäre natürlich auch eine gewiefte Sammlerin.

Jetzt, ein halbes Jahr später, während ich diese Aufzeichnungen korrigiere, weiß ich es besser, besser gesagt, schlechter. Außer ›Gingerbread Man‹ hat keine von den Kleinen geblüht, und selbst die blühte während meiner Abwesenheit, nur der Fotograf hat sie gesehen. Und natürlich im Steingarten, nicht im Topf. In den Töpfen tut sich gar nichts, außer unzähligen Schnekken, die sich nicht entblöden, selbst noch an den Töpfe hochzukriechen und in sämtliche Blätter ihre Muster hineinzubeißen. Bloß ›Iris Swertii‹, die mit ihren 30 Zentimetern schon fast zu groß ist für einen Zwerg, bequemte sich. Aber nicht etwa weißlich mit violetten Adern, sondern insgesamt eher violett, jedenfalls gar nicht ausgefallen. Dieses Jahr ist kein Iris-Jahr, also gehört alle Hoffnung dem nächsten.

Madonna –
Primadonna

Seit Tagen dicker Schnee. Die Berge bleiben unsichtbar, was den Eindruck von Weite schafft. Der riesige Ahorn zeigt sich weiß berippt, die Flocken fallen seitlich ein.

Der Schnee auf dem Dach gegenüber, windgewellt – nur neben dem geziegelten Rauchfang ist der Giebel zu sehen, dort, wo er in dessen Windschatten liegt.

Von den empfindlicheren Büschen habe ich die schweren Hauben mit dem Besenstiel abgeschüttelt, damit nichts zu Bruch geht, obgleich die Gefahr um diese Jahreszeit, in der die Säfte kaum oder nur langsam fließen, nicht sehr groß ist. Aber seit der Leittrieb meines Amberbaums unter schwerem, nassem Schnee abknickte, bin ich vorsichtig geworden. Das war allerdings im November, und der Amberbaum hat nur einen Fehler, er ist zu spät

dran. Mit dem Austrieb, zu dem er sich erst im Mai bequemt, und mit dem Loslassen der Blätter im Spätherbst. Nur weil er noch Blätter hatte, konnte der erste große Schnee solchen Schaden anrichten.

Die rosaweiß gestreifte Amaryllis auf der Fensterbank, die neuerdings Ritterstern, *Hippeastrum*, genannt wird, weiß kaum wohin mit all den enormen Blüten an ihren beiden sozusagen noch blattlosen Stengeln, während die rote, die ich schon im Vorjahr kaufte, gleich große Blätter und Stiele hat und dadurch natürlicher wirkt. Ob diese Zwiebeln mit Wachstumshormonen geimpft sind? Beinahe könnte man es glauben, weil sie sich im ersten Jahr immer so gewaltig produzieren.

Während die übersommerten Zwiebeln hier drinnen in überwältigender Üppigkeit blühen, überwintern andere in Töpfen auf der offenen Veranda, in Noppenfolie gewickelt, dann in Kisten gepackt und mit Reisig abgedeckt, unter dem die bereits im Herbst ausgetriebenen Schopfbüschel der Madonnenlilien hervorlugen.

Wer kennt sie nicht aus den Kirchen der Kindheit, von den Bildern mittelalterlicher Gottesmütter her, *Lilium candidum*, die strahlendweiße Madonnenlilie, mit ihren hohen Stengeln voller schimmernder, trichterförmiger Blüten. Ein Inbild der Keuschheit, obgleich ihr Duft in seiner obszönen Auffälligkeit eine andere Sprache spricht und manchen Menschen sogar Kopfschmerzen bereitet.

Als einzige der vielen prachtvollen Geschöpfe der Gattung *Lilium* muß sie ziemlich flach gesetzt werden, mit gerade noch ahnbarer Zwiebelspitze, und das bereits im August, damit sie vor dem Winter noch kräftig austreiben kann. Ihr lebendiges Weiß scheint schon darauf hinzudeuten, daß sie Kalk liebt, auch in Form von Mörtelresten. Sie muß vor dem Austrocknen geschützt werden, obgleich sie volle Sonne braucht und einen offenen, nicht verunkrauteten Boden. Deshalb ziehe ich sie auch in Töpfen, vorzugsweise in solchen, deren Rand sich nach innen biegt (wegen des Austrocknens), was nicht schwierig ist in den Jahren, in denen ihr alles paßt. Leider habe ich noch nicht zur Gänze herausgefunden, was ihr alles passen muß. Als ich neulich nachschaute, hingen ihre Schöpfe schlaff und wie erfroren unter dem Reisig – ein schlechtes Omen –, nachdem sie im vorigen Sommer in geradezu betörender Fülle geblüht hat, mit mehr als zehn Blüten pro Stengel. Sie hatte sogar Jungzwiebeln gemacht, die ich separat in Töpfe setzte.

Aber *Lilium candidum* steht nicht nur für die Unschuld, sondern ist auch laut dem Buch *Symbolik der Pflanzen* von Marianne Beuchert ein Zeichen von Herrschertum, Würde und Weisheit. Viele königliche Szepter waren mit Lilien gekrönt, die Recht, Macht und Ordnung symbolisierten. Selbst der Erzengel Gabriel soll eine ›Madonnenlilie‹ in der Hand gehalten haben, als er bei Maria wegen der anstehenden Empfängnis vorstellig wurde.

Nachdem diese Madonna – Primadonna sich nach einigen Anfangsschwierigkeiten so gut wie problemlos in meinen blau glasierten, chinesischen Keramiktöpfen eingerichtet hatte, erschrak ich im nachhinein geradezu, als ich bei Vita Sackville-West auf folgendes stieß: »Da ich mit ihr [*Lilium candidum*, B. F.] nie Erfolg hatte, kann ich mir nicht anmaßen, über sie zu predigen; meine Bemerkungen sind rein theoretischer Art. Nach alter Überlieferung soll die Madonnenlilie in Bauerngärten am besten gedeihen, weil die Hausfrau ihr Seifenwasser ins Blumenbeet auszuschütten pflegt. Interessanterweise wird diese Sage heute durch den Ratschlag bestätigt, die jungen Pflanzen mit Schmierseifenwasser zu besprengen, um die ›Botrytis‹ [Grauschimmel, B. F.] genannte Krankheit zu verhüten.«

Mit Grauschimmel habe ich Gott sei Dank bei den Lilien noch keine böse Erfahrung gemacht, dennoch dachte ich sogleich an eine Waschgelegenheit im Garten und habe auch sofort Schmierseife gekauft. Die Sache mit dem Kalk geht aber noch weiter. Die Primadonnen sollen ja auch Kiesel lieben, und die flogen früher angeblich von den ungepflasterten Straßen über die

Hecken in die Bauerngärten (zumindest wenn die Pferde durchgingen), wo sie den Lilien zugute kamen. Das ist immerhin denkbar.

Lilienzwiebeln sollen nur so kurz wie möglich aus der Erde genommen werden, was bei Versand- und Kaufhausware ein Problem darstellt. Daher treiben auch so viele in Plastiknetze und Hobelspäne gesteckte Lilienzwiebeln, von denen man nie weiß, wann sie gepackt wurden, nicht aus. Vor lauter Angst, daß sie schimmeln könnten, läßt man sie vertrocknen.

Als ich wieder einmal ein tieferes Pflanzloch in der unmittelbaren Umgebung des Hauses grub, legte ich die zum Vorschein kommenden Mörtelklumpen in der Lilienecke meines Schuppens zur Seite, wo ich sie nun zusammen mit verrotteten Blättern horte, die ich in Form von Kompost aus den Wagenspuren eines Weges im Laubwald scharrte (weil er dort nicht durchwurzelt ist und sich gut entfernen läßt), einem Kiessandgemisch für Waldwege, von dem ich den Forstarbeitern einen Kübel voll abbewunderte,

 und feinkrümeliger Lehmerde, die ich im Frühjahr von Maulwurfshügeln holte. Dazu kommt noch ein Kistchen mit Farnhäcksel, etwas Rindenmulch und Holzasche aus dem Kachelofen, kurzum alles, was man laut den alten mehr oder weniger geheimen Rezepturen für Lilien eben so braucht.

Glücklicherweise hat mein Garten schon so manche Lilie blühen sehen. *Lilium regale* zum Beispiel, die Königslilie, eine außen an den Trichterwänden mauve behauchte, verführerisch duftende, unanfällige Schönheit, die sich über Storchschnäbel und Goldwolfsmilch erhebt und verläßlich jedes Jahr wiederkommt, wenn ich sie nicht, wie vor drei Jahren, versehentlich köpfe. Aber selbst dann läßt sie es sich nicht verdrießen und kommt im nächsten Jahr wieder. Auch viele Hybriden haben ihr Gastspiel gegeben, selbst wenn ihnen nach einigen Jahren sozusagen die Luft wegbleibt. Sie sehen meist sehr hübsch aus, sind auch pflegeleicht, lassen sich aber mit den alten Sorten nicht vergleichen.

Leider ist das tatsächliche Lilienangebot in den meisten Gärtnereien, selbst in denen, die eigene Liebhaber-Kataloge führen (wie zum Beispiel Feldweber), eher dürftig. Angeblich aus Angst vor den bei Lilien (oder Zwiebeln überhaupt?) häufiger auftretenden Viruserkrankungen, die ganze Bestände ruinieren können – aber traurig ist es doch.

Das Lilienbuch von Richard Bird ist zwar kein Ersatz für wirklich Blühendes, aber ich kann es immer wieder durchblättern, um mich an Formen und Farben zu freuen, wie nur die Gattung Lilien sie hervorbringt. Was die Wünsche natürlich ins Unermeßliche steigert. Da gibt es zum Beispiel eine aparte – Fee wollte ich schon sagen – Schöne, die *Lilium nepalense* heißt. Ihre stark zurückgeschlagenen Blütenblätter sind grünlichgelb und spreizen sich aus einem violetten Schlund. Auch die Staubbeutel sind violett, und die Narbe auf dem Griffel spielt ins Hellbraune (wenn die Farben auf der Abbildung stimmen). Sie wird beinah einen Meter hoch und soll trotz ihrer atemberaubenden Schönheit ziemlich stinken, aber auf dem Papier merkt man davon nichts.

Oder *Lilium lancifolium*, die früher Tigerlilie *Lilium tigrinum* hieß und aus dem Fernen Osten zugewandert ist, mit ihren orangeroten Türkenbundblüten, die violett getupft sind. Wenn ihr der Boden behagt, kann sie angeblich über zwei Meter hoch werden.

Einmal habe ich auch eine *Speciosum* besessen eine als Jungpflanze im Topf gekaufte (die Zwiebeln, die ich setzte, waren wohl immer schon zu trocken), weiß-rosa getüpfelte, deren lässig gespreizte, nur leicht zurückgebogene Blütensterne sechs weit ausgreifende, geradezu kokett sich gebärdende Staubge-  fäße freigeben. Sie stammt aus Japan und ist verzweigter als die bisher beschriebenen Lilien. Auch sie kann bis zu beinah zwei Metern hoch werden, was meine in ihrem wahrscheinlich auch zu kleinen Topf natürlich nicht vorhatte. Ich tat ihr einiges an Tortur an, als ich sie in praller Sonne auf ein grünes Gartentischchen aus Blech stellte, um sie entsprechend zur Geltung zu bringen (vielleicht hat sie es mir deshalb auch einigermaßen verziehen), dabei wurde ihr Topf auch von unten her gnadenlos aufgeheizt, was wohl nur Wüstenpflanzen wirklich mögen.

Wie ich dem Lilienbuch entnehme, blüht sie immer erst zu Herbstanfang, nur das sagt einem beim Kauf, der meist ein Akt der Selbstbedienung ist, keiner. In dem Töpfchen, das ich bei Praskac in Tulln entdeckte, steckte bloß ein Plastikschild mit dem Namen und der Farbe. Als sie im Juli noch immer nicht stattlich genug für Blüten war, überdüngte ich sie wahrscheinlich, doch als sie endlich ihre Turbane der Sonne entgegenreckte, fielen dann noch die Lilienhähnchen über sie her, jene scharlachroten Vielfraße, die so hübsch aussehen und so viel Schaden anrichten. Selbst den Schnittlauch verschonen sie nicht, verwenden ihn sogar vorzugsweise als Brutstätte für ihre besonders unappetitlichen, schlatzigen Larven. Damals wußte ich noch gar nicht, daß es diese Käfer überhaupt gibt, während ich sie nun mit der bloßen Hand fange, so flink sie für gewöhnlich auch das Weite suchen oder sich in Panik zu Boden fallen lassen mögen. Meine Hände reagieren mittlerweile selbsttätig.

Zu allem Überfluß verwechselte ich meine *Speciosum* in der Erinnerung auch noch mit der originalen *Lilium auratum*, der japanischen Goldbandlilie, von der Rudolf Borchardt meint, sie würde auf die Dauer nur im Gras gedeihen (»Gräser und Knollen sind natürliche Blühgemeinschaften«). Im Beet und unkrautfrei gepflanzt, würden sich ihre Zwiebeln in ungefähr drei Jahren in Nichts auflösen. Ich nahm also meine *Speciosum*, als sie abgeblüht war, aus dem Topf und pflanzte sie nächst der Rose ›Queen of Denmark‹ (Rosen und Lilien gehen an sich gut zusammen) an den Fuß der Steinpyramide.

Das arme, angeblich nicht einmal wirklich frostharte Ding, das auch noch keinen Kalk verträgt, wurde also den Tücken der Natur ausgesetzt, und es grenzt an ein Wunder, daß es im nächsten Sommer überhaupt wiederkam,  wenn auch mit verkrüppeltem Wuchs, und irgendwann bin ich dann auch noch während des Rosenschneidens draufgestiegen. Eigentlich gebührte ihr an einem der Pyramidensteine eine Gedenktafel mit der Inschrift: »Hier liegt *Lilium speciosum roseum*, von ihrer Gärtnerin aus Unverstand gequält und zu Grabe gebracht.« Ich behandelte ihre mittlerweile gewiß schon verfaulte Zwiebel mit Pietät, indem ich sie nicht, wie die blühfauler Hybriden, einfach in Butter briet und aufaß. Ich gab sie sozusagen auf unmittelbarem Wege der Erde zurück.

Inzwischen hat die für die Lilien verantwortliche Fee ein Einsehen gehabt und mich bei Hugendubel in München das Lilienbuch in der Ramschecke finden lassen, auf daß es der nächsten *Speciosum* besser ergehe.

Die erste Lilie, die mich in der Literatur auf ›sprechende‹ Weise beeindruckt hat, war die Feuerlilie, *Lilium bulbiferum*, die in Lewis Carrolls *Alice hinter den Spiegeln*, Kapitel zwei (*Im Garten der sprechenden Blumen*), als Alice vor sich hin seufzt, »O du Feuerlilie, wenn du doch nur reden könntest!«, prompt antwortet: »Wir können schon, solange jemand da ist, mit dem es sich lohnt.« Im Lauf des Gesprächs entpuppt sich die Feuerlilie als ziemlich hochfahrende Person, die sich auf resche, ja geradezu hantige Art, wie man in Österreich sagen würde, gebärdet. Doch sie verrät Alice, warum die Blumen in diesem Garten überhaupt sprechen können, weil nämlich der Boden hart ist. »In den meisten Gärten macht man uns das Bett zu weich – und dann schlafen die Blumen andauernd.« Das klang einleuchtend, und Alice erwiderte: »Daran habe ich noch nie gedacht!«

»Meiner Meinung nach denkst du überhaupt nie!« sagte die Rose ziemlich barsch.

Die Härte des Beetes ... das würde Borchardt und seiner These von den Lilien des Feldes recht geben. Leider habe ich noch keine *Auratum* auftreiben können. Alle anderen Lilien, die ich in die Wiese gesetzt habe, meist Hybriden, vermissen offensichtlich ihr Beet oder ihren Topf. Zivilisiert, wie sie sind, glauben sie auch an den Komfort als Voraussetzung des Wohlbehagens, wollen ihre lockere Erde, möglichst wenig Konkurrenz und die wöchentlichen Flüssigdüngerschlucke. Der Lauf der Welt, warum sollte er ausgerechnet vor Blumen haltmachen?

Was aber die Feuerlilie angeht, so hat sie mich von Anfang an ins Herz getroffen. Wer sie je, wie es hier in der Gegend vorkommen kann, Ende Juni, über eine abschüssige Bergwiese geneigt, unverhofft, orangerot mit purpurnen Punkten, vor sich aufleuchten gesehen hat, wird ermessen können, wovon ich rede. Seither erregt das Wort Lilie nicht nur bestimmte Begehrlichkeiten in mir, sondern eine Art staunendes Glücksgefühl, das auch nach lilienmäßiger Erfüllung trachtet.

Eine Freundin hat sich in den Farben dieser Lilie ein Schmuckstück anfertigen lassen: Korallen mit böhmischen Granaten, das klingt zwar furchtbar, sieht aber bezaubernd aus.

Es war also von Anfang an keine Frage, daß die Feuerlilie einmal eine Rolle in einem meiner Romane spielen würde. Und so habe ich sie zur Blume des Alpenkönigs in *Die Mystifikationen der Sophie Silber* gemacht.

Wenn ich mir meine Gartenfotos der letzten zehn Jahre so anschaue, fällt mir ein frühes Lilienbeet auf, das später dem Beeren- und Gemüsegärtchen weichen mußte.

Ich erinnere mich, daß ich zu meinem Geburtstag Anfang Juli ein paar Leute eingeladen hatte, die mir, wie auf Verabredung (aber wohl eher weil die hiesige Gärtnerei gerade davon hatte), alle eine hellorangefarbene oder gelbe *Lilium bulbiferum* var. *croceum* im Topf brachten. Insgesamt waren es, glaube ich, fünf. Ich grub also ein kleines rundes Beet aus dem damals noch meterhohen Bauschutt, pflanzte die Lilien rundum in gekaufte Erde und setzte in die Mitte eine weiße Astilbe, die eine Nachbarin mir von ihrem großen Horst abgestochen hatte. Auf den Fotos sieht das noch immer sehr hübsch aus, auch wenn diese Gelbtöne nicht wirklich meine Farben sind, aber zusammen mit dem Weiß erhielt das Ganze eine sommerliche Leichtigkeit, die über dem Grün der Wiese geradezu zu schweben schien.

Ich glaube, das Beet existierte drei Jahre. Als das Gärtchen entstand, grub ich die Lilien aus und setzte sie innerhalb des Lattenzauns (die Rehe hatten sie bereits entdeckt) in die schmalen Bosquetten. Aber da scheint es ihnen nicht behagt zu haben. Gekränkt zogen sie sich in die Erde zurück und waren ein bis zwei Jahre später ganz verschwunden, ohne daß auch nur eine der Achselbulbillen je den Versuch zu keimen gemacht hätte. Wenn Lilien einmal beleidigt sind, dann bleiben sie es wohl auch.

Nochmals Lilien: Lilienartige

Tressenstein und Radling dämmern aus dem froststarren Nebel, der vom See her aufsteigt. Es ist so kalt (–12° zur Frühstückszeit), daß den Bäumen und Büschen dort, wo sie den Schnee nicht halten konnten, eine dickbereifte Haut gewachsen ist. Von weitem gesehen, bilden die Nadelbäume ein Fischgrätenmuster.

Der Schnee auf dem Dach gegenüber spart Giebel und äußere Ränder aus, um den Schornstein herum ein stumpfes, abwärts weisendes Eternitdreieck.

Schon ist der Himmel voller Licht, und auf der westlichen, der hochnebellosen Seite, gleißen die schneebedeckten Sarsteingipfel bereits unter tiefem Blau.

Ein weißer Abfangjägerstreifen zieht durch den seeseitigen, grauen Behang, den die Sonne nach und nach durchsichtiger werden läßt.

Zum Glück habe ich Verpackung und Abdeckung der Galtonien, der Berglilien, *Hyacinthus candicans,* kontrolliert, jener ›Sparformen‹ der Riesenschneeglocken des Himalaya, wie Borchardt sie nennt, die in ihren heimischen Gebirgsschluchten mehrere Meter hoch werden, wohingegen sie bei uns, gezähmt und diminuiert, ihr liebliches Glöckchenleben – grün behaucht – schon der Wühlmäuse wegen in Töpfen verbringen und höchstens noch einen Meter hoch werden (bei mir nur an die 60 Zentimeter).

Die Paradies- oder Trichterlilie, *Paradisea liliastrum,* zählt zu den wenigen ›Alteingesessenen‹ unter den Alpenpflanzen. Sie mag sonnige Lagen, tiefgründige, ein wenig lehmige Böden und kommt bis etwa 2500 Meter hoch vor. Ihr Stengel kann zwischen Mai und Juni an die zehn Blüten tragen. Sie sind den Galtonien ähnlich, erscheinen aber ›lilienartiger‹ und duften auch, während ihre Blätter schmäler, grasartiger sind. Mein Exemplar hat schön und relativ lange geblüht, dann kam es mir irgendwie aus den Augen, und da sonst nichts im Topf war, habe ich ihn irgendwohin gestellt, wo man ihn nicht sah. Als ich mich im nächsten Jahr an sie erinnerte, war sie perdu. Nicht einmal ihre Zwiebel war mehr zu finden.

Es gibt nicht nur Scheinakeleien, sondern auch Scheinlilien. Eine dieser ›vorgeblichen‹ gehört zu meinen Lieblingen, nämlich die Gattung Krötenlilien, *Tricyrtis,* die mit ihren Punkten, Schecken und Warzen auf hellem, meist weißem Grund und kleinen, zurückgeschlagenen Blütenblättern auf hohen

Stengeln an Hausfrauen von früher erinnert, die sich für den großen Hausputz speziell zurechtmachten und sich Turbane aus bunten Tüchern um den Kopf wanden, um ihr Haar vor Staub zu schützen. Leider schreibt fast niemand über diese irgendwie an einen Clown gemahnende Blume, auch Borchardt begnügt sich mit einigen Sätzen des Schwärmens. Eine Sorte, die wohl nicht von ungefähr ›Harlekin‹ heißt, habe ich wahrscheinlich zu spät gekauft, während einer Lesereise im Schwabenland bei hochsommerlichen Temperaturen. Sie muß schon zu ausgedörrt gewesen sein und verkam auftrittslos. Zwei andere, eine als *macropoda* bezeichnete und eine *stolonifera*, kommen jeden Herbst wieder. *Macropoda* im sonnigen Staudenbeet mit braun-purpurner Gesamtwirkung, *stolonifera* im Moorbeet, zwischen Zwergkiefern, Himbeeren, Frauenmantel und kleinen Rhododendren, besser beschattet und mit besser sichtbarem weißen Grund. Hier ist sie auch vor den Rehen sicher, während die im vorderen, sonnigen Staudenbeet regelmäßig von ihnen gefressen wird, nachdem ich einen Blick auf sie werfen durfte. Offensichtlich fressen Trughirsche mit Vorliebe Scheinlilien.

Eine andere, *Erythronium kondo*, genannt Forellenlilie, deren Knollen sich in den hiesigen Konsum verirrt haben (allerdings nur ein einziges Mal), blüht ebenfalls im Gärtchen, sehr früh, mit fünf kaum zurückgeschlagenen gelben Lilienblütenblättern,  die um die Staubgefäße herum einen orangeroten, nach innen gezogenen Heiligenschein tragen. Der Forellenlilie aber hilft der Zaun nicht. Ihre Blätter werden Jahr für Jahr von im Moos überwinternden Schnecken gefressen, und zwar so hurtig, daß ich jedesmal zu spät komme. Meist liegt auch noch stellenweise Schnee, da das Gärtchen sich im Schatten des Hauses befindet, dennoch sind die endzeitlichen Raspler bereits am Werk. Offenbar lauern sie schon mit froststarren Schleimdrüsen und eingezogenen Fühlern auf ihr erstes Liliengericht.

Ein anderes *Erythronium*, nämlich *dens-canis*, der Hundszahn, habe ich in natura noch nie blühen sehen. Ich pflanzte das nach der Blüte angeblich eingezogene Exemplar in den Trog zu den Kultur-Heidelbeeren, in Moorbeeterde, wie empfohlen. Im nächsten Frühjahr kam der Hundszahn wieder, machte eine Menge Blätter und zog wieder ein, ohne sich der Mühe des Blühens zu unterziehen. Vielleicht hat er überhaupt nie geblüht, und ich habe Ausschuß gekauft. Ein Jahr gebe ich ihm noch, dann bleibt nur der Komposthaufen. Der Hundszahn soll übrigens zyklamenfarbig blühen.

Mit Graslilien, *Anthericum liliago*, habe ich es ebenfalls versucht, ich wollte wissen, wie sie aussehen. Ich setzte ein Exemplar in das Pyramidenbeet, wo es Jahr um Jahr im Juni seine weißen Sterne reckt, immer verzweifelter, je üppiger der Frauenmantel, der sich dort selbst ausgesamt hat, ins Kraut schießt. Aber es duftet noch immer bezaubernd lilienmäßig, und ich nehme mir jedesmal, wenn ich der schlanken, astlosen, elfenzarten Rispe gewahr werde, vor, sie aus dem Grün herauszuschneiden, um in der Vase besser und öfter an ihr riechen zu können. Und jedesmal vergesse ich darauf. Auch hat sich meine Hoffnung, sie würde sich von selbst vermehren, nicht erfüllt. Oder rücken ihr nur die anderen zu sehr auf den Leib?

Die Lilienartigen muß man sich selbst zusammensuchen, denn die meisten Gartenbücher widmen ihnen – wenn überhaupt – höchstens ein paar Zeilen. So auch der Binsenlilie, *Sisyrinchium*. Vor Jahren habe ich mir einmal eine bestellt, eine *bermudiana*, die wunderhübsch lilablau blüht und an die 25 Zentimeter hoch wird. Ich habe sie in den Steingarten gesetzt, aus dem sie sich, tapfer blühend, auch nicht mehr vertreiben läßt, obwohl eine Akelei  sich mitten in ihren kleinen Horst gezwängt hat, und zwar so, daß sie nicht zu jäten wäre, ohne daß ich riskieren würde, beide Pflanzen zu beschädigen. Borchardt erübrigt für die *Sisyrinchien* überhaupt nur eine Zeile, in der er ihre Blätter als kleine Schilfe und ihre Blüten als Irisblumen in blau, gelb und braun bezeichnet, wobei ich den Vergleich mit Iris bei den Blüten nicht bestätigen kann. Auch Vita Sackville-West spricht von den irisartigen *Sisyrinchium*-Sorten, die sich angeblich überall selbst aussäen. Bei mir tun sie es nicht, aber vielleicht habe ich die Sämlinge versehentlich gejätet. Das Blau meiner Binsenlilie ist jedenfalls von sich aus überzeugend und bedarf des Vergleichs mit der Iris gar nicht.

Englische Gartenkenner sollen die Taglilien, *Hemerocallis*, für das ›bestgehütete Gartengeheimnis Europas‹ halten, wohingegen sie in den USA zu den beliebtesten Gartenstauden gehören. Und tatsächlich, all die großen Gärtner und Gartenschriftsteller wie Stephen Lacey, Beth Chatto, Penelope Hobhouse, Margery Fish, Friedolin Wagner und wie sie alle heißen mögen, wissen so gut wie nichts über diese reizvolle Pflanze zu sagen, und wenn sie sie dennoch erwähnen, dann höchstens als gestalterisches Element, das entweder seiner Farbe oder seiner Höhe wegen gerade in die eine oder andere Ecke paßt.

Auch ich habe einige Zeit gebraucht, bis ich auf Taglilien mit größerer Aufmerksamkeit reagierte. Ich will nicht ausschließen, daß es damit zu tun hatte, daß ich bei Storl die Bemerkung fand, in China würden ihre Knollen und jungen Blätter sowie ihre schmalen Blüten, die ohnehin nur einen Tag halten, als Gemüse Verwendung finden. Das hat mich schon immer von Pflanzen überzeugt.

Vor vielen Jahren, ganz zu Anfang meiner Gartenzeit, brachte ich einmal auch eine winzige Taglilienpflanze mit nach Hause, um zu studieren, was daraus werden würde. Wie sich herausstellte, war es eine jener blaßorangen ›no name‹-Pflanzen, wie sie in Gärtnereien, die sich oft nicht die Mühe machen, Pflanzen näher zu bezeichnen, als ›Taglilien‹ verkauft werden.

Besonders neugierig war ich – zugegeben – nicht, denn was ich in dieser Gegend von Taglilien in Erinnerung hatte, war ein kleines nordseitiges Beet, das vor allem aus bleichen Stengeln, zermatschten Blüten und ewig darniederliegendem Blattwerk bestand, das entweder vom Regen gequetscht oder von Trockenheit entfärbt war. Die ganze Pflanzenmasse wirkte so, als sei sie tatsächlich jahraus, jahrein sich selbst überlassen und habe nicht einmal mehr die Kraft, mit Anstand einzuziehen.

Meine Taglilie blühte im nächsten Jahr, aber dermaßen unscheinbar, daß es mir gar nicht auffiel, als sie, von Storchschnäbeln überwuchert, auch nur mehr ein Überlebensdasein führte.

Vor vier Jahren entdeckte ich dann auf dem Wochenmarkt der Nachbargemeinde, bei dem auch eine große Gärtnerei aus Oberösterreich gelegentlich ihre Waren anbietet, einen wundervollen Taglilienhorst in einem schwarzen Plastiktopf. Ebenfalls ›no name‹, doch steckte mir der Verkäufer, daß es sich dabei um eine berühmte amerikanische Sorte handle, die sein Betrieb als einziger importiere. Es war eine kleinblütige Pflanze, was bei Taglilien heißt, daß ihre Blüten etwa einen Durchmesser von 7 Zentimetern haben und die Gesamthöhe ungefähr einen halben Meter beträgt.

In einer der vielen Gartenzeitschriften, die ich monatlich konsumiere, identifizierte ich mein Exemplar tatsächlich als amerikanische Züchtung mit dem Namen ›Purple Rain‹, deren Farbe als ›wetterfestes Purpur‹ beschrieben wurde. Für mich nannte ich sie einfach ›Purple Beauty‹ und grub ihr ein eigenes Beet vor einem weißen igloförmigen Findling, der von zwei Männern an der Stelle aus der Erde gestemmt werden mußte, an die ein gefüllter Jasmin hinkommen sollte. Ihr Beet muß die Purpurne mit niemandem außer einem kleinen Origano, *Origanum vulgare compactum,* teilen, das direkt am Stein von dessen nachts abstrahlender Wärme im Geschmack profitieren sollte.

Gegen das kalkige Weiß des Steins kommen die Blüten meiner purpurnen Schönheit besonders gut zur Geltung. Das einzige, womit sie leben muß, sind die Herausforderungen der sie lediglich in einem Pflichtabstand umgebenden Wiese. Dafür knipse ich ihr auch jeden Abend (oder beinahe jeden Abend) die abgeblühten Reste ab.

Von da an nahm ich Taglilien ganz anders wahr. Im Herbst grub ich mein darbendes Allerweltsexemplar aus, setzte es ins Pyramidenbeet, in Sichtweite von ›Purple Rain‹, tat ihr ein wenig schön mit Kompost und gutem Zureden, und siehe da, schon im nächsten Sommer war sie nicht wiederzuerkennen. Inzwischen ist sie geradezu stattlich geworden, und auch ihre Blüten haben eine Farbe, die man gut anschauen kann.

Ich begann die Kataloge von Feldweber auf *Hemerocallis*-Sorten hin zu studieren. Allein die Namen: ›Burning Daylight‹, ›Cool Sherbet‹, ›Distant Shore‹, ›Prophet‹, ›Vienna Nightstreet‹, ›Höllenfahrt‹, ›Loud Acclaim‹, ›Prairie Moonlight‹ sind ein Stück konkreter Poesie.

Ich entschied mich (wohl in erster Linie der angegebenen Farben wegen) für die großblütigen Hybriden ›Arriba‹ (samtig mahagonirot mit grünem Schlund), ›Nob Hill‹ (lavendel-lachs-melonenfarben) und ›Catherine Woodberry‹ (hell-lilarosa, ebenfalls mit grünem Schlund).

Das Beet war bereits angelegt, dreieckig, mit je einer Bluthasel an den Ecken und in der Mitte einem Fruchtholunder. Ich setzte die Taglilien zwischen die Bluthaseln (im Frühling blühen hier Tulpen namens ›Groenland‹, weiß mit verwaschenen grünen Streifen), wo sie gerade noch Sonne genug bekommen, um üppigst zu blühen. Es ist eines der schönsten Beete geworden, in dem sich im Mai auch noch eine Unzahl von Akeleien wohlfühlt.

Taglilien sind von der Pflege her eher anspruchslos, vielleicht ist das mit ein Grund, warum man sie bei uns noch immer unterschätzt. Sie brauchen nur genügend Feuchtigkeit und sollten während der Blütezeit nicht zu oft und ohne jeden Schutz (zumindest was die großblütigen Hybriden angeht) von herabregnenden Schusterbuben heimgesucht werden. Mit einem Wort, das sogenannte Kleinklima sollte günstig sein.

In der Zeitschrift *Gartenpraxis* (12/95) fand ich dann den Hinweis, daß hängiges Gelände sehr günstig sein soll, wie das hervorragende Gedeihen und Blühen einer großen Tagliliensammlung in einem schweizerischen Garten auf 800 Meter Seehöhe beweisen würde. Nun, das sind genau die Bedingungen, die ich meinen *Hemerocallis* bieten kann. Sie haben übrigens dankend angenommen.

Die letzte der Lilienartigen oder Lilienähnlichen in meiner Pflanzensammlung, von der ich noch erzählen will, ist die Herzlilie (*Hosta* oder *Funkie*), eine Schattenpflanze, die in einigen Sorten auch an der Sonne gedeiht, dann aber mehr Wasser braucht. Die *Plantaginea*-Sorten duften sogar, und das geradezu lilienmäßig.

»Die Zuneigung zu den Funkien kann ich gut verstehen, denn sie haben nicht nur wunderbare Blätter, sondern auch schöne Blüten in weiß oder in sanften Lilatönen«, meint Margery Fish in ihrem Buch *Blumen für jeden Tag*, und sie fährt fort: »Die Behauptung etlicher Fachleute, sie (nämlich die Herzlilien) könnten keinen Lehm vertragen, kann meines Erachtens nicht ganz stimmen, da sie sich auch bei mir wohl fühlen. Ich gebe immer ordentlich Torf in den Boden, bevor ich sie einpflanze.«

Das mache ich ebenso, denn mein *Hosta*-Beet im Hausschatten war nicht nur voller Bauschutt, sondern auch voller Lehmklumpen.

Ich habe einiges an Torf eingearbeitet, aber auch jede Menge Kompost, und im Juni verwandelt sich das Beet in einen Blatt-Dschungel, zumindest im unteren Teil, selbst dieses Beet ist abschüssig, und ich habe es durch Bepflanzung ein wenig zu begradigen versucht.

Während sich oben, in der Nähe des Hauseingangs, noch Bärlauch, Hirschzungenfarn, Goldnesseln, Akeleien und Günsel breitmachen, wuchert gegen die Mitte hin eine kriechende Waldrebe, *Clematis* x *jouiniana* ›Praecox‹, mit hellblauen, fast weißlichen, hyazinthenartigen Blüten, die sich aber erst im September öffnen, über den Boden. Am nach außen gewölbten Rand wachsen weiter heroben Bergenien, darunter dann Farn, während sich nach einer etwas luftiger mit Scheinakeleien, Waldmeister und Mutterkraut bepflanzten Mitte der Übergang zu den Funkien ergibt, die dann, wo die Sonne schon hinkommt, von zwei Pfingstrosen, einer weißen und einer rosafarbenen, sowie von einem weißen Tränenden Herz, *Dicentra alba*, unterbrochen werden, die ihre Auftritte aber wesentlich früher haben.

Etwa Anfang Juli haben dann die Herzlilienblätter in allen Schattierungen zwischen weiß, gelb, grün und blau ihre übliche Blattgröße erreicht und das einziehende Laub von *Dicentra* verschwindet im Blättermeer, während das Pfingstrosengrün so aussieht, als wäre es eine verschnörkelte Abart.

Aus einiger Entfernung betrachtet, macht das *Hosta*-Beet schon etwas her. Allzu genau darf man es aber nicht anschauen, *Hostas* gehören nämlich zur Lieblingskost aller Schneckenarten, vor allem der Schnirkelschnecken, die

ich ansonsten gewähren lasse, da sie in dem Ruf stehen, die Eier der Nacktschnecken zu fressen. Jedenfalls fressen sie *Hostas* mindestens ebenso gern,
so daß ich sie mittlerweile von den Herzlilien abklaube und in die Biomüll-
Tonne schmeiße, wo sie etwas benommen und high von den entstehenden
Gasen innen am Deckel kleben und ihrer Entsorgung auf den Gemeinde-
komposthaufen entgegendämmern. Eine faire Chance, wie ich meine, die sie
da haben. Mit den nackten Riesen verfahre ich weit weniger rücksichtsvoll.

Ende Juli, Anfang August blühen die Herzlilien an wunderschönen
weißen bis blaßlila Blütenkerzen, die man ihnen kaum zutraut. Im Spätherbst beginnen sie dann einzuziehen, und ich decke sie mit Reisig ab, unter
dem spät im Frühjahr die ersten eingerollten, federkieligen Blätter hervor-
spitzen.

Herzlilien sind aber in erster Linie Blattpflanzen, die sich hervorragend
zum Gartendesign eignen, und es sind wahrscheinlich nur die Schnecken, die
verhindern, daß sie nicht in viel größerem Ausmaß zur Gestaltung genutzt
werden.

Duftrausch

Ein melonenfarbenes Licht, das sich in einer Andeutung von Blau verliert. Die Kälte (–8°) zeichnet mit beißendem Stift. Klare Linien mit viel Weiß, auch wenn die Schneedecke sich hinten und vorne als zu kurz erweist.

Der See ist endlich unter Eis, im Jahr zuvor war er schon vor Neujahr zugefroren. Wenn ich aufstehe und zur Verandatür gehe, kann ich seine Oberfläche in fleckigem Weiß stumpf aufschimmern sehen.

Im Ahorn bewegen sich die Vögel, Zweig-Ast, Ast-Zweig. Mir ist, als könnte ich ein frostklirrendes Zwitschern hören.

Der Schnee auf dem Dach gegenüber zieht sich in verhärteten Wellenlinien zurück, in scharfem Gegensatz zu den verschwommenen Rändern eines Wolkenstreifens, die jetzt braun-orange zu leuchten beginnen.

Die Amaryllen, die seit neuem *Hippeastrum* heißen, haben ihre letzten Blütensterne aufgespreizt, und unwillkürlich rieche ich beim Gießen daran. Aber da ist nichts, kein Lilien- und kein Hyazinthenduft, nicht einmal so etwas wie das zarte Aroma der ersten reinfarbigen Primeln (blau, gelb, purpur und violett),  die bereits im Konsum verkauft werden. Aber wahrscheinlich haben Pflanzen mit so auffallenden Blüten wie diese Fensterbrettgeschöpfe es nicht nötig, Insekten mit einem Duft anzulocken. Schon gar nicht um diese Jahreszeit und in der geheizten Wohnung. Oder ist nur meine Nase nicht empfindlich genug?

Dabei rieche ich viel mehr, seit ich nicht mehr rauche. Mehr und deutlicher. Da ich nur selten Lust auf Schokolade oder Bonbons habe, meine sich langsam klärenden Schleimhäute aber eine neue Sensation brauchten, fing ich an, häufiger zu schnuppern, nahm mir eine Rose ins Haus, stellte sie in eine kleine Vase und roch daran, so wie ich früher geraucht hatte, in tiefen Zügen. Aber auch die Literatur stand bei meinem Geruchsgarten Pate. Bücher wie Stephen Laceys *Der duftende Garten* haben meiner Phantasie erst so recht auf die Sprünge geholfen.

Ich begann also, bewußt am Wacholderbusch zu schnipseln, vor allem bei warmem Wetter, wenn sein Aroma sich am besten entfaltet. Und ich verzieh ihm, je genüßlicher ich einatmete, um so eher sein abweisendes, kratzbürstiges Sichwehren, obwohl ich ihn nur von den braun gewordenen Unansehnlichkeiten befreien wollte.

Wacholder ist ein Duft, den jeder, auch ein Raucher, erschnuppert, so harzig, durchdringend und doch angenehm ist er. Im Grunde etwas für Riech-Anfänger, doch gehört er auch heute noch zu meinen Lieblingen, vor allem als Stimmungsmacher. Ihn zu riechen verursacht verläßlich Wohlbehagen und läßt einen gelassener reagieren, besonders wenn man sich zuvor sehr geärgert hat.

Was unterhalb des sogenannten Weißwurstäquators, wo der *Juniperus communis* Kranawettbaum heißt, kaum jemand weiß: hinter dem Wacholder versteckt sich der Machandelbaum, der in dem gleichnamigen grausigen und tief in schamanistische Denkweisen zurückreichenden Märchen der Brüder Grimm eine so wesentliche Rolle spielt.

Jürgen Dahl, der glaubwürdigste aller deutschsprachigen Garten-Schriftsteller, hält in seinen *Neuen Nachrichten aus dem Garten* eine Lobrede auf den Wacholder, speziell auf den gemeinen, in erster Linie seiner eßbaren Beeren wegen (»Was wäre Sauerkraut, was ein Fischgericht ohne sie?«) und weil ihn, wie im Märchen vom Machandelbaum, die Vögel so lieben.

Mein Wacholder verweigert, alleinstehend, die Beeren. Vielleicht sollte ich auf Brautschau für ihn gehen.

Der Wacholder soll zu so mancherlei Zauber und Gegenzauber taugen. So wird in allen Gebieten seiner Verbreitung mit ihm geräuchert, was nicht nur dem Schinken zugute kommt, sondern auch die Dämonen abhalten soll. Hexen und Dämonen sind jedoch für ihre abartigen Riechorgane literaturbekannt, sagt man ihnen doch eine Vorliebe für Pech und Schwefeliges nach. Mich  könnte man mit Wacholderduft keineswegs vertreiben. Und Schamanen haben sich mit seinem Rauch in Trance und so mancher Jäger mit seinem Schnaps in einen Rausch versetzt. Darüber sind sich alle Autoren einig.

Im englischen Volksmund heißt der Wacholder auch ›kill-bastard‹ oder ›cover-shame‹, ein ziemlich deutlicher Hinweis auf seine Verwendung als Abtreibungsmittel. Von daher könnte das Märchen vom Machandelbaum noch eine ganz andere Deutung erfahren.

Als Kind mußte ich Wacholderbeeren, sogenannte Kranawetten, kauen, wenn eine Erkältung im Anzug war; zumindest glaubten die Tanten meiner Mutter fest an deren vorbeugende Wirkung. Schon Hildegard von Bingen hat einigen ihrer Medikamente gegen Brustkrankheiten und Fieber Wacholderbeeren beigemischt. Wissenschaftlich nachgewiesen ist ihre Wirkung bloß als verdauungsfördernd und harntreibend. Dennoch sollten Menschen mit Entzündungen im Nierenbereich auf sie verzichten, und Schwangere naturgemäß auch, es sei denn …

Was auch immer der Wacholder als Medikament noch bewirken mag, mir ist er seines Duftes wegen, der von manchen auch als balsamartig beschrieben wird, unverzichtbar. Und dieser Duft hat mich oft über die jahrelangen Mißerfolge bei einem anderen großen Dufter, dem Diptam, *Dictamnus albus*, hinweggetröstet.

Auch die Diptam-Geschichte hat mit einem Buch begonnen, besser gesagt mit einem Büchlein, *Duftpflanzen* von Bernd Dittrich. Darin gibt es gleich zu Beginn ein enorm überzeugendes Foto dieses Rautengewächses, auf dem die feine purpurrote Äderung der violettrosafarbenen, an Orchideen gemahnenden Blüten deutlich zu sehen ist. Dazu auch noch die Öldrüsen an den Blütenständen und Staubfäden.

Von da an ging mir diese Pflanze nicht mehr aus dem Kopf. Ich besorgte Samen, was gar nicht so einfach war, streute ihn in eine Schale, stülpte eine Plastikhaube drüber und gab das Ganze sogar einer Nachbarin in Obhut, wenn ich auf Reisen war.

Es tat sich nichts. Irgendwann erhielt ich den Hinweis, daß Diptam ein Schwer- und Frostkeimer sei und die Sache mehrere Jahre dauern könne. Im zweiten Jahr stellte ich die Schale dann irgendwo im Garten ab und vergaß sie, so gut das gehen mochte. Aber auch das half nichts. Er wollte einfach nicht keimen.

Inzwischen hatte ich in Roy Lancasters *Gartenpflanzen für Kenner* die Geschichte gelesen, wie der Autor in Griechenland eine Reisegruppe mit dem Kunststück unterhielt, einen Blütenstand von *Dictamnus albus* anzuzünden, kurz aufflammen zu lassen und ihn dann unversehrt seinem Publikum zu überreichen. Die Erklärung sei ganz einfach, da die warzenähnlichen Drüsen, mit denen der Diptam übersät ist, ätherische Öle oder Gase absonderten, die bei heißem, windstillem Wetter leicht entzündlich wären und mit blauer Flamme verbrennen würden. Behauptet Roy Lancaster.

Bei Stephen Lacey sind die Flammen orangefarben, und er gibt zu, daß ihm das Kunststück, das dem Diptam auch den Namen ›brennender Busch‹ eingetragen hat, noch nie vor Zuschauern geglückt sei, denn es müßten alle Voraussetzungen ganz genau stimmen.

Bernd Dittrich hinwiederum erklärt von vornherein, daß es ihm noch nie gelungen sei, »die ätherischen Öle mit einem Streichholz zum kurzfristigen Verpuffen zu entzünden«. Und ich – hiermit greife ich gewaltig vor, nämlich ins Korrekturstadium dieses Buches – war so gerührt, daß meine eigene Diptam-Story doch noch ein Happy-end gefunden hatte, und das mit einem weißen (der übrigens ein wenig früher zu blühen beginnt) und zwei roten Blütenstielen, daß ich es gar nicht erst versucht habe. Mir genügt der von Zimt, Zitrone und etwas Unbeschreiblichem grundierte Duft an einem warmen, windstillen Juni-Abend (eine eher seltene Wohltat in diesem Klima). Da brauche ich keinerlei Feuerwerk mehr.

Durch Lektüre dieser Art steigerte sich seinerzeit meine Begehrlichkeit nur noch, und so pilgerte ich Anfang April (vor fünf oder sechs Jahren) in die Außenstelle des botanischen Instituts der Universität Wien im Belvedere und konnte tatsächlich einen winzigen Diptam-Sämling ergattern. Ich brachte ihn nach Altaussee, setzte ihn an den Fuß der Steinpyramide, ein Beet, das damals noch ziemlich leer war und ein wenig als Versuchsstation diente.

Ich hatte irgendwo gelesen, daß der Diptam Felsen mag, gut durchlässigen Boden, Sonne und so weiter. Das sollte er alles haben, und wenn die Nächte kühl waren, deckte ich den Däumling mit einer Salatschüssel ab. Ich gab ihm Sand, gab ihm Dünger – gab ihm keinen Dünger und beobachtete ihn pausenlos. Er ging nicht ein. Das war alles, was er für mich zu tun gewillt war.

Im nächsten Jahr wurde jeder Millimeter Austrieb freudig akklamiert, und sämtliche Nachbarinnen wußten Bescheid. Niemand hatte zuvor auch nur das Wort Diptam gekannt, jetzt hofften alle, daß er zur allgemeinen Anschauung demnächst blühen würde. Aber es rührte sich nichts. Ich las mehrmals die Stelle vor, daß er schon zwei bis drei Jahre brauchen würde, bis er sich richtig eingewachsen hätte. Doch sollte er sich einmal wo wohlfühlen, dürfe man ihn nicht mehr stören, denn dann würde er von ganz allein zu einem großen Horst heranwachsen.

Aber es wurde einfach nichts im Pyramidenbeet. Also grub ich ihn aus, setzte ihn in einen Topf, er trieb wunderschön aus, ich setzte ihn in die Erde zurück – und er dachte nicht daran zu blühen.

Inzwischen hatte ich ein zweites Exemplar gekauft, das bereits an einem kleinen Stiel weiß blühte. So versuchte ich, den Diptam zu überlisten. Im nächsten Frühjahr trieben beide aus, es kam Laub, aber keine Blüte. Wahrscheinlich abgefroren, dachte ich, an die Geschichte in Griechenland denkend.

Es hat lange gedauert, bis ich herausfand, daß es wieder einmal die Schnecken gewesen waren. Sie hatten die austreibenden Blütenstiele derart gründlich abgeraspelt, und zwar in einem ganz frühen Stadium, daß der Fraßschaden mit freiem Auge gar nicht zu erkennen war.

Mittlerweile war der Diptam bereits zur Bewährungsprobe für meinen Garten insgesamt geworden. Nachdem ich einmal im Radio über mein Diptam-Problem gesprochen hatte, schickten mir wildfremde Menschen (allerdings aus Weinbau-Gebieten) Fotos von ihren wie wild blühenden Diptam-Horsten. Andere redeten mich nach Lesungen oder beim Einkaufen darauf an und meinten, ich solle es aufgeben, in dieser Gegend würde er nie gedeihen.

Innerlich war ich beinahe schon bereit dazu, man muß auch verlieren können, sagte ich mir, aber da waren noch diese beiden Pflanzen, die nicht leben und nicht sterben konnten. Ich hatte zwar die Schnecken als Täter ausgemacht, aber für dieses Jahr waren die Blütenstiele längst wieder perdu.

Also schlich ich immer wieder ums Haus und überlegte. Da gab es südostseitig einen Platz, direkt an der Hauswand, an den nie Regen kommt und der mit Kies aufgeschüttet ist, aus dem merkwürdigerweise sich selbst aussäende Akeleien, Borretsch und gelegentlich auch *Lunarien* wuchsen, die zu jäten ich nicht das Herz hatte, oder wenn, dann erst nachdem sie geblüht hatten,

was ihnen immer wieder Nachkommenschaft verschaffte. Sie lebten und leben vom Wasser, das aus dem Fensterkasten, in dem seit sechs Jahren dieselben lachsrosa Pelargonien hausen, beim Gießen überrinnt und den Kalk vom Mauerputz in den Boden schwemmt.

Ich grub zwei geräumige Pflanzlöcher für die beiden Diptams – es sollte ihre letzte Chance sein –, füllte sie mit einer mageren Erdmischung, der ich nur ein paar Hornspäne beifügte, und da sich der Winter näherte, deckte ich sie mit dem Laub des wilden Weines zu.

Die Erwägung war, daß die Schnecken nur in äußerster Gier die Mühsal des Trockenstreifens auf sich nehmen würden, und so hoffte ich, sie im entscheidenden Moment, nämlich dem des Austriebs, unter Kontrolle halten zu können.

Die Rechnung sollte aufgehen, wenn auch nicht hundertprozentig. Diesmal war zumindest der Standort optimal, und die Schnecken … ich erwischte einige in flagranti, aber gerade noch rechtzeitig, bevor sie ihr Raspelwerk in Gang gesetzt hatten. Einer scheint es allerdings gelungen zu sein, einen bereits mehrere Zentimeter hohen Blütenstengel des weißblühenden Exemplars zu fällen, was mich besonders erboste. Fressen sehe ich gerade noch ein, aber nur umbringen! Als ich ihn fand, lag er in voller Frische hingestreckt und unversehrt, nur daß er nicht mehr zu seiner Pflanze gehörte.

Irgendwer hat mir dann einzureden versucht, daß es möglicherweise ein Vogel, eine Amsel, gewesen wäre, die sich beim Scharren nach Würmern versehentlich am Diptam vergriffen haben könnte. Und ich war bereits geneigt, diese Möglichkeit einzuräumen, als ich dazu kam, wie ein mindestens 15 Zentimeter langes, männerdaumendickes, kackfarbenes Monster mein *Trillium* (ebenfalls eine heikle Person, die gerade im Moorbeet ausgetrieben hatte) auf dieselbe Weise flachlegte.

Trotz Zornesbeben hielt ich mich zurück, um zu sehen, ob wenigstens dieser Stengel gefressen würde. Aber nein. Es blieb bei dem Kraftakt, der unter Schnecken möglicherweise zum Imponiergehabe gehört (Grizzly-Bären reißen aus ähnlichen Gründen kleine Fichten aus), und das Untier machte sich seelenruhig davon.

Allerdings kam es nicht weit, auch meine antrainierte Geduld hat Grenzen, und ich muß zugeben, daß die Pose des Rachegotts (-göttin) etwas ungemein Befriedigendes an sich hat. Kein Wunder, daß die Entstehungsgeschichten der Welt voll davon sind.

Wenn ich die Wahl habe, ziehe ich duftende Pflanzen den nicht duftenden allemal vor. Allerdings muß man manche Pflanzen erst riechen lernen. Manche duften nur nach Regen, andere bloß in der Nacht, wieder andere wollen schwüles Wetter, und dann gibt es solche, die veritable Hitze brauchen, um ihren Geruch zu verströmen.

Meine alten Rosen duften alle, mehr oder weniger stark, aber zweifelsfrei gut. Bei ›Hero‹, einer neueren englischen Züchtung, die unermüdlich an der südöstlichen Hausecke blüht, war ich lange der Meinung, sie habe so gut wie keinen Eigengeruch, bis ich mir vor einem angekündigten Landregen, der nur ihre Blütenblätter verkleben würde, einen ganzen Strauß mit ins Haus nahm. Am Abend roch ich immer wieder an den großen, gefüllten reinrosa Blüten, und nach einer Weile konnte ich den zarten Geruch nach Obst ausmachen. Nicht gerade überwältigend, aber angenehm frisch und leicht.

Rosen, die stärker duften, wie ›C. F. Meyer‹ oder ›Gertrude Jekyll‹, werden auch von Junikäfern bevorzugt, die ihnen in manchen Sommern so gnadenlos zusetzen, daß sie ganze Blüten zuschanden beißen.

Düfte sind schwer zu beschreiben, weil es keinen Duft an sich gibt, und so behilft man sich immer mit Vergleichen, in der Annahme, es wisse ohnehin jeder, wie Zitronen, Äpfel oder Kampfer riechen. Manchmal gehen die Vergleiche im Kreis. Da hat dann eine Duft-Pelargonie einen kräftigen Rosenduft, eine Rose einen zarten Apfelduft, ein Apfel einen frischen Blumenduft und so weiter.

Wenn man gelernt hat, Düfte bewußt in sein Leben einzubeziehen, kann man es sich so einrichten, daß man die ganze Vegetationsperiode hindurch etwas zu schnuppern hat. Von den ersten Schneeglöckchen, über bestimmte Tulpen (*Tulipa tarda* zum Beispiel, ein Steingartengewächs), natürlich Veilchen, Narzissen, Seidelbast (mein pontischer Seidelbast duftet süß mit einem Hauch von Nelke), Stiefmütterchen, unbedingt Flieder, Maiglöckchen, Geißblatt (wer je an einem warmen Frühsommerabend daran gerochen hat, weiß, was Süße als Geruch bedeutet), alle Arten von Lilien (manche Menschen empfinden den Duft gewisser Lilien als Aasgeruch), viele Rosensorten, Jasmin, Oleander, Engelstrompete, Phlox, Duftwicken (wie der Name schon sagt), sogar einige hohe Irissorten (meine reinweiße ›Snow Carneval‹), Nachtviolen, Mädesüß, Ziertabak, Buddleja (deren Duft die Schmetterlinge in Scharen anzieht), Kapuzinerkresse, Reseden, Zyklamen, um nur die zu nennen, die ich selbst im Garten habe und die mir daher als erste einfallen.

Die Pflanzen mit den stärksten Gerüchen aber sind die Kräuter, vornehmlich die sogenannten Küchenkräuter. Sie sind relativ leicht zu ziehen, ob im Topf oder im Beet, man sollte sie jedenfalls in Küchennähe haben. Meiner Erfahrung nach werden nur diejenigen entsprechend oft verwendet, für die man nicht ums Haus herumgehen muß.

Ich bin daher dazu übergegangen, Kräuter auch in der Blumenrabatte auszusäen, wie den Dill, der zwar nicht immer gegen die anderen Wucherer aufkommt (im Hochbeet des Gemüsegärtchens wächst er verläßlicher), aber wenn, schaut er mit seinen fiedrigen schmalen Blättern und den schirmförmigen Fruchtständen sehr hübsch aus, und er befindet sich in Sichtweite.

Auch der Schnittlauch ist eine reizvolle Pflanze, deren Gestalt die vielen Zierlauche in den Blumenbeeten aufs gefälligste variieren. Einmal im Jahr lasse ich den großen Stock im Gemüsegarten so richtig ausblühen (die kleinen violetten Kugelblüten sind ebenfalls genießbar), und bis er wieder nachgewachsen ist, ernte ich von einem Topf neben der Küchentür. Da gibt es dann wesentlich öfter Schnittlauch im Essen.

Die Eßbarkeit von Pflanzen hat mich schon immer für sie eingenommen, und eßbar sind die Küchenkräuter selbstredend alle. Sich mit Schnittlauch, Petersil und Zitronenmelisse zu begnügen, empfinde ich als unverständliche Einschränkung, wenn es Borretsch, Estragon, Kerbel, Koriander, Ysop, Lavendel, Origanum, Rosmarin, Pimpinelle, Salbei, Thymian, Bohnenkraut und die verschiedensten Minzen gibt.

Viele davon samen sich, einmal ins Beet gebracht, von selber aus und machen das Jäten geradezu zum Riechgenuß. Manchmal passiert es, daß ich den anderen Pflanzen ein wenig Platz schaffen und die vielen Sämlinge einfach ausrupfen muß, wobei sie voll ihren Duft verströmen, auch wenn sie noch ganz klein sind. Borretsch zum Beispiel, der nach Gurken riecht, oder Dost, der sich überall hinsetzt, Minzen, die – einmal entkommen – ihr ausgreifendes Wurzelwerk durch das ganze Beet ziehen und alles überwuchern würden, wenn man sie ließe.

Sobald man ihnen zu Leibe rückt, steigt ihr Duft geradezu in Schwaden auf, als zeigten sie einem nochmals in aller Deutlichkeit, an welchen Wohlgeruchsspendern man sich gerade vergreift.

Der herbe Chrysanthemengeruch des Mutterkrauts, *Tanacetum parthenium*, zum Beispiel, setzt sich einem sofort in die Nase, wenn man es aus dem Boden zieht.

Manchmal zeigt einem ein Geruch besser an, was man gerade gejätet hat, als das Erscheinungsbild von winzigen Sämlingen. Und auch die Abkömmlinge der Schwarzen Johannisbeere sind am besten am Geruch ihrer Blätter zu erkennen.

Manche sogenannten Unkräuter, von denen ebenfalls einige eßbar sind, wie zum Beispiel der Giersch oder Geißfuß, *Aegopodium podagraria*, verraten sich sogleich mit ihrem Duft. Wenn man Gierschblätter ausreißt, steigt ein feiner Holunderduft auf, darum heißt er bei uns auch ›Erdholler‹.

Der Holunder selbst riecht viel kräftiger, vor allem seine Blüten, die eben typisch nach Holler riechen, während die Beeren, die man nicht roh essen darf, mit ihrem Aroma den Holunderduft überlagern.

Manche Düfte sollen auch Insekten vertreiben, wie die der Duftpelargonien, aber auch der Tomaten, die bei der geringsten Berührung ihr Aroma freigeben.

Ich schaue jedes Jahr darauf, daß um die Terrasse, besser gesagt, um den überdachten Sitzplatz herum duftende Pflanzen gedeihen, die dann je nach Monat an einem warmen Abend, wenn man draußen sitzen kann, mit ihrem

Duft zu unser aller Wohlbefinden beitragen. Frühe Akebienblüten und späte Duftwicken an einem Rankgitter, Lilien, Galtonien und Stiefmütterchen in ambulanten Töpfen, Oleander und Engelstrompeten an den Luftstromschneisen, in Tischnähe eine Duftpelargonie, deren Blätter man zerreiben und sich unter die Nase halten kann. All diese Düfte können die ohnehin raren Abende auf der Terrasse noch unvergeßlicher machen.

Doch taugen die raffiniertesten, bestdurchdachten Vorkehrungen nicht, wenn der Bauer oberhalb des Grundstücks mitten im Juni die Idee hat, seinen riesigen Misthaufen auf dem plattgewalzten Untergrund des alten Hauses, das er abgerissen hat, zu verteilen. Da weht dann der Rottegeruch, von einem lokalen Fallwind getrieben, geradewegs in das Duftpotpourri, und es hilft wieder einmal nur Geduld. Nach ein paar Tagen hat auch dieser Mist ausgestunken. Außerdem hat der Bauer ihn anderntags mit Stroh und Lehmerde gedeckt. Für einen künftigen Garten? Im nächsten Jahr wird man es sehen.

Wer erhält wen?

Schon steigt die Sonne wieder über den Tressenstein. Der dünne Schneerest vom Dach gegenüber ist in die Traufen gerutscht. Es soll tagsüber bis zu 19° warm werden. Die Eisdecke auf dem See hat nachts zu brechen begonnen, das Röhren wird von den Bergen zurückgeworfen und endet als langgezogener, knarrender Ton, der in einem Gurgeln ertrinkt.

Der Himmel ist abgeklärt wie im Spätherbst, mit einem blaßblauen Dunstschleier, und das Zwitschern der Vögel ist bereits unüberhörbar.

Eine letzte Schneezunge streckt sich – leicht gebogen – den Tressenstein herunter und endet auf halber Höhe. Die Baumwipfel seines Kammes vergenauern sich, und der Rötelstein erscheint in einem feuchten, zitronenfarbenen Licht, das im beginnenden Föhn dahinschmilzt.

Ich habe Kresse in einer Gitterschale auf der Fensterbank gezogen, die sich der täglich zunehmenden Helligkeit geradezu entgegengeworfen hat und innerhalb von Tagen soweit ist, daß ich sie mir aufs Butterbrot streuen kann. Schmeckt hervorragend, und der Aufwand ist geringfügig, man muß nur täglich Wasser nachfüllen.

Auf derselben Fensterbank (nämlich südseitig) steht auch das erste Töpfchen mit Basilikum, das ich in Bad Aussee mehr gerettet, denn aus Überzeugung gekauft habe. Es sah so traurig aus zwischen all den längst geernteten Erdäpfeln, Zwiebeln und Wintersalaten, im künstlichen Licht und in der kalten Luft, die die Kunden von draußen mit hereinbrachten.

Die Chefin der hiesigen Gärtnerei hat einmal gesagt, Basilikum würde eingehen, sobald es Schnee sieht. Ich habe daher das Töpfchen auf die südseitige Fensterbank mit Blick auf das neue Haus und über einen Heizkörper gestellt, aber ganz kann ich ihm den Anblick von Schnee auf den Gipfeln des Sarsteins, des Zinken – sogar ein kleines Stück Dachstein ist zu sehen – nicht ersparen. Wärme, Licht und Wasser nach Bedarf, mehr kann ich augenblicklich nicht für dieses Kraut tun. Natürlich habe ich ihm alles Welke abgeschnitten, aber ob es je die Kraft zu neuem Austreiben finden wird? Immerhin steht es in unmittelbarer Nähe zur Kresse, die ihm vorzeigt, wie es geht.

Für die meisten Menschen ist einer der Hauptgründe, die für einen Garten sprechen, Obst und Gemüse anzubauen. Auch mich überzeugte die Idee, selbst wenn die Blumen zuerst da waren. Die Versorgung mit Frischem ist hierorts nicht gerade verschwenderisch. Das ist keine Anbaugegend – alles, was an Eßbarem wächst, wächst ›dennoch‹ –, und was von außen kommt, kommt von relativ weit her.

Also beschloß ich ein ›Gärtchen‹ anzulegen, was soviel bedeutet, wie ein Stück Grund einzuzäunen. Meiner alten Gegner, der Trughirsche, wegen würde ohne Zaun nicht ein einziger Salatkopf überleben.

Ich hatte gerade das Buch von Elmar Stamm *Erfolgreiches Gärtnern auf Hochbeeten* entdeckt, und so mußten es natürlich zwei Hochbeete sein, damit ich mich beim Jäten nicht bücken müßte, auch sollten sie in ihrer weithin sichtbaren Massivität die Rehe am Versuch, den Zaun zu überspringen, hindern. Hinzu kamen drei kleinere, nur leicht erhöhte, mit Brettern eingefaßte Beete und den Zaun entlang schmale Bosquetten. Dazwischen breite Wege aus Schotter, auf denen man mit der Scheibtruhe fahren kann, und so weiter und so fort.

Mein Mann, ein Nicht-Gärtner, erklärte, daß man um das Geld, das dieses Gärtchen in seiner Anlage koste, jahrelang das beste Tafelobst und das frischeste Gemüse kaufen könne. »Natürlich«, antwortete ich, »wenn du zweimal die Woche nach Salzburg zum Einkaufen fährst«, was die Besitzer der besseren Restaurants in der Region auch tun. Seine Skepsis wurde allerdings in den darauffolgenden Jahren von den frischesten Zuckererbsenschoten, die er wohl je in seinem Leben gegessen hat, nämlich geradewegs vom Busch herunter geerntet, langsam, aber sicher untergraben, von Salat, Karotten und Mangold gar nicht zu reden.

Als mein erwachsener Sohn die Hochbeete zum ersten Mal sah, hatte es gerade geschneit. Ebenfalls ein Nicht-Gärtner, fragte er verwundert, was denn das für Yeti-Gräber seien.

Ich hatte die ganze Arbeit, also beanspruche ich auch den ganzen Ruhm für das, was, aus diesem Gärtchen stammend, schon alles gegessen worden ist. Es mißt sechs mal neun Meter, ich hielt mich an die Regeln des ›Goldenen Schnitts‹, fand einen Mann, der nach meinen Plänen zu arbeiten bereit war, und opferte mein rundes Lilienbeet.

Mit den Hochbeeten dachte ich, sogar den Schnecken ein Schnippchen zu schlagen, und um die Sache perfekt zu machen, ließ ich außen noch einen mehrere Zentimeter breiten Blechstreifen im Winkel von 45° anbringen. Die Schnecken müssen sehr gelacht haben. Da Holz lebt, schließt das Blech nie ganz dicht, auch klafft es mit der Zeit an den Ecken auseinander. Die Elite kommt also immer durch.

An was ich nicht gedacht hatte: im Kompost, der jährlich neu aufgetragen wird, versteckt sich natürlich auch das eine oder andere Schneckenei. Da haben es die Youngsters dann gar nicht weit bis zum nächsten Salatpflänzchen, Jugend zu Jugend. Jedoch nicht jede Schnecke ist Alpinistin und klettert von unten die Wände des Hochbeets empor, deshalb bedeuten die Hochbeete schon einen gewissen Schutz, aber eben nur einen gewissen.

Was absolut für die Hochbeete spricht: man muß sich beim Säen und Jäten tatsächlich nicht bücken. Und vor allem die jungen Pflanzen haben es zu Anfang wärmer, da die Erde immer wieder absinkt (wie der grobe Gehölzschnitt und das übrige Füllmaterial am Grund eben verrotten) und der entstehende Rand die kalten Winde abhält. Insgesamt gedeihen das Gemüse und auch einzelne Blumen darin besser. Leider trocknen die Hochbeete, da sie keinen Bodenschluß haben, auch rascher aus, das heißt, man muß öfter gießen oder installiert, wie ich es dann letztlich getan habe, eine Tröpfchenbewässerungsanlage.

Was den Garten in dieser Seehöhe außer Schnecken, Trughirschen, Junikäfern, Lilienhähnchen, Dickmaulrüßlern, verschiedensten Raupen, Blattläusen, Minzkäfern und Ohrenschliefern sonst noch bedroht, ist das Wetter. Es kann tagelang hochlandmäßig heiß und trocken sein, aber wenn man Pech  hat, schneit es auch im Juli bis auf 1000 Meter herunter. Die langen Regenperioden des Salzkammerguts sind sprichwörtlich (und längst in die Literatur eingegangen), da aber das Wasser nicht wirklich gespeichert werden kann und rasch abrinnt, verursachen kleinere Hitzewellen bereits Trockenschäden an Büschen und Sträuchern. Manchmal sind die Winter im Schnitt viel zu sonnig und warm (wie dieser Winter), was sie aber nicht daran hindert, für ein paar Tage enorme Minusgrade zu produzieren.

Mit einem Wort, das Wetter ist höchst unzuverlässig – man spricht nicht von ungefähr von einem ›Reizklima‹, das für Herzkranke entweder sehr zuträglich oder tödlich sein kann –, es friert, hagelt oder dörrt je nach Laune, und der Sommer ist eine eher kurzfristige Veranstaltung, die manchmal schon im Frühjahr, gelegentlich aber auch erst im Herbst (wie letztes Jahr) stattfindet.

Das Klima hier ist also alles andere als das einer milden Weinbaugegend, in der das Gedeihen bloß von der entsprechenden Pflege abhängt. Hier ist List vonnöten, wenn man nicht im Frust ersticken, sondern einiges aus seinem Garten essen will.

Gewitzt durch meine Erfahrungen mit Blumen, ging ich wieder viel spazieren, schaute nach, was in den Gärten so gedieh – auch in den Wäldern –, und entschied mich, keine Obstbäume zu pflanzen, da Obst hier ohnehin nur selten ausreift und hauptsächlich der Schnapsgewinnung dient, sondern statt dessen Beerensträucher zu setzen.

Mittlerweile ist der Zaun an der Nordseite des Gärtchens so gut wie unsichtbar geworden, weil zwei riesige, stachellose Brombeerbüsche ihn zur Gänze überrankt haben.

Ostseitig wurde der Hang durch mehrere Bahnschwellenhölzer zu einem Ribisel(Johannisbeeren)-Beet (rote, weiße und schwarze) mit zwei Stachelbeerenbüschen begradigt. Am inneren Rand des ostseitigen Zauns gedeihen drei verschiedene Himbeersorten (frühe, mittlere und späte), von denen eine über einen Rosenbogen aus grünem Plastik gezogen wurde, für den mir die Rosen zu schade waren.

Auf zwei der drei bodennahen Beete wachsen noch einmal Stachelbeeren (diesmal rötliche statt der goldgelben), falls der Dachs die außerhalb des Gärtchens frißt. Dachse lieben nämlich Stachelbeeren, und ich liebe Dachse. Dazu fünf Kultur-Heidelbeerbüsche und jede Menge Erdbeeren, die zum Großteil aus den Beeten geflüchtet sind und im Schutz der Hochbeete auf dem Schotter gedeihen, was mir nur recht sein kann, weil so ihre Früchte nicht so leicht faulen, wenn es länger regnet. Wie sich Erdbeeren überhaupt meist von selbst dahin setzen, wo es ihren Früchten guttut. Auf der südseitigen Terrasse zum Beispiel wachsen sie mit Vorliebe zwischen den Steinen, behalten so einen kühlen Fuß, während ihre Beeren von der Wärme profitieren, was man  dem Aroma ihrer perfekten Früchte auch anmerkt. Es sei denn, die Schnekken haben ihnen ein Loch gebissen, das tun sie meist auf der Unterseite, so daß man es erst merkt, wenn man die Beere gepflückt hat und bloß noch einen hohlen Rand in Händen hält.

Was Beeren angeht, lebe ich also von Juni bis Oktober in Saus und Braus. Sie scheinen das ›Reizklima‹ zu mögen, die Himbeeren werden auch bei heftigstem Regen rot, und die Mühe, die man mit ihnen hat, hält sich in Grenzen. Die schwarzen Ribisel haben gerne einen Wermut in der Nähe, der sie vor Säulchenrost schützt. Gelegentlich eine Gabe Kompost, mit Gesteinsmehl vermischt, und darüber eine Mulchdecke aus Farnwedeln, das tut allen gut.

Vor den Johannisbeeren wächst eine Reihe Rainfarn, *Tanacetum vulgare*, die die ziemlich flach wurzelnden Füße der Ribisel im Hochsommer beschattet.

Aus Rainfarn, der kein Farn ist, lassen sich Tees und Jauchen machen gegen Beeren-Ungeziefer aller Art, meist komme ich aber nicht dazu. Ich hoffe, der Rainfarn hilft auch so.

Wichtig ist das Beschneiden der Büsche, damit sie in Form bleiben und im nächsten Jahr wieder ordentlich austreiben. Die Stachelbeeren, die es besonders nötig haben, wehren sich brutal, aber mit einigen Tricks (Falkner-Handschuhe wären wohl das richtige, nur woher sie nehmen und zu welchem Preis?) kommt man ihnen schon bei. Ebenso den Himbeeren, die sich überall auszubreiten versuchen und ihre am Anfang geradezu harmlos wirkenden Ausläufer in sämtliche Beete senken, und sogar noch in den Schotter der Wege.

Manchmal habe ich den Verdacht, daß ›Dornröschen‹ eigentlich ›Dornhimbeerchen‹ hätte heißen müssen, wenn ich daran denke, wie lange eine Kletterrose braucht und wie rasch Himbeeren ein Dickicht zuwege bringen.

Am zickigsten haben sich die sogenannten Kultur-Heidelbeeren angestellt, für die ich fast die gesamte Beeterde durch Moorbeeterde ersetzt habe und die Jahre brauchten, bis ihre Leittriebe und Zweige zumindest so stark wurden, daß der obligate Mai-Schnee sie nicht jedesmal wieder knickte und erkennbar schädigte.

Zwei davon habe ich inzwischen in Kübel unters Hausdach gesetzt, wo ich sie zwar häufiger wässern muß, der Schnee ihnen aber so gut wie nichts  anhaben kann. Nach fünf Jahren gedeihen sie ganz gut und machen auch viele Früchte. Die restlichen im Beet sind der immer schärfer werdenden Konkurrenz der Himbeeren ausgesetzt, beginnen aber nach und nach, sich zu behaupten.

Wenn ich im Gärtchen etwas nicht wachsen haben wollte, dann das, was es im Sommer auf dem Wochenmarkt oder auch im Konsum in annehmbarer Form (weil gut lagerbar) zu kaufen gibt: Kraut, Kohl, Erdäpfel (Kartoffeln), rote Rüben (rote Bete), Zwiebeln und so weiter. Also wurden es weißer und roter Mangold – weder den einen noch den anderen habe ich je hier in der Gegend angeboten gesehen –, herrlich zarte Zuckererbsen, die man in der Schote essen kann, natürlich verschiedene Sorten Salat und blaue und weiße Kohlrabi, die ich jedoch als Jungpflanzen kaufe, um mir die Mühen der Anzucht zu sparen. Und ein paar Reihen Karotten (Möhren), weil auch die frisch aus dem Beet am besten schmecken.

Jahrelang habe ich mich mit Fenchel abgemüht, der immer ein wenig zu lang und ein wenig zu dünn wurde, bis ich ihn häufiger auf dem Markt entdeckte und von da an nur mehr kaufte.

Eine tatsächliche Errungenschaft war der Neuseeländer Spinat, von Jürgen Dahl wärmstens empfohlen, den ich jahrelang nur als Jungpflanze erlebte, weil er so lange zum Keimen brauchte und sich nie zu seiner erwartbaren Größe entwickelte. Bis ich auf die Idee kam, die Samen nicht nur über Nacht einzuweichen, sondern sie auch noch mit einem kleinen scharfen Messer zu ritzen. Sie keimten sogleich, und die drei Pflanzen, die ich nach einer gewissen Anzuchtzeit ins bodennahe Beet setzte, überrankten es bald zur Gänze. Neuseeländer Spinat schmeckt gut, und die Stammpflanze kann immer wieder abgeerntet werden. Leider mögen ihn auch die Schnecken.

Im Jahr darauf hatte ich ihn – aus Platzmangel? – vergessen. Auch war mir nicht klar, ob er selbstverträglich wie Tomaten oder nicht selbstverträglich wie Petersil ist, der jedes Jahr an einer anderen Stelle ausgesät werden muß, um zu gedeihen.

Ich war im Frühjahr viel auf Reisen gewesen und hatte keinen Neuseeländer Spinat vorgezogen. Da bemerkte ich, daß er sich selbst ausgesät hatte, allerdings mit der von früher gewohnten langen Keimdauer, aber immerhin war er gekommen. Doch dann schien ihn wieder der Mut zu verlassen. Auch war das Wetter eher feucht und kühl, und er wuchs und wuchs nicht. Ist er nun doch nicht selbstverträglich oder hat er sich bloß mehr an Pflege erwartet? Im kommenden Jahr will ich es herausfinden, denn als Gemüse habe ich ihn sehr vermißt.

Meine großen Lieblinge aber sind die Kürbisse. Als Form haben sie mir immer schon gefallen, und ich liebe steirisches Kürbiskernöl, das unterhalb von Graz aus riesigen Ölkürbissen gepreßt wird, von grüner Farbe ist und nussig schmeckt.

Außer mir ist, glaube ich, noch nie jemand auf die Idee gekommen, alpine Kürbisse zu ziehen. Ich bewunderte die Gattung der *Cucurbitae*, die in ihrer Gestalt, aber auch geschmacklich enorm variabel ist, lange nur aus der Ferne, bis mir die Kollegin Erica Pedretti während der Eßpause eines Symposiums beim Steirischen Herbst in Graz von ihrem Vater erzählte, der öfter von einer Art Ölkürbis gesprochen habe, die überall gedeihen würde und das Überleben der Menschheit sichern könnte, wenn einmal sonst alles ausfiele. Nicht daß ich je an eine mögliche Autarkie durch meinen Garten geglaubt hätte, aber das Thema Kürbis war sozusagen wieder auf dem Tisch.

Die ersten Kürbisse, die ich im Garten hatte, waren irgendwelche ›no name‹ Speisekürbisse. Soweit ich mich erinnere, habe ich sie als Jungpflanzen gekauft, und außer daß es Kürbisse seien, war nichts über sie zu erfahren gewesen. Ich habe sie mir wohl eher aus Experimentierfreude zugelegt, als weil ich daran geglaubt hätte, tatsächlich Kürbisse zu ernten.

Ich besorgte mir ein paar große Töpfe, die Holzschäffern glichen, stellte sie südseitig an die Schuppenwand, auf das sogenannte Steinbeet, mit dem ich als Fußbodenheizung spekulierte, und setzte die Jungpflanzen hinein.

Wie ich einem Foto aus dem Jahr 94 entnehme, sahen sie in einer Höhe von etwa 40 Zentimetern, mit ihren gezahnten, silbern geflammten großen Blättern, ziemlich dekorativ aus. Danach begannen sie zu wuchern, produzierten unzählige Ranken und viele winzige Früchte, die bei Schlechtwetter zum Großteil wieder abstarben. Aber es entstanden auch einige – ich meine von der Größe her – normal aussehende Kürbisse. Meine Schwägerin kann sich sogar daran erinnern, daß ich ihr einen ziemlich großen geschenkt habe.

Dann ritt mich der Teufel, und ich plante ein rundes Kürbisbeet an der Stelle, wo schon die Artischocken nichts geworden waren und wo heute vor allem Erdbeeren und Fetthennen gedeihen.

Ich pflanzte zwei Kürbisse ins Rondeau, legte dieses liebe- und mühevoll mit Steinen aus und betrachtete die ersten Ranken mit ihren großen gelben Blüten, die sich über die Steine zu schlängeln begannen, mit geradezu ästhetischem Wohlbehagen.

Als die ersten Kürbisse kamen, unterlegte ich sie noch einmal mit besonders hübschen Steinen, damit jede Art von Wasser, auch das aus der Gießkanne, mühelos von ihnen abrinnen konnte. Sogar das Wetter hatte wochenlang ein Einsehen.

Aber Anfang August begann dann eine Schlechtwetterperiode, von Hagel eingeleitet und von einem Landregen begleitet, und das tage-, wenn nicht sogar wochenlang, und die restlichen Kürbisse verfaulten vor meinen Augen.

Das Beet war einfach zu ungeschützt. Schnecken direkt aus der Wiese, jede Menge Wasser, was weiß ich, was noch alles dazu beitrug, den Kürbissen und mir dieses Beet zu vermiesen. Heute weiß ich, daß ich auch bei den geschützter stehenden Exemplaren ab einer bestimmten Menge von Minifrüchten die Ranken hätte abknipsen müssen, damit die Pflanze sich auf ein paar Kürbisse konzentrieren kann, die dann auch wirklich ausreifen. Aber immerhin, ich hatte geerntet, das Experiment war also geglückt.

Im März 1995 war ich dann auf einer Lesereise durch die USA, und in Seattle
(Washington State) fand sich etwas Zeit, über den farbenfrohen Markt am

Hafen zu schlendern, wo Inuit ihre Fische durch die Luft fliegen lassen und die Käufer durch Darbietungen halbakrobatischer Natur anlocken.

Es dauerte nicht lange, und ich hatte die große Samenhandlung entdeckt. Seit Jahren schon geht es mir so, daß ich in jeder auch noch so fremden Stadt, wie von Geisterhand geführt, eine Samenhandlung finde (so eben auch in Seattle). Es gibt kaum etwas Besseres, als stundenlang unter den kleinen bunten Tüten zu gustieren. In Buchhandlungen bin ich viel befangener und voller Vorurteile gegen ›zu erfolgreiche‹ oder ›zu schrille‹ Bücher.

Irgendwann war ich dann bei den Kürbissen angelangt. ›Early and Space Saving!‹ stand auf einem Tütchen, genau die Eigenschaften, die ich an einem Kürbis zu schätzen weiß. Es handelte sich um ›Burpee Squash‹, eine ›Early Acorn‹-Hybride, mit einer geradezu schwarzgrünen, längsgerippten Schale und sattgelbem Fleisch. Als nächstes erregte meine Aufmerksamkeit ein ›Yellow Crookneck Bush‹, eine kleine gelbschalige Squash-Sorte mit vielen Warzen, die, gebogen und im unteren Teil breiter werdend, an eine Pfeife denken läßt.

Wieder zu Hause, zog ich beide in kleinen Töpfen vor, dazu noch ein paar Spaghetti-Kürbisse, und zwei Jahre lang gingen mir die Kürbisse nicht mehr aus. Zu sagen ist nur noch, daß die kleinen gelben am besten schmecken, und weil sie so klein sind und daher auch rasch die Größe erreicht haben, in der man sie essen kann, gedeihen sie in den hiesigen, manchmal sehr kurzen Sommern bestens. Beinah so gut wie Zucchini, die es natürlich auch bei mir gibt. Nicht weil man sie auf dem Wochenmarkt nicht kaufen könnte, aber weil sie nie so klein angeboten werden, wie man sie ißt, wenn man selber erntet. Sie schmecken vor allem mit Thymian gut. Oder als Winzlinge im Ganzen, zusammen mit Kartoffeln und Rosmarin gebraten.

Eines Nachts träumte mir von der Kürbisfee, einer rundlichen Person, die in den wärmsten Rot-, Orange- und Gelbtönen erstrahlte, mit ein wenig Grün, Blau und Schwarz im unteren Bereich. Sie lachte, schnalzte mehrmals hintereinander mit der Zunge und hinterließ einen Eindruck von Fröhlichkeit, der mich weit in den Tag hinein begleitete. Ich gab ihr den Namen ›Cucurbite‹, und als ich in einem Buch auf die Zucchinisorte ›Cocozelle von Tripolis‹ stieß, erfand ich ihr auch gleich noch eine Schwester.

Danach war mir klar, daß die Kompostmieten umgesetzt werden mußten, um entsprechend reichhaltige Erde für die nächsten Kürbisgenerationen zu haben, denn Kürbisse wollen nun einmal gut gewässert und gefüttert sein.

So wie Tomaten sich angeblich für einen toten Süßwasserfisch unter ihren Wurzeln dankbar erweisen (laut Inga-Maria Richberg ein altes indianisches Hausmittel), sehen es die *Cucurbiten* gern, wenn man ihnen eine Tasse Hornspäne ins Pflanzloch mischt.

Wieder gerade rechtzeitig, nämlich in diesem Januar, stieß ich in einer meiner Gartenzeitschriften auf die Adresse einer Gärtnerei in Frankreich, die kleine Samenpäckchen für sechs verschiedene Kürbissorten gegen ein angemessenes Entgelt verschicken wollte. Ich ließ mir das Päckchen kommen, und schon die Namen bereiteten höchstes Vergnügen: Gelber Patisson, Butternuß, Jack be Little, Chioggia, Trombolino und Siamkürbis. Ich werde also Ende April mein Glück mit der Anzucht versuchen. Auch hat mir ein Kollege, Bodo Hell, Samen für Hokkaido-Kürbisse geschickt, die ich ebenfalls ausprobieren möchte.

Man kann aus Kürbissen so vieles machen, von Suppen über Aufläufe bis hin zu Marmeladen und Kuchen, von der üblichen Zubereitung als Gemüse gar nicht zu reden, daß es sich wirklich lohnt, sich um sie zu bemühen.

Es ist aber auch einfach eine Freude, sie anzuschauen, ob ball- oder birnenförmig, kalebassen- oder schlangenartig, ob sie an ein Sitzkissen, einen Turban oder ein UFO gemahnen, ob sie sich gestreift, gesprenkelt oder getüpfelt geben, sie müssen der Traum jedes Designers sein, als Objekte, die die Ansprüche an Form und Funktion (sprich: Schmackhaftigkeit als Nahrungsmittel) auf so vollkommene Art erfüllen.

Nach Elisabeth de Lestrieux (wem ihr Buch mit den herrlichen Kürbisporträts nicht Lust auf die ganze Familie der *Cucurbiten* macht, ist für dieses Geschenk der Natur ohnehin verloren) mögen es Kürbisse, wenn man ihnen Kapuzinerkresse, *Tropaeolum majus*, ins Beet setzt, was nicht nur sämtliche Schädlinge fernhalten, sondern auch noch den Geschmack verbessern soll. Also werde ich natürlich auch Kapuzinerkresse vorziehen (für die Kürbisse ist mir nichts zu schade), damit es ihnen beileibe an nichts fehlt. Bedauerlich ist nur, daß nun wieder Monate hingehen werden, bis sich herausstellt, welche der neuen Sorten auch alpentauglich sind.

Manchmal frage ich mich schon, wo und von wem all diese wunderbaren Kürbissorten gezogen werden, die sich noch dazu so ansprechend fotografieren lassen, denn in den Samenkatalogen, selbst in denen aus Frankreich, kann man immer nur einen Bruchteil der in den Büchern beschriebenen Sorten bestellen.

Vom Essen und Gegessenwerden

Eine halbe Sonne tropft aus dem wallenden Gespinst und verblendet die Konturen des Tressensteins. Das Ahorngerippe ist mit breiten weißen Strichen nachgezogen. Büsche und Sträucher haben pompöse weiße Mützen keck in die Stirn geschoben, sogar der Schornstein auf dem Dach gegenüber trägt einen leicht überhängenden Hut.

Nach dem – statistisch gesehen – wärmsten Februar seit das Wetter in diesen Breiten aufgezeichnet wird, fällt der März in den Winter zurück. Es hat die Mischwaldhänge voller Schneerosen und blühender Pestwurz, die Schneeglöckchen, Leberblümchen, Huflattiche, das Lungenkraut und den Seidelbast wieder zugeschneit.

Eine vereinzelte (Schnee-?)Wolke zieht langsam über den Tressenstein, verhüllt die Bäume auf dem Kamm, ein weißer Fransenschal am Morgen nach der Ballnacht. Kurz darauf blendet die Sonne wieder dermaßen, daß ich die Vorhänge zuziehen muß.

Auch wenn er sich jetzt noch so gebärdet, spätestens im Mai ist der Winter auch hier vorbei. Und dann genügen ein paar heiße Tage, und es ist Sommer. Die Pflanzen aber nützen die Plus-Grade rapide. Eine Woche Lesereise – und ich erkenne den Garten nicht wieder. Als hätten die Pflanzen ein Beschleunigungsprogramm für höhere Temperaturen eingebaut.

Und die Natur deckt den Tisch. Lange bevor die Salatpflanzen im Beet eine nennenswerte Größe erreicht haben, kann man frische Salate pflücken – nach Möglichkeit dort, wo man noch keinen Hund hat hinpinkeln sehen.

Jungen Löwenzahn samt Knospen, die kleinen, ganz frischen Blätter von Schlüsselblumen, Gänseblümchenköpfe (am besten noch geschlossen), nicht ganz entfaltete Gierschblätter, *Aegopodium podagraria*, das eine oder andere Wegerichblatt (breit oder spitz) und darüber zum Würzen Gundelrebe, *Glechoma hederacea*. Das alles ist sehr gesund und geschmacklich ›erste Sahne‹, wie man in Deutschland sagen würde. Und kostet keinen Groschen, wenn man die aufgewendete Zeit nicht mitrechnet. Die aber ist der einzige Haken an der Sache. Man muß diese Wildkräuter nämlich erst in der Wiese suchen (siehe Hunde), dann pflücken, dann – weil die Wiese meist feucht ist und die verschiedenen Gewächse aneinanderhaften – das unweigerlich mitgepflückte Gras herausklauben und alles in einem Sieb gründlich waschen, kleinschneiden und so weiter und so fort.

Diese Art Mühe hindert mich daran, öfter zu essen, was die Natur einem in den Teller legt. Das trifft auch auf Brennesseln zu, von denen man sich ohnehin nur die ganz jungen herauspicken sollte, genauso wie auf Holunderblüten, die man – in Backteig getunkt – fritieren könnte, nur fritiere ich so gut wie nie etwas, mache also höchstens Sirup aus den Blüten. Und der Löwenzahn wächst so schnell, daß man ›jüngst geschlüpfte‹ Pflanzen selbst in einem Meer von Löwenzahn suchen muß, und so verwende ich sie eher ›zum Drüberstreuen‹, als Vitaminspender und Geschmacksverleiher. Denn eines ist unbestritten, was Vitamine und Aroma angeht, sind die Wildkräuter in ihrer sprichwörtlichen Vitalität unübertroffen.

Die Gundelrebe zum Beispiel, die zur selben Familie wie die Minzen gehört, habe ich lange gering geachtet, bis die ortsansässige Kräuterfee (oder Kräutlerin, wie man sie im Dorf nennt, die ich seit meiner Kindheit kenne) einmal bei mir zu Besuch war und begeistert ausrief: »Die (nämlich die Gundelrebe) muß dich aber schon sehr mögen!«

Geschmeichelt ob der pflanzlichen Zuneigung, schnitt ich sie mir noch am selben Abend aufs Butterbrot. Es stimmt, daß ihr Geschmack entfernt an Maggis Suppenwürze erinnert. Oder eher umgekehrt? Mir jedenfalls schmeckt die Gundelrebe besser. Ich verzichte seither auch auf Liebstöckl, *Levisticum officinale*, das ich immer im Blumenbeet zog und das regelmäßig größenwahnsinnig wurde, sich wie ein kleiner Baum gebärdete, um dann nach zwei, drei Jahren zu kollabieren.

Die Gundelrebe ist ein filigranes, bodenrankendes Kraut mit reizenden blauen oder lilafarbenen Lippenblüten, das sich gerne ums Haus herum aufhält, über den Fuß der Kletterrose kriecht, unter dem dreifarbigen Salbei hervorlugt, sich manchmal erst beim Jäten, wenn es versehentlich mit anderen Pflanzen zusammen herausgerissen wird, durch seinen Geruch bemerkbar macht, kaum auffällt, keiner Pflege bedarf und – wie Wolf-Dieter Storl sagt – eine ›anthropochore‹ Pflanze ist, ein wahrer Menschenfreund eben, unter dessen duftenden Blättern sich angeblich gerne die mit Haus und Hof verbundenen Geister und Heinzelmännchen aufhalten. Auch soll ein Kranz aus Gundelrebe im Haar die Trägerin zu bestimmten Zeiten (Walpurgisnacht, Sommersonnenwende) sensibel und geradezu hellsichtig machen.

Zur medizinischen Anwendung kam die Gundelrebe als Tee bei Durchfall, eitrigen Zähnen und wundem Zahnfleisch, aber auch als Schleimlösungsmittel. Ich scheue mich jedoch, mehr von ihren Wirkmöglichkeiten anzugeben, da es immer wieder vorkommt, daß Menschen Pflanzen verwechseln oder auf nicht vorhersehbare Weise auf sie reagieren.

Pflanzen sind in ihrer Heil- oder Schadenswirkung auf den menschlichen Organismus ebenso wenig harmlos wie es chemisch hergestellte medizinische Präparate sind. Und da viel vom alten Pflanzenwissen verlorengegangen ist und die Wissenschaft (die in unserem Jahrhundert einzig ernstgenommene und ernstzunehmende Methode der Überprüfung) die meisten Heilpflanzen noch nicht erschöpfend erforscht hat, muß man mit Empfehlungen vorsichtig sein.

Menschen vergiften sich auf die haarsträubendste Art und geben sich auf diese Weise den Pflanzen vorzeitig als Nahrung zurück. So geschehen hierorts, ein ›memento mori‹ der makaberen Art. Ein Mann aß hochgiftige Maiglöckchenblätter, *Convallaria majalis*, in der Meinung, es handle sich um Bärlauch, *Allium ursinum*, und starb daran.

Mir ist diese Verwechslung unbegreiflich, obgleich die Blattformen ähnlich sind. Aber der Bärlauch riecht intensiv nach Knoblauch und hat einen deutlich erkennbaren Mittelnerv. Möglicherweise ist der Irrtum erst nach mehreren gepflückten Bärlauchblättern passiert, als die Hände des Pflückers schon so nach Knoblauch rochen, daß er den Unterschied nicht mehr bemerkte und die Maiglöckchenblätter versehentlich druntermischte.

Auch empfiehlt es sich, alles zuerst im Selbstversuch auszuprobieren und

sich in den darauffolgenden Stunden genau zu beobachten, bevor man andere an seinen ›Naturmahlzeiten‹ teilhaben läßt. Obwohl es schon beinah zwanzig Jahre her ist, werde ich die Angst nie vergessen, die ich achtundvierzig Stunden lang ausstand, nachdem ich den Kollegen Dietmar Grieser zu einem Parasol-Essen eingeladen hatte.

Das war noch in Wien, und ich hatte mit Freunden einen Ausflug gemacht und viele Parasole, *Lepiota procera*, auch ›Riesenschirmling‹ genannt, gefunden, einen an sich leicht zu erkennenden Pilz, der nur sehr entfernte Ähnlichkeit mit dem hochgiftigen Knollenblätterpilz hat. Während ich alles für das Essen vorbereitete, erklärte ich meinem damals etwa siebenjährigen Sohn, woran man einen Parasol eindeutig erkennen könne, nämlich an dem beweglichen Stielring. Dann läutete das Telefon, ich ging hinaus, telefonierte, kam wieder zurück und briet die Pilze.

Dietmar Grieser und ich hatten eine bevorstehende Ägyptenreise zu besprechen, zu der das österreichische Kulturinstitut in Kairo uns eingeladen hatte. Meinem Sohn war dabei wahrscheinlich recht langweilig, jedenfalls erklärte er mir, als ich ihn zu Bett brachte, daß an einem der Pilze der Ring nicht zu bewegen gewesen wäre. Ich lachte, glaubte ich doch das Manöver, die aus der Fadesse geborene Absicht, mir einen Schrecken einzujagen, zu durchschauen.

Dietmar Grieser und ich tranken zusammen noch ein Glas Wein, und als er sich verabschiedete, betonte er noch einmal, wie gut ihm die Parasole geschmeckt hätten.

Nachts um vier begann die Qual. Plötzlich erschien es mir durchaus möglich, daß ich an einem der Pilze die Stielring-Probe nicht gemacht hatte, schließlich war ich dazwischen ans Telefon gegangen. Vielleicht hatte ich dann beim Zurückkommen einen der Pilze übersehen.

Es wurde so arg, daß ich diese und die nächste Nacht – erst nach achtundvierzig symptomfreien Stunden ist eine Knollenblätterpilz-Vergiftung, die meist tödlich endet, auszuschließen – kein Auge mehr zutat und nur mehr hoffte, daß der unglückselige, vielleicht doch ungeprüft ins Essen geratene Pilz wenigstens in meinem Magen gelandet wäre und ich nicht zur Mörderin meines Kindes oder eines Kollegen würde.

Andererseits war ich so sicher, daß alle Pilze eindeutig wie Parasole ausgesehen und auch so gerochen hatten, daß ich mich nicht mit einer hysterischen Warnung lächerlich machen wollte. Die Situation ist nur mit der Angst auf Reisen zu vergleichen, man hätte das Bügeleisen eingeschaltet gelassen, obwohl man ganz sicher weiß, daß man den Stecker im letzten Moment herausgezogen hat. Oder etwa doch nicht?

Ich beobachtete meinen Sohn auf jede Regung in Richtung Übelkeit hin, aber der hatte die Sache längst vergessen, und da Sonntag war und er nicht zur Schule mußte, konnte ich ihn im Auge behalten.

Dietmar Grieser rief ich einige Male unter dem Vorwand an, mir sei noch etwas zur bevorstehenden Ägypten-Reise eingefallen, und erkundigte mich jedesmal – so unauffällig wie möglich –, ob es ihm gutgehe und er den Föhn nicht spüre. Offensichtlich ging so etwas wie ein wärmerer Wind, dennoch wird er sich über meine plötzliche Fürsorglichkeit gewundert haben. Zum Glück hatte er nicht einmal Kopfschmerzen.

Als die achtundvierzig Stunden vorbei waren, öffnete ich eine Flasche Sekt und versprach mir in den Spiegel hinein, niemals mehr jemanden zu einem selbst gepflückten Pilzessen einzuladen. Es sei denn, es handle sich um Eierschwammerl (Pfifferlinge) oder Herrenpilze (Steinpilze).

121

Inzwischen bin ich ein wenig gelassener, was Eß-Experimente angeht, das heißt, ich probiere so einiges, das ich nur per Buch identifizieren konnte, einfach aus, lade mir aber erst jemanden dazu ein, wenn ich es selbst unbeschadet überstanden habe.

Letztes Jahr fiel mir auf, daß eine Pflanze in den Beeten auftauchte, die mir zwar irgendwie bekannt vorkam, die ich aber so bewußt noch nicht gesehen hatte. Ich schaute in einigen meiner Bücher nach: es konnte nur eine Art Melde, *Atriplex hortensis*, sein. Ich glaubte, mich erinnern zu können, daß ich vor Jahren einmal interessehalber eine Gartenmelde namens ›Guter Heinrich‹ ausgesät hatte, jedoch zu spät im Jahr, so daß die Samen nicht mehr keimten.

Ob sie sich so lange im Kompost gehalten hatten und nun, nach Jahren, austrieben oder ob sie von irgendwoher eingeschleppt worden waren, ich weiß es nicht, jedenfalls röstete ich sie zusammen mit anderen Kräutern und Schinken in Butter und aß sie zu Nudeln. Dann wartete ich ab. Es geschah nichts, was auf eine Vergiftung oder auch nur Unbekömmlichkeit hindeutete. Somit hatte ich zusammen mit Schlangenknöterich, *Polygonum bistorta*, Beinwell, *Symphytum officinale*, Borretsch, *Borago officinalis*, und Weidenröschen, *Epilobium angustifolium*, ein weiteres Wildgemüse für meinen Bedarf hinzugewonnen.

Zu oft und in zu rauhen Mengen sollte man aber keines davon essen. In manchen Beschreibungen ist von hohen Nitrat-Werten oder Alkaloiden die

Rede (also sollte man den Genuß nicht übertreiben). Wie gesagt, man kennt erst einen Bruchteil der zahlreichen Wirkstoffe in manchen Pflanzen. Aber da sind ja auch noch die üblichen Gartengemüse wie Erbsen, Mangold, Karotten, bei denen man sich keinerlei Beschränkungen auferlegen muß.

Es gibt mehr Eßbares im Garten, ob nun bewußt angepflanzt oder von irgendwo zugelaufen, als man denken würde. Die winzigen Früchte der Felsenbirne zum Beispiel, die Haselnüsse der Bluthasel (die Schlehen verweigern sich leider noch immer), die Blüten von Kapuzinerkresse, Ringelblumen und Taglilien, Lilienzwiebeln, Hollerbeeren. Nachdem das Gärtchen installiert worden war, erschienen im Frühjahr darauf an der äußeren Seite der Begrenzungsbretter des Moorbeets Morcheln, die nur leider nicht wiedergekommen sind. Finden würde man jedenfalls immer etwas, wenn man es darauf anlegte.

Der größte dorfweite Erfolg aber war der Sauerdorn oder die Berberitze,

Berberis, wie man sie hierzulande nennt. Ich war einige Zeit zuvor bei persischen Freunden zum Abendessen eingeladen, und da gab es unter anderem ein köstliches Reisgericht mit roten säuerlich schmeckenden Beeren. Was ich nicht für möglich gehalten hätte, es waren Berberitzen. Ich erzählte einer meiner Nachbarinnen davon, und wir plünderten gemeinsam ein paar Büsche entlang des Seeufers, obgleich ich die größten und saftigsten Beeren von meinen beiden purpurlaubigen Gartenberberitzen pflückte.

Die Berberitzen landeten nicht nur im Reis, sondern auch im Erdäpfelsalat, wurden zu einer Art Marmelade verkocht, die gut zu Fleisch schmeckt, und über Aufläufen verteilt. Eine Berberitzen-Manie brach aus. Als wir wieder um den See gingen, hingen auch andere Frauen zwischen den Büschen am steil abfallenden Seeufer und pickten Beeren ab, während die Vögel aus den umstehenden Bäumen verständnislos zuschauten, wie sich da Menschen an ihren Vorräten vergriffen. Sie erinnerten sich an keine Vorfälle dieser Art und schienen es gar nicht fassen zu können. Die regionale Küche aber hat eine Nuance dazugewonnen.

Die Strategien des Gartens

Nieselschnee. Das Weiß ist stumpf, ohne Beimischung, der Ahorn hebt sich graphisch dagegen ab. Der Tressenstein ist wie durch Spinnweben zu sehen. Das Muster seiner Schneeflecken wiederholt sich am Dach gegenüber, von dem ein Teil der Schneedecke abgerutscht ist, so daß die Wellen der Firstziegel deutlich werden.

Die neue Schicht ist wie feuchtes Gespinst, das klebenbleibt, und für tagsüber sind sturmartige Böen angesagt. Der Ahorn fröstelt sichtlich. Vor dem Fenster tanzen die letzten verschrumpelten Beeren des wilden Weins an dürren Ranken vor dem Ausschnitt eines weißen Himmels.

Auch der wilde Wein samt sich jedes Jahr aus, steigt in Töpfe und versucht im Kies vor der Hauswand Fuß zu fassen, was ihm südostseitig gelungen ist, wo er die Dachrinne hochklettert und in die Rose ›Hero‹ hinübergreift, was vor allem im Herbst apart wirkt, wenn seine Blätter rot anlaufen und so das letzte Rosa von ›Hero‹ kräftiger erscheinen lassen.

Flora und Fauna sind schamhaft, sie wollen kein nacktes Stück Boden sehen. Kaum ist ein Beet gegraben, mit Kompost versehen und mit scharfen Spatenstichen von den Wurzeln der ›Außenstehenden‹ getrennt oder mit Steinen zur Wiese hin abgegrenzt, treten verschiedene Strategien der Besiedlung in Kraft. Ich, als Gärtnerin, ›setze‹ dann etwas (in dieser Höhe direkt am späteren Standort auszusäen, ist bei vielen Pflanzen ein Wagnis), hege und beobachte es, versuche ihm die Wünsche am Gedeihen abzulesen, und wenn ich Glück habe und der Garten will, wird auch etwas daraus.

Der Garten, die Natur oder wie immer man die, von Hildegard von Bingen *Viriditas* genannte Grünkraft nennen will, aber hat meist andere Pläne, und nach kürzester Zeit ist das Beet voller Sämlinge, die ich keineswegs vorgesehen hatte und denen ich mich durch ›Unkraut‹jäten widersetze.

Dieses Spiel könnte unendlich so weitergehen, wenn ein Gärtner sich nicht unfairer Mittel wie Gift und anderer Radikalkuren bedient oder aufgibt, während die Natur höchstens die Strategie ändert. Aufgeben wird sie nie, das liegt einfach nicht in der Natur der Natur.

Als Partner, der meistens die besseren Karten hat, wird die *Viriditas* im gemeinsamen Spiel namens ›Garten‹ damit anfangen, Vorschläge zu machen. Und jeder Gartenmensch, der auch nur einen Funken Gartenverstand hat, wird sich die Vorschläge genau ansehen und mit Sicherheit den einen oder anderen annehmen.

Manchmal blufft die Natur natürlich und zaubert eine Pflanze aus dem Hut, die für den Garten wie gemacht erscheint. Man freut sich über das unvermutete Geschenk, träumt von seiner Ausbreitung, in der Annahme, daß es einer Pflanze, die von selbst gekommen ist, im Garten auch gefallen muß. Wie zum Beispiel dem riesigen roten Klatschmohn, *Papaver rhoeas*, der sich als einer der ersten, vor zehn Jahren, mitten im nicht gemachten Bett, das später den Herzlilien, Pfingstrosen, dem Waldmeister, der Scheinakelei und der kriechenden Clematis als Beet dienen sollte, niederließ, herzergreifend blühte und mit seinem heftigen Rot in der sonstigen Ödnis alle Aufmerksamkeit auf sich zog.

Ich hatte ganze Klatschmohnfelder vor mir erstehen sehen, die den Bauschutt anstelle des schütteren Rasens überwuchern sollten (damals war noch keine Rede von einem Gärtchen gewesen). Mitnichten. Er hatte sich, wie ich heute vermute, an eine für ihn viel zu schattige Stelle gesetzt – auch die Natur ist nicht unfehlbar – und sich, mitsamt seinen Samen, beleidigt zurückgezogen.

Oder jener wunderhübsche blaulilafarbene Feld-Rittersporn, *Consolida regalis*, der durch den Zaun des Gärtchens hereinblühte und den ich gerne darin aufgenommen hätte. Doch er dachte gar nicht daran. Seine Vorstellung blieb eine Premiere ohne Wiederholungen. »Selten, geht stark zurück«, las ich in einem meiner Kosmos-Naturführer. Was ich sehr bedaure, denn dieses Hahnenfußgewächs ist absolut gartenwürdig.

Als das erste Große Mädesüß, *Filipendula ulmaria*, sich an dieselbe Stelle wie der Mohn setzte (in die Nähe des gerade installierten Außenwasserhahns), hatte ich Mühe, es zu identifizieren. Erst als es blühte, war der mandelartige Geruch ein unverkennbares Indiz. Ich kämpfte oft mit mir und der Versuchung, es ein für alle Male auszureißen, da es in den ersten Jahren regelmäßig an Mehltau litt. Doch schnitt ich es immer nur zurück und ließ seine Wurzeln in Frieden.

Mittlerweile wird dieses Mädesüß größer als ich, hat den Mehltau besiegt und sieht mit seinen aufschäumenden, weißen Blütenwedeln geradezu pompös aus. Ein zweites tauchte eines Sommers aus dem Heckenrosenspalier an der Einfahrt auf. Wie es sich dort behaupten kann, ist mir nach wie vor ein Rätsel.

Aber vielleicht spendet ihm die ansonsten raffgierige Verwandtschaft (das Mädesüß ist ein Rosengewächs) nur den nötigen feuchten Schatten für seinen Fuß. Allerdings ist es seit Jahren bei diesen beiden Exemplaren geblieben.

Für gewöhnlich spielt sich der Poker aber anders ab. In jedem Jahr wird mindestens ein Trumpf ausgespielt, eine Pflanze, die sich auf ungewöhnlich erfolgreiche Weise ausgesamt hat und überall auftaucht, als habe sie tatsächlich vor, den ganzen Garten – manchmal nur die Sonnen- oder die Schattenseite, für gewöhnlich aber beides – zu erobern.

So besiedelten vor Jahren einmal die Ringelblumen, *Calendula officinalis*, das Gärtchen, die Beete und die geschotterten Wege. Sie sind nicht nur hübsch anzuschauen – obgleich goldgelb und orangerot als dominierende Farben nicht ganz die meinen sind –, sie wirken sich auch heilsam auf den Boden aus.

Da sie sich gerne vermehren, kamen sie immer wieder, bis ich sie, aller möglichen Umgestaltungen wegen, im Herbst zu stark jätete – sie sollten wunder weiß was im Komposthaufen bewirken – und sie sich plötzlich nicht mehr aussamten. Wieder so eine Finte der Natur, mit der ich nicht gerechnet hatte.

Oder die Fingerhüte, *Digitalis purpurea*, aus der Familie der Braunwurzgewächse, ›Fox gloves‹, wie die Engländer sagen. Die Vorstellung ist tatsächlich zum Lachen: ein Fuchs, der sich aufrichtet, seine Pfoten in Fingerhutblüten zwängt, um damit ein Hühnerbein abzunagen.

Ich glaube, es war 1991, als ich so viele Fingerhüte hatte, daß die Spaziergänger sich den Hals nach ihnen verrenkten. Sie siedelten im Schattenbeet und in den Bosquetten, auch in die bodennahen Beete hatten sie sich gesetzt.

In den Jahren darauf wurden es immer weniger, und im Vorjahr habe ich einige purpurfarbene nachgekauft, die ich ausblühen ließ, damit sie sich von neuem aussamen. Dabei hatte ich Sämlinge an Freunde bis nach Wien hin verschenkt. Irgend etwas im Garten mußte sich verändert haben, oder ließen sie die vielen neu dazu gepflanzten Arten nicht mehr so recht aufkommen? Dieses Jahr habe ich eine neue Sorte, *Digitalis lanata* x *grandiflora* ›John Innes Tetra‹, gelborange, bewimpert und großblumig, dazugekauft, die ich nur vom Foto her kenne. Vielleicht vermehrt sie den Bestand wieder merklich.

1992 war es dann der Judassilberling, *Lunaria annua*, der aus den Ritzen hervorlugte und sich zwischen alle Pflanzen setzte, so daß er im Mai das ganze

Sonnenbeet mit seinen vierblättrigen lila- und violettfarbenen Blüten dominierte. Die reine Augenweide – solange er blühte. Dann mußte ich mich von einigen Exemplaren trennen, um den anderen Pflanzen Platz zu machen. Da der Silberling zweijährig ist, muß ich ihn im Jahr davor als Sämling nicht erkannt haben. Oder er hat sich als Jungpflanze so gut getarnt, daß er mir nicht weiter aufgefallen ist.

Übrigens verdankt der Silberling seinen Namen den pergamentartigen, runden Schoten, in denen seine Samen tatsächlich wie in Silbermünzen sitzen und die gerne für Trockengestecke verwendet werden. Doch lohnt es sich bei diesem Klima hier nur in trockenen Sommern, mehr als die, die zum Aussamen nötig sind, stehenzulassen, da häufiger Regen die Schoten rasch unansehnlich macht. Bei dieser Pflanze ist der Handel aber insgesamt geglückt, ich lasse sie aufkommen, wo ich sie haben möchte, und sie kommt freudig jedes Jahr wieder.

Ebenfalls 1992 wunderte ich mich in meinen Aufzeichnungen vom Mai noch, welche Pflanze da wohl im Steingarten so viele kleine pelzige Rosetten machte, während ich mich Anfang Juli fragte, was denn für den August bliebe, wenn alles schon zu blühen beginne. Da wußte ich bereits, daß es sich bei den silbrigen Rosetten um Vexiernelken, *Lychnis coronaria*, handelte.

Damals habe ich ihre ersten Sämlinge noch selbst in andere Beete gesetzt, da sie mit ihren Blüten in einem wunderbaren Karminrot über Monate hin den Garten mit Farbe erfüllten, vor allem zu Zeiten, in denen die Sommerblumen bereits unansehnlich geworden sind und der Herbstflor noch in Vorbereitung ist.

Inzwischen besorgen die Vexiernelken das selbst. Habe ich die Korkenzieherweide vor zwei Jahren noch eigenhändig mit winzigen Sämlingen umpflanzt, die nun tatsächlich eine leuchtende Manschette bilden, hat sie mittlerweile selbst in verschiedenen Beeten Horste gemacht. Mit großem farblichen Gespür, wie ich zugeben muß. Ob sie sich mit anderen ›Selbsttätigen‹ zusammentut, wie zum Beispiel mit dem weiß blühenden Mutterkraut, *Chrysanthemum vulgare*, das ebenfalls alle Nischen zu besetzen trachtet, oder mit der vor Jahren zugelaufenen rauhblättrigen Waldglockenblume, *Campanula latifolia* var. *macrantha*, sie paßt so gut wie überall dazu. Ich schulde allen dreien großen Dank und dulde sie gerne, und das beinahe überall.

Die Schnecken scheinen ihnen nichts anhaben zu können, sie wachsen in so gut wie jedem Boden, wenn auch lieber in der Sonne, haben die Robustheit von Unkraut, blühen unermüdlich und decken so manche kahl gewordene Stelle ab oder trösten über vom Regen zermatschte Schönheiten hinweg.

Die Waldglockenblume ist farblich ein perfekter Rosenbegleiter, und interessanterweise hat sie auch ihren Weg in die Rosenbeete gefunden, die sie selbst nach heftigsten Regenschauern noch hinsehenswert macht. Auch wenn die Rosenblüten sich verklebt haben, das Blau der Glockenblumen fängt das farblich wieder auf.

Und was das Mutterkraut angeht, so entweicht ihm, wenn man seine Blätter reibt oder es gelegentlich doch einmal ausrupfen muß (es gehört zusammen mit der Wiesenmargerite zur Familie der ›Wucherblumen‹), ein kampferähnlicher Duft, den ich, im Gegensatz zu vielen anderen Menschen, gerne mag.

Blau-weiß-rot: es sind die Farben, die der Garten mir vorgeschlagen hat (vielleicht weil er mittlerweile weiß, daß ich mit Gelb genausowenig im Sinn habe wie mit Zinnober oder Ziegelrot). Keine der drei Pflanzen habe ich wissentlich in den Garten gebracht, sie sind entweder mit anderen Pflanzen eingeschleppt worden oder der Wind hat sie mir zugetragen.

Da ich immer auch ein Stück Wiese auf der Böschung stehenlasse (zumindest bis zur Heumahd), verirrt sich natürlich so manche Wiesenglockenblume, Wiesenmargerite oder so mancher Wiesenstorchschnabel in die Beete. Meist rupfe ich sie erst aus, nachdem sie geblüht haben, wie ich es auch mit versprengten Schafgarben, *Achillea millefolium*, in Weiß und Rosa, oder mit der Gartenwolfsmilch, *Euphorbia peplus*, mache, die trotz ihres Namens wohl eher ein Unkraut ist.

Oder auch mit der weißen Fetthenne, *Sedum album*, die im Gärtchen, aber auch zwischen den Terrassensteinen wuchert. Wann immer ich im August am Ufer des Traun spazierengehe, halte ich Ausschau nach den Samenständen der Bach-Nelkenwurz, *Geum rivale*, jenem auf den ersten Blick so unscheinbar wirkenden elfenhaften Gewächs, um es in meinem Garten auszusäen. Bisher ohne Erfolg. Doch dann hat der Fotograf es am Rande meiner eigenen Wiese entdeckt.

Ein anderes Angebot des Gartens (der Grünkraft?) ist ein blauer Lein, *Linum perenne*, den gekauft zu haben ich mich nicht mehr erinnere, jedenfalls ist er da und wiegt sich, nickend, mit seinen himmelblauen Blüten, die sich nur in der Sonne öffnen, auf seinen filigranen, leicht fiedrigen Stengeln, während der Boden immer großflächiger von einem wunderhübschen Fingerkraut überwuchert wird, das in der Farbe von Roséwein blüht und *Potentilla nepalensis* ›Miss Wilmott‹ heißt, nach der längst verstorbenen englischen Gärtnerin, derselben Miss Wilmott, nach der die Elfenbeindistel *Eryngium giganteum* ›Miss Wilmott's Ghost‹ heißt, da diese, wie die englische Gärtnerin Beth Chatto berichtet, es liebte, den Samen beim Gang durch fremde Gärten auszustreuen.

Sie muß auch bei mir gewesen sein. Denn von der einen Elfenbeindistel, die ich vor Jahren gepflanzt habe, die einen Sommer lang gedieh und dann spurlos verschwand – für mindestens drei Jahre –, können all die Giganten doch nicht herstammen, die einen Teil der Terrasse unbegehbar gemacht haben, obwohl ich allen Nachbarinnen und Freundinnen, die Gestecke machen, angeboten habe, sich welche abzuschneiden. Ich glaube, die Elfenbeindistel bohrt ihre Pfahlwurzel metertief in den Boden, bevor sie das erste Blatt macht, denn schon als Jungpflanze ist sie kaum mehr herauszuziehen.

Ich weiß nicht, ob der Geist von Miss Wilmott mich mit ihr ärgern wollte, wenn ja, ist es ihm nicht so recht gelungen. Die Elfenbeindistel ist eine der elegantesten Pflanzen, die ich kenne, und während andere Blumen verwelken oder einfach verkommen, entwickelt sie sich zu einer bleichen, geradezu geisterhaften Schönheit, wird dabei immer weißer und nimmt eine papierartige Konsistenz an.

Daß Akeleien bei mir alle Rechte haben, habe ich schon erwähnt, ebenso wie ein wunderschöner rosa Schlafmohn, *Papaver somniferum*, mit dunklem Blütengrund, der mir von irgendwoher zugeflogen sein muß und mit Vorliebe in den Gemüsebeeten logiert, aber sich auch in die südseitigen Blumenbeete gesetzt hat. Dieser Schlafmohn hat mich mehr an der Nase herumgeführt als alle anderen Gewächse.

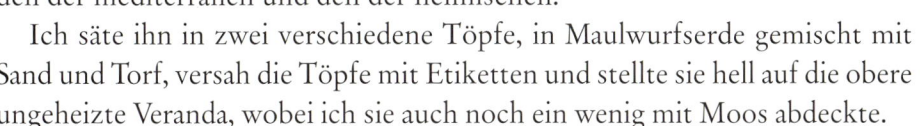

Der Kollege Bodo Hell hatte mir zusammen mit dem Hokkaido-Kürbissamen auch den Samen von Mispeln geschickt, den der mediterranen und den der heimischen.

Ich säte ihn in zwei verschiedene Töpfe, in Maulwurfserde gemischt mit Sand und Torf, versah die Töpfe mit Etiketten und stellte sie hell auf die obere ungeheizte Veranda, wobei ich sie auch noch ein wenig mit Moos abdeckte.

Und tatsächlich, es dauerte nicht allzu lange, und in den Töpfen tat sich etwas. Bei den mediterranen Mispeln hatte ein einziger Same gekeimt, während im Topf mit den heimischen gleich sechs aufgegangen waren.

Als das Wetter wärmer wurde, brachte ich die Töpfe ins Freie, geschützt zwar, aber doch so, daß die mittlerweile mehrere Zentimeter hohen Jungpflanzen sich abhärten konnten. Sie sahen zwar alle nicht nach Mispeln aus, waren sich aber untereinander so ähnlich, um nicht zu sagen gleich, daß meine Zweifel genau an dieser Tatsache abprallten. Auch hatte ich noch nie Mispel-Sämlinge gesehen, und – die Natur ist voller Wunder, wie es immer wieder heißt – ich konnte und wollte die Wahrheit nicht zur Kenntnis nehmen. Wie sagen die Psychologen? Man sieht nur, was man sehen will.

Heute, während ich korrigiere, weiß ich, daß der Schlafmohn mir einen Streich gespielt hat, und das so perfekt, daß er als mediterrane Mispel insgesamt 1,50 Meter groß wurde, so ganz allein in seinem Topf, während er es als heimische Mispel nur zu einer Größe von 60 Zentimetern gebracht hat.

Keine Ahnung, was mit den Mispelsamen passiert ist. Möglicherweise hat der Mohn, dessen Samen wahrscheinlich im Moos, das ich als Topfmulch abzupfte, versteckt waren, sich die Mispelsamen als Müsli einverleibt. Jedenfalls gab es auch nicht die geringste Spur von ihnen beim Umtopfen.

Einer, der ebenfalls immer wieder kommt und sogar ›Hero‹ wie ein blaugesternter Kordon umgibt, ist der Borretsch, *Borago*, den man nicht nur essen kann, seine vorwiegend hellblauen (manchmal auch rosafarbenen) Blütensternchen machen sich auch gut als Dekoration auf Salaten und Gemüsen.

Manchmal, wenn ich zu viele Sämlinge dieses ›Garten-Vorschlags‹ jäten muß und sie nicht gleich aufessen kann, habe ich ein schlechtes Gewissen, und so habe ich ihnen ein eigenes Beet zur Verfügung gestellt, wenn auch kein so luxuriöses wie den Kürbissen, aber dafür wachsen sie dort so, wie man es von ihnen erwartet, ohne den Wachstumsrausch, in den sie gelegentlich verfallen, wenn es ihnen zu gut geht.

Es gibt natürlich auch Vorschläge des Gartens, die ich nicht akzeptiere. So halte ich das tief orangefarbene Habichtskraut, das ebenfalls überall hin möchte, an einer einzigen Stelle hinterm Haus fest, wie auch die Frühlingskronwicke, das Vergißmeinnicht (das in der Sonne immer an Mehltau leidet) und das Weidenröschen, das keinerlei Disziplin kennt, lasse ich auch nur an zwei Stellen aufkommen.

Doch das Spiel geht weiter – und es ist ein recht spannendes Spiel. So wie ich mit meinen Vorschlägen (Rosen, Lilien, Irisse, Diptam usw.) immer wieder, wenn auch bei weitem nicht immer, durchkomme, so akzeptiere ich auch die meisten Karten, die die *Viriditas* ausspielt. Ich mache zwar nicht immer einen Stich damit, aber es geht schließlich nicht ums Gewinnen, es geht um das Spiel.

Gärtner-Schrullen

Schnee, Schnee, Schnee – in dicken, heftigen Flocken. Der Ahorn ist wie mit Spitzen nachgehäkelt, und von den Bergen sind nicht einmal die Konturen zu erkennen.

Nach beißenden Minusgraden (bis zu –10°) in den letzten Nächten, in denen sogar meine bunten Primeln, die in einem Körbchen auf dem Terrassentisch Frühlingsstimmung erzeugen sollten, erfroren sind, fällt abwechselnd Regen und Schnee. Mehr als den ganzen Winter hindurch.

Der Märzschnee ist hierorts berüchtigt und kommt jedes Jahr verläßlich, wenn auch nicht immer gleich ergiebig. Es ist Schneemann-Schnee, der sich leicht zu Bällen formen läßt und die Büsche knickt, naß und schwer.

Das grüne Basilikum kümmert, hat aber angesichts des Schnees noch nicht aufgegeben. Ich habe die gelochte, durchsichtige Kunststoffolie, in die es eingeschweißt war, bloß aufgeschnitten und sie als Manschette drangelassen, trotz neuem Übertopf, damit das Basilikum auf der Fensterbank nicht austrocknet, solange die Zentralheizung eingeschaltet ist.

Manche Firmen verpacken in solche Lochtüten ihr Brot, das ich dann kaufe, um an die Folie zu kommen, die es als Meterware hier nirgendwo gibt. Sie eignet sich hervorragend zur Anzucht von Sämlingen. Über einen Topf mit Samen gestülpt, hält sie ihn feucht, läßt aber dennoch etwas Luft durch, und die Pflanzen schimmeln nicht, vor allem Kürbissamen, die ich vom Wasserbedarf der späteren Pflanze verleitet, meist zu stark angieße.

Gärtnernde Menschen unterscheiden sich von nicht gärtnernden unter anderem darin, daß sie viele Dinge einer nicht vorgesehenen Verwendung zuführen und so gut wie alles gebrauchen können.

Eine Zeitlang kaufte ich diese ewig haltbaren, weil luftdicht in Gläsern verschlossenen, guglhupfförmigen Marmorkuchen, die ich selbst gar nicht so gern esse (ich muß mir dazu immer erst jemanden zum Tee einladen), einfach weil die Gläser sich bestens zum Abdecken frostempfindlicher junger Pflanzen in kalten Mainächten eignen.

Was mit dem Restposten an Frotté-Waschlappen aus dem Konsum geschah, habe ich bereits im Rosen-Kapitel beschrieben. Die verschiedenfarbigen Stücke endeten nachts – petroleumgetränkt – auf den Stangen der Rosenkugeln, um den Rehen die Lust zu vergällen.

Als mir einmal auf einer Lesereise durch Amerika der Koffer zu platzen drohte, kaufte ich zwei selbsthaftende Kofferbänder. Sie eigeneten sich im Anschluß hervorragend dazu, die zum Schutz der niedrigeren Rosenbüsche in die Erde gesteckten Reisigäste sturmfest zu machen. Als ich dann mein Werk noch einmal vom Küchenfenster aus zufrieden betrachtete, störte mich nur das weithin sichtbare Markenzeichen. Ich wagte mich noch einmal in die Dezember-Kälte hinaus – ›Qvik Tape‹ Seattle, WA USA. Handwash, drip dry. DO NOT PUT IN DRYER. – und schnitt es ab.

Früher band ich meine Büsche im Winter mit ausrangierten Strumpfhosen zusammen, was mein Auge aber irgendwie beleidigte. Neuerdings leiste ich mir, zumindest für die hausnahen Büsche, ein grünweiß gestreiftes, nicht gerade preiswertes Gärtnerband, das nicht ganz so elastisch wie die Strumpfhosen ist, aber weniger abwegige Assoziationen hervorruft.

Sehr gefragt sind natürlich bestimmte Arten von Verpackungsmaterial, vor allem Styropor, das die auf der offenen Veranda überwinternden Töpfe warmhält. Aber auch Holzwolle, die denselben Zweck erfüllt, sich aber auch unter Erdbeeren gut macht. Sie schützt sie vor Dreckspritzern, wenn der Regen zu heftig auf die Erde schlägt, und verhindert insgesamt, daß sie bei andauerndem Regenwetter zu faulen beginnen.

Was ich schon mit Plastikschüsseln angestellt habe, wage ich gar nicht alles einzubekennen, zum Glück hat man den Geschirrspüler erfunden. Eine dieser Schüsseln aber ist für den menschlichen Gebrauch längst verloren, nämlich die unter der Terrakotta-Schale, in der ich rotes Basilikum gezogen habe.

Der unsicheren Witterung und der Schnecken wegen lasse ich Basilikum grundsätzlich nicht aus dem Haus. Auf der südseitigen Fensterbank aber kann es sehr heiß werden, da trocknet die Terrakotta-Schale dann rasch aus, schließlich denkt man nicht ununterbrochen ans Basilikum.

Als es mir schon beinah vertrocknet war, setzte ich die Terrakotta-Schale auf die flache Plastikschüssel, die eigentlich – versehen mit einem Spezialdeckel – zum Kühlen von Salaten bei Partys gedacht war. In ihr sammelt sich nun das überschüssige Gießwasser und dunstet dann langsam in den Boden der Terrakotta-Schale zurück, was das rote Basilikum mit gutem Gedeihen dankt. Und so viele Partys feiern wir gar nicht, daß die Schüssel tatsächlich abgehen würde.

Zugegeben, am Anfang sah das Ganze nicht gerade ansprechend aus, und der Mix der beiden, ästhetisch gesehen, unvereinbaren Materialien sprach auch nicht eben dafür. Mittlerweile haben wir uns alle an den etwas bizarren Anblick gewöhnt. Auch ist die Plastikschüssel durch Grünalgenbefall merklich nachgedunkelt, was ihr bereits ein beinahe natürliches Aussehen verleiht.

Ob man als gärtnernder Mensch mit der Zeit tatsächlich schrullig wird – ich weiß es nicht –, die anderen behaupten es jedenfalls. Ich glaube, es verschieben sich einfach Blickwinkel und Bedarfslage. Teeblätter, Kaffeesud, Bananenschalen und Gemüsestrünke sind eben kein gewöhnlicher Abfall mehr, sondern Bodenverbesserer oder Spezialdünger, die – unter Pflanzen verteilt – beste Dienste leisten. Und es verdrießt einen nicht, die benutzten Teebeutel zu öffnen, ihren Inhalt unter den Farnen auszubringen und leicht einzuarbeiten. Sie produzieren dann mehrere Jungpflanzen, die man in die kritischen Ecken des Gärtchens setzen kann, nämlich dahin, wo die Brombeeren mittlerweile zuviel Schatten machen und die Schnecken ohnedies nichts anderes aufkommen lassen. Dort schlürfen die jungen Farne nun weiterhin ihren Tee und geben die entstandene Waldatmosphäre an die ursprünglich waldbewohnenden Brombeeren weiter.

Auf den Kaffeesud wartet schon der Efeu, der die überdachte Einfahrt hinterm Haus bewächst und – obwohl sie ohnehin nach Nordwesten liegt und erst am Nachmittag Sonne bekommt – eigenwillig darauf besteht, durch das Holzgitter nach innen zu wuchern, wo er seine ganze Blattpracht entfaltet, während er außerhalb eher unscheinbar bleibt. Leider fahren ihm die Autos immer wieder die am Klinkerboden kriechenden Ausläufer ab, aber das scheint ihn nicht sonderlich zu stören.

Wer das Gärtnern ernst nimmt, wird seine ausfallenden Haare und abgeschnittenen Zehennägel nicht einfach ›weg‹werfen, sondern sie in die Beete entsorgen. Es ist nichts anderes als das, was man in Form von Hornspänen als Langzeitdünger zu kaufen bekommt.

Die Sache mit der Schmierseife gegen Grauschimmel und Blattläuse habe ich mir schon öfter durch den Kopf gehen lassen und warte nur darauf, daß ich beim nächsten Flohmarkt einen alten blechernen Waschtisch mit emaillierter Waschschüssel finde, um mir schon auf der Terrasse die dreckigen Gartenhände waschen und das Wasser gleich in die Beete kippen zu können.

Daß man Kürbissamen Inga-Maria Richbergs alten Gartenweisheiten zufolge mit menschlichem Urin beizen soll, bevor man ihn aussät, ist zumindest überlegenswert, ebenso wie die Sache mit dem toten Süßwasserfisch unter den Paradeiserstauden.

Was Nicht-Gärtner als Geruchsbelästigung empfinden, zeigt mir an, daß die Brennesseljauche demnächst reif sein wird und über die schon darauf wartenden Kürbisse, den Mangold, die *Brugmansia*, wie die *Datura* seit neuem heißt, und was sonst noch alles auf diesen Düngerschluck wartet, ausgegossen werden kann. Ich bin mit meinem Jauchefaß ohnehin auf die von Familienmitgliedern und Gästen am wenigsten frequentierte Seite des Hauses ausgewichen, dennoch muß ich mir gelegentlich Klagen gefallen lassen, die ich aber höchstens mit einem gelassenen »Aber die Kürbisse essen – das schon!« quittiere.

Gärtnern, das heißt natürlich auch Partei ergreifen. Partei für einen Teil der ›Grünkraft‹, nämlich für den, den man in seinem Garten haben möchte. Es heißt aber auch Partei ergreifen gegen. Zum Beispiel gegen Schnecken, Junikäfer, Werren, Wühlmäuse, Rehe, Lilienhähnchen, Minzkäfer, Ohrenschliefer, gegen die verschiedenen Arten von Mehltau und Rost, aber auch gegen allzu ungestüme Wucherer. Wobei sich das ›Partei ergreifen gegen‹ nicht einmal so sehr gegen die Art als solche richtet, als gegen die Ansprüche, die einzelne Exemplare im Garten geltend machen.

Daß sich in der Natur, die angeblich ständig damit beschäftigt ist, das Gleichgewicht innerhalb ihrer Systeme wiederherzustellen, ohnehin alles einpendelte, wenn man es nur zuließe, ist eine kühne These, für die langfristig einiges zu sprechen scheint. Kurzfristig kann man sich kaum darauf verlassen, und schon gar nicht im Garten, der überhaupt erst durch menschlichen Eingriff entstanden ist.

Der gärtnernde Mensch ist also damit beschäftigt, zumindest eine Art kleines Gleichgewicht in seinem Garten, wenn schon nicht zu schaffen (das ist ihm nicht gegeben), sondern wenigstens entstehen zu lassen. Was das heißt? Daß die Pflanzen, die er nebeneinander sät oder setzt, auch miteinander ›können‹ und sich die Nährstoffe und das Kleinklima so teilen müssen, daß keine die andere im Gedeihen einschränkt und daß die Schädlinge nicht überhandnehmen.

Nachdenkliche Gärtner – und ich behaupte, daß Gärtner von Natur aus nachdenklich sind – haben nach unzähligen Beobachtungen schon ziemlich bald herausgefunden (auch wenn dieses Wissen zeitweise wieder verlorengegangen ist), daß manche Pflanzen einander guttun, während andere sich gegenseitig schaden. Der übergeordnete Begriff dafür lautet ›Mischkultur‹, und in jedem besseren Gartenpraxis-Buch gibt es Tabellen dafür, was sich verträgt und was nicht, daß Karotten Dille lieben, aber auch Mangold, Salbei und Erbsen, um nur ein Beispiel zu geben.

Aber nicht nur, was gleichzeitig auf einem Beet wächst, spielt eine Rolle, sondern auch, was vorher darauf gewachsen ist. So empfiehlt es sich zum Beispiel, nach Kohlrabi Spinat zu säen, nach Starkzehrern Schwachzehrer eben, wie es im Fachjargon heißt.

Wenn man nicht allzu viele Beete hat und dennoch verschiedene Gemüse ziehen will, wird die Zahl der Regeln und Hinweise, die man beachten soll, immer größer. Hinzu kommt die Sache mit dem Mondkalender, der bestimmt, wann man Frucht-, Wurzel-, Blüten- oder Blattpflanzen säen soll.

Irgendwann ist man dann vom vielen Nachschauen ganz verwirrt. In solchen Fällen versuche ich, es so zu machen wie am Computer, indem ich mich der Tastatur im Kopf überlasse, ihr sozusagen vertraue und ›blind‹ zu schreiben beginne. Was aber keinesfalls heißt, daß man keine Fehler mehr macht.

Ich meine damit auch nur, daß man als gärtnernder Mensch seinen Händen trauen lernen soll, die mit zunehmender Erfahrung vieles von sich aus entscheiden. Auch wenn sie nie unfehlbar sein werden, die Fehlerquote wird mit den Jahren deutlich geringer.

Der Vergleich des Gartens mit Kindern (was die Versorgung angeht) ist übertrieben, dennoch gibt es Zeiten, vor allem die erste Wachstumsperiode im Frühjahr, aber auch Zeiten der Trockenheit, in denen der Garten seinen  Menschen nur schwer entbehren kann. Ich versuche seit Jahren, die Termine meiner Lesereisen so zu legen, daß ich im Frühjahr und im Hochsommer nie länger wegbleiben muß. Und ertappe mich dabei, wie ich die abwegigsten Ausreden konstruiere, um höchstens ein paar Tage – eine hilfreiche Nachbarin verhütet das Schlimmste – das morgendliche Gießen, Schneckenjagen und Unkrautrupfen zu versäumen.

Muß ich dennoch länger verreisen, rächt sich der Garten auf seine Weise, indem er gerade dann eine Blume zum ersten Mal blühen läßt, auf deren endliches Aufgehen ich schon Jahre gewartet habe, oder er wuchert dermaßen zu, daß ich bei meiner Rückkehr noch zu jäten beginne, bevor ich die Koffer ausgepackt habe.

Daß Gärtner folgerichtig immer mehr zu Sammlern werden, habe ich bereits angedeutet. Die heimlich von den Feldern geholte Maulwurfserde – heimlich, da jeder Bauer, der einen auf seinem Feld etwas einsacken sieht, und seien es bloß Steine, automatisch die Ohren anlegt – hat sich tatsächlich als Anzuchterde bewährt. Sie ist so gut wie keimfrei, weil sie aus einer Tiefe kommt, in der kaum mehr Keime sind.

Auch das Einsammeln von Roßknödeln ist eine wunderbare Sache. Vor allem von solchen, die schon länger auf einer geschotterten Forststraße gelegen sind, Wind und Wetter ausgesetzt waren und ihre erste Hitze bereits verloren haben. Ich hatte immer Pech mit Paradeisern. Sie wollten einfach nicht ganz so, wie sie sollten, worauf ich sie nur mehr in Töpfen zog, was sie aber auch nicht makellos machte. Bis ich auf die Idee kam, sie auf die Terrasse – einigermaßen geschützt vor Regen oder zu greller Sonne, und doch so warm wie möglich – zu stellen und ihnen einige dieser gerade noch nicht zerfallenen Roßknödeln aufzulegen. Seither gedeihen sie, ihr Laub ist erfrischend grün, und die Früchte sind tiefrot und nicht aufgeplatzt.

Man kann die Sache aber auch übertreiben, indem man das sogenannte ›Wurmgold‹ – den Auswurf der Regenwürmer vor allem nach Regen – löffelweise sammelt und als Dünger für seine Topfpflanzen nutzt.

Was Gärtnern wohl in erster Linie den Vorwurf der Schrulligkeit eingetragen hat, ist das laute Vor-sich-hin-Reden im Garten. Dazu kann ich nur sagen, daß das oft falsch verstanden wird. Es geht nicht darum, auf eine Pflanze einzureden und ihr die Welt erklären zu wollen. Aber so, wie man (bei der Gartenarbeit ist man meist allein, das heißt ohne menschliche Gesellschaft) ja auch mit der Katze, die einem auf Schritt und Tritt folgt, wenn sie Hunger hat, spricht oder mit der jungen Amsel, die – den ersten Regenwurm im Schnabel – stolz vor sich hin ruckert, so kann es auch geschehen, daß man sich mit sprachlichen Mitteln an Pflanzen wendet. Meist sind es Sätze der Bewunderung, der Anerkennung für eine bestimmte Eigenschaft oder Leistung oder des Mißfallens, der Sorge, ja gelegentlich der Drohung, wenn sie diesen Sommer auch nicht blühen würde, käme sie in die Strafkolonie hinterm Haus, die letzte Station vorm Kompost. Sie möge es sich also überlegen.

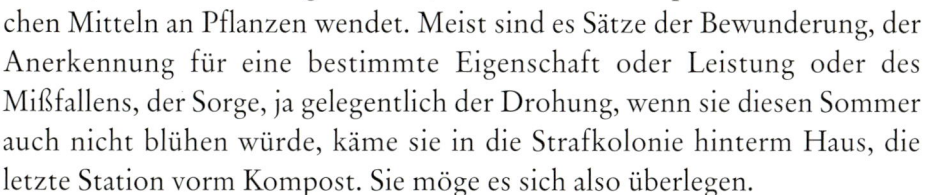

Da Gefühle wesentlich älter sind als der Mensch, ist es durchaus möglich, daß so ursprüngliche Aufwallungen wie Bewunderung, Mißfallen, Drohungen in irgendeiner Form ›rüberkommen‹, und sei es, weil die Stimmung sich in Form von Anziehung oder Abstoßung überträgt. Die ›Laute‹ sind dabei der menschliche Part, da der Mensch das ›sprechende‹ Wesen ist, das seinen Gefühlen auch via Schallwellen Luft macht.

Katzen, mit denen man sehr vertraut ist, versuchen mit den Jahren immer öfter, sich mit Hilfe von Lauten verständlich zu machen. Offensichtlich geht es ihnen dabei um die Situation der Konversation, darum eben, Laute auszutauschen.

Was in den Pflanzen vorgeht, wenn sie menschlichen Kommunikationsversuchen ausgesetzt sind, werden wir nie erfahren. Sie haben kein uns erkennbares Organ, in dem etwas dieser Art ›vorgehen‹ könnte. Dennoch reagieren die meisten von ihnen auf vermehrte Zuwendung oder heilsame Schocks wie seinerzeit mein Akanthus. Das läßt sich mit gutem Gewissen sagen. Ob mit oder ohne lautliche Begleitung.

Was mich angeht, so habe ich schon gelegentlich laut vor mich hin geredet, bevor ich einen Garten hatte. Diesbezüglich habe ich also keinen Ruf zu verlieren. Auch säe ich noch nicht heimlich die Samen von Elfenbeindisteln in fremden Gärten aus wie jene Miss Wilmott. Allerdings pflege ich Akeleiensamen, Vexiernelkensämlinge und kleine Kürbisse als Gastgeschenk mitzubringen.

Der Garten in Jetztzeit

Monsun! Ein exotisches Wort, und doch fiel auch den hiesigen Meteorologen nichts anderes ein, um den verregnetsten Juli seit Jahren zu erklären. Wenigstens ist es jetzt warm geworden.

Wölkchen, die wie Föhn-Wölkchen aussehen, sammeln die aufsteigende Feuchtigkeit ein. Manche liegen quer, in halber Höhe der Berge, wie gegürtete Säbel.

Das Fenster gibt kaum mehr Landschaft frei. Die tiefrosa Pelargonien (diesmal haben wir Österreicher recht: es sind Pelargonien und keine Geranien) nehmen das untere Fensterviertel ein – der wilde Wein, der schon geblüht hat und bereits winzige Beeren ansetzt, das obere, während einzelne Ranken über das ganze Fenster hängen. Die letzte von drei Aloen streckt vom Fensterbrett aus ihre lange orangefarbene Blütenrispe gegenläufig zu den Weinranken in die Höhe.

Vom Tressenstein ist nur die Kontur des Kamms zu sehen, sein ›Kopf‹ sowie der Rötelstein verschwinden hinter dem dichten Laub des Ahorns. Das Dach gegenüber ist noch ganz dunkel vor Nässe.

Auch wenn der große kühle Landregen vorbei ist, gewittert es doch jede Nacht und regnet dann ausgiebig. Was zu den ›Wasserschlürfern‹ gehört, wie die weiße Schneeballhortensie, *Hydrangea arborescens* ›Annabelle‹, gedeiht üppig. An Blattwerk herrscht zur Zeit kein Mangel, das Schattenbeet gleicht tatsächlich einem Dschungel.

Es ist das Jahr des Mohns, besser gesagt des Schlafmohns, der mich nicht nur als ›Mispel‹ hinters Licht geführt hat, sondern auch sonst in alle Beete eingebrochen ist und sich sogar zwischen die Terrassensteine gezwängt hat, wo er allerdings ziemlich schmächtig bleibt.

Ich rede vom Schlafmohn, *Papaver somniferum*, nicht vom Türkenmohn, *Papaver orientale*, der zwar ebenfalls gut gekommen ist an den Stellen, an die ich ihn hingesetzt habe, der aber durch Wurzelstecklinge vermehrt werden muß und sich offenbar nicht selbst aussamt wie der Schlafmohn.

Auch der Türkenmohn blüht in einem zauberhaften Karminrosa, mit dunklem Grund, doch neigt er dazu, in sein ursprüngliches Mohnrot zurückzufallen, indem er ein oder zwei Blütenstengel in dieser Farbe dazwischen legt. Es wirkt eher bizarr, und ich schneide jene Stengel für die Vase ab.

148 Ähnlich verhält sich der weiße Sonnenhut, *Echinacea purpurea* ›White

Swan‹, den ich vor Jahren in ein eigenes Beet gepflanzt habe. Er blüht zwar vorwiegend weiß, doch regredieren einzelne Blütenstengel und röten sich wie die übliche Form *Echinacea purpurea*.

Der mehrjährige gelbe Scheinmohn, *Meconopsis cambrica*, im Steingarten wird von Jahr zu Jahr üppiger. Man muß seine abgeblühten, länglichen, kleinen Samenkapseln mitsamt den Stielen (bis zur nächsten Blattachsel) immer gleich abschneiden, dann schiebt er wochenlang zarte gelbe Blüten nach, die es auch schon gab, als die wunderblumenblaue *Aquilegia alpina* noch blühte und ihn sozusagen umrahmte. Jetzt mildert ein cremefarbenes spanisches Löwenmaul, *Antirrhinum glutinosum*, sein intensives Gelb.

Im Gegensatz zu 1996 ist 1998 kein Iris-Jahr. Manche der Zwerge faulten des anhaltenden Regens wegen sogar in ihren gut drainierten, mit Kies ausgelegten Töpfen. Geblüht hat von den Kleinen nur ›Gingerbread Man‹, und auch die hohen *Iris barbata elatior*, die ich allerdings fast alle im Vorjahr geteilt und deren Rhizome ich neu gelegt hatte, gaben sich unlustig und blühfaul. Und denen, die doch blühten, zermatschte der Regen die Dom- und Hängeblätter.

Selbst die Lilien zieren sich, und wenn sie blühen, sind ihre Kelche schon als Knospen benagt worden, so daß sie quasi mit Löchern zur Welt kommen. Und das, obwohl ich mittlerweile Lilienhähnchen nicht nur mit der Hand fange, sondern sie mit derselben auch zerquetsche. Nur *Lilium regale*, die königliche, die schon seit Jahren im Beet wächst, blüht in der gewohnten Pracht. Ihr makelloser Anblick läßt mich Hoffnung für künftige Lilienjahre schöpfen.

Für die Iris und wahrscheinlich auch für die Lilien kam die erste Trockenperiode im Mai zu früh. Noch dazu war ich gerade in dieser Zeit zwei Wochen auf Lesereise. Und als sie es dann gerne heiß gehabt hätten, ab Anfang Juli, regnete es wochenlang, mit Höchsttemperaturen von maximal 15°. Das halten nur die Wilden und Halbwilden aus.

Die mexikanische rosa Nachtkerze, *Oenothera speciosa*, die ich im Vorjahr in mehreren Exemplaren selbst gezogen habe und von der auf der amerikanischen Packung stand, daß sie besonders trockenheitsverträglich wäre, hat den anhaltenden Regen bestens überstanden und öffnet an vielen Stellen, sei's im Topf oder im Beet, ihre aus der Ferne hellrosa wirkenden Blüten von ungefähr 6 Zentimetern Durchmesser.

Schaut man sie sich genauer an, ist der Grund weiß mit karminroten Äderchen und der Schlund gelb mit grünlicher Zeichnung. Eine wunderhübsche

Blüte, wenn man sie unmittelbar vor sich hat. Aus der Entfernung hat sie dann etwas ungemein Leichtes, Schwebendes, wenn ihre zarten Köpfe sich so über dem tiefgrünen, gezähnten Laub wiegen, besonders in einem der runden Beete, in dem gerade ein kleiner Oleander im Topf, *Nerium oleander* ›Laurier Rose‹, seine dunkelrot-weiß gestreiften Blüten öffnet, für die die zarte Farbe der Nachtkerzen als wellenförmige Untermalung dient.

Ab einer gewissen Anzahl von Pflanzen findet sich zum Glück immer etwas, das von extremer Witterung profitiert oder sie zumindest nicht übelnimmt. So haben sich die beiden Akebien, *Akebia quinata*, gut erholt, die ich im Februar bestellt hatte und die noch im Keller zu blühen anfingen, worauf ich sie zu früh ans Spalier vor der Terrasse setzte. Ein heftiger Spätfrost hat sie wieder an den Start zurückgeschickt. Beinahe all ihre Blätter, von den braunroten kleinen Blütenhütchen ganz zu schweigen, waren bis an den Stamm zurückgefroren, und die beiden leicht verholzten Strünke sahen tatsächlich traurig aus.

Jetzt, nachdem der Juli zu zwei Dritteln vorüber ist, turnt das eine der beiden Exemplare bereits in einer Höhe von 1,80 Meter herum.

Auch die Blutbuchenhecke war noch nie so üppig, und einige der Taglilien werde ich im Herbst versetzen müssen, da die Bluthaseln dermaßen zugelegt haben, daß sie den Taglilien zuwenig Licht lassen. Diesmal hat der weibliche Busch eine ganze Reihe von Haselnüssen angesetzt, auf die ich mich jetzt schon freue. Wobei nicht sicher ist, ob mir die Eichhörnchen bei der Ernte nicht zuvorkommen werden.

Der Phlox, *Phlox maculata* ›Natascha‹, hat ebenfalls aus dem Regen Nutzen gezogen, und der rosafarbene, der meist als erster blüht, hat seine stark duf-

tenden, kleinen Blüten geöffnet, die nicht nur einen weißen Schlund, sondern auch eine weiße Rückseite haben. Der violette und der weiße brauchen wohl noch ein Weilchen, doch selbst ihre Horste werden von Jahr zu Jahr stattlicher, nur sind sie nicht ganz so robust wie der rosafarbene.

Kein Wind und kein Wetter, aber auch keins der naturschonenden Schädlingsmittel hilft gegen die Ohrenschliefer, die seit Jahren die Knospen meiner dunkelblauen Clematis ›The President‹ und die der altrosafarbenen ›Comtesse de Bouchard‹ zernagen. Sie werden in vielen Gartenbüchern als

Nützlinge beschrieben, aber ich habe sie nur als ›Kettensägen-Massaker‹-Spezialisten erlebt.

So übernachten sie mit Vorliebe in den jungen Blattrosetten der Engelstrompete, *Brugmansia*, und ihre Tücke liegt darin, daß sie eben diese jungen Blätter, aber auch die Blütenknospen der Clematen, in einem sehr frühen Stadium anfressen und daß dann die Löcher mitwachsen und zusammen mit dem Blatt oder der Blüte immer größer werden. Aus der *Brugmansia* schüttle ich sie jeden Morgen mit Lust heraus, aber offenbar sind sie Nachtfresser und haben das Buffet längst geplündert.

Am ehesten hilft noch eine verdünnte Brühe aus angesetztem Kippen-Tabak, die ihnen die jeweilige Pflanze zumindest ein bißchen vermiest, aber da ich kein Rezept dafür kenne, bin ich bei der Dosierung wahrscheinlich zu zögerlich. Schließlich weiß man nie, was man mit Gift sonst noch anrichtet. Mein Mann aber ist mit Feuereifer dabei, Papier und Filter von seinen Zigarettenstummeln zu entfernen und die dunkelbraunen Fäden in Wasser einzuweichen. Endlich ist die Raucherei auch zu etwas gut.

Die Silberdistel, *Carlina acaulis* ssp. *simplex*, im Steingarten – vor zwei Jahren aus Samen gezogen – hatte erstmals zur Blüte angesetzt. Es ist eine hochstielige Sorte, keine flachliegende wie die, die hier auf südseitigen Wiesenhängen wächst. Und wurde – die Spuren sind unverkennbar – von einer Schnecke gefällt, die nicht einmal saubere Arbeit geleistet hat, denn der Blütenwipfel hängt noch schlapp an einigen Fasern. Ich tobe ein Weilchen herum und schneide ihn dann mit derselben scharfen Metallschere ab, mit der ich den Rückennerv der überhandnehmenden Nacktschnecken zu durchtrennen pflege. Dabei kommen mir die Bilder eines Films über Afrika in den Sinn, die mich noch immer mit blankem Entsetzen erfüllen: Eingeborene, die mit Dreschflegeln auf Heuschreckenschwärme losgehen. Aber es ist die einzig saubere, ökologische Methode. Noch gibt es keine Heuschrecke, die gegen einen Dreschflegel resistent geworden wäre.

Viele der Blütenpflanzen haben ihren Auftritt bereits hinter sich. Die beiden Diptams, der rosafarbene und der weiße, haben ihn mit Bravour hingelegt, auch die beiden Akanthen, *Acanthus spinosus*, haben die schönsten weiß-lila-violetten Kerzen aufgesteckt, und ihr Laub ist dermaßen pompös, daß einem klar wird, warum es die alten Griechen zu ihren Kapitellen inspiriert hat.

Die über zwei Meter hohen, beinah schwarz blühenden Stockrosen, *Alcea ficifolia*, an der Hauswand sind während meiner damaligen Abwesenheit von der ersten Trockenperiode voll erwischt worden. Ihre Blätter haben so starken Rost, daß ich sie der Reihe nach abschneiden muß. Die Nachtfarbe ihrer Blüten aber ist beeindruckend.

Die Rosen waren – wie immer – eine besondere Veranstaltung. Der Regen hat wohl auch einen Großteil der Junikäfer ›verjaucht‹. Selbst wenn die Rosenblütenblätter des öfteren verklebt waren, tat das wenig Abbruch: was der Wind rechtzeitig trocknete, öffnete dennoch seine gerüschten Blüten auf unnachahmlich altmodische Art und duftete, daß einem die Sinne zu schwinden drohten.

Die Spätblüher sind, bis auf ein paar Lilien, von der eher robusten Art. Wie zum Beispiel die Dahlien, bei denen die Schwierigkeit eigentlich nur darin besteht, sie – von Schnecken unzerkaut – bis zu einer gewissen Höhe anzutreiben. Als Pflanzen selbst sind sie, wenn man die Knollen im Keller gut über den Winter bringt, ziemlich problemlos.

Ich gebe zu, daß Dahlien keineswegs Gegenstand meiner Leidenschaft sind, doch blühen sie zu einer Zeit, in der die Auswahl an Blühendem nicht mehr allzu groß ist, und meine purpurfarbene ›Mystery Day‹ mit den weißen Spitzen wird von Besuchern sehr bewundert.

Dahlien, Phlox, Oleander, Sonnenblumen, Kugeldisteln, Malven (vor allem Präriemalven, *Sidalcea* ›Rosy Gem‹) sind die Sommerblumen, die im Juli und manchmal noch im August blühen. Danach kommen noch die Fetthennen und Astern, Herbstanemonen und Krötenlilien. Aber ab einem gewissen Zeitpunkt im September dominieren dann die Büsche und Bäume mit ihrem gelben, roten und purpurfarbenen Laub und lenken mit großer Geste von all dem zu Tode Geblühten in den Beeten ab.

Bis dahin aber gilt es, die Blüher zu hegen, sie anzuschauen und an ihnen zu riechen, solange ihr Duft als Rauschmittel noch nicht entdeckt und verboten ist.

Wen der Garten mit Vielfalt verwöhnt, der sehnt sich nach immer Vielfältigerem.

So entstehen auch gewisse Moden, die sich oft nicht als ›tragbar‹ erweisen. Mein Mann bevorzugte eine Zeitlang Hochstämmchen. Ich setzte also ein Weidenhochstämmchen und ein Lärchenhochstämmchen, bekam an

Geburtstagen Rosenhochstämmchen oder Anisodontea, zog einen Trompetenbaum, *Catalpa bignonioides*, als Hochstämmchen, ebenso einen Oleander.

Von all den Hochstämmchen existiert nur mehr das Lärchenhochstämmchen, und auch das übersteht die hiesigen Winter erst aufrecht, seit ich ihm ein kleines Häuschen aus Brettern habe zimmern lassen.

Das hier ist, wie es scheint, keine Gegend für Hochstämmchen. Entweder sprengt der nasse Frühjahrsschnee ihre Kronen, wenn sie schon ausgetrieben haben, oder die Rehe benagen sie, solange sie ihnen noch nicht davongewachsen sind. Ich weiß auch nicht warum, aber Hochstämmchen kommen insgesamt mit der Kälte weniger gut zurecht, denn obwohl mir noch nie ein Rosenbusch erfroren ist, hat das Rosenhochstämmchen den Winter 95/96 nicht überlebt.

Eine andere Modeerscheinung sind panaschierte Pflanzen, das heißt Pflanzen, deren grüne Blätter weiß gestreift oder geflammt sind, was sehr ansprechend aussehen kann, doch sind Pflanzensorten mit panaschiertem Laub meist ein wenig zickig und haben es schwerer als die Art.

Als ich panaschierten Beinwell, *Symphytum*, in der Gärtnerei entdeckte, mußte ich ihn sofort haben. Aber während der normale Beinwell oder Comfrey wie Unkraut wuchert und immer wieder bis auf den Boden zurückgeschnitten werden muß, damit er nicht alles überschattet, kümmerte die panaschierte Form zwei Jahre lang im Beet und wurde von den Schnecken so niedrig gehalten, daß ich sie unter all den anderen Pflanzen kaum mehr zu Gesicht bekam.

In diesem Frühjahr übersiedelte ich dann den panaschierten Beinwell in einen Topf und stellte ihn, für Schnecken so gut wie unerreichbar, auf die Terrasse. Aber da bohrte ihm ein anderer Schädling, den ich nicht entdecken konnte, stecknadelstichgroße Löcher in die Blätter, deren Ränder sich auch noch frühzeitig braun verfärbten, so hübsch sie bis dahin auch ausgesehen haben mögen.

Iris pallida aureovariegata mit panaschierten Blattschwertern, die ich voriges Jahr als blühende gekauft hatte, kam dieses Jahr erst gar nicht wieder, obgleich keine Pflanze in dem großen Topf zu fehlen schien. Vielleicht sind auch nur ihre Blätter nicht mehr grüngelblich. Ich hoffe, daß ich nächstes Jahr mehr wissen werde.

Der panaschierte Hartriegel, *Cornus alba* ›Argenteomarginata‹, ist der trockenheitsempfindlichste Strauch im Garten und mag seinen Nachbarn, den Schneeball, *Viburnum opulus* ›Roseum‹, so wenig, daß er sich weit von ihm wegdrehte und ich ihn versetzen mußte, was ihn wiederum um Jahre zurückwarf.

Selbst der panaschierte Giersch – so wird Unkraut zur Zierpflanze – brauchte drei Jahre, bis er das kleine Beet hinter der Efeuwand ausfüllte und nun tatsächlich das Auge erfreut.

Einzig ein panaschiertes Salomonssiegel, *Polygonatum multiflorum*, hält allen Anfechtungen stand und ist noch immer unversehrt. Nach all den mühseligen Erfahrungen hat sich meine Vorliebe für panaschiertes Laub merklich abgeschwächt.

Was mich nun seit so vielen Jahren am Garten – als Idee und als Lebenswirklichkeit – festhalten läßt, ist das Moment der ständigen Veränderung. Die Sämlinge von heute werden demnächst blühen, und was heute blüht, besteht über kurz oder lang nur mehr aus welken Blättern. Pflanzen finden sich, bilden farbliche Kompositionen der wunderbarsten Art oder stechen sich gegenseitig aus, umschlingen oder erwürgen einander.

Der Garten als lebendiger Anblick steht dem Stilleben diametral gegenüber, ein Verhältnis wie das von Bewegung und Stillstand. Insofern ist ein Garten zwar nichts für Puristen und Ordnungsfanatiker, aber sehr wohl etwas für Zwanghafte. Ich weiß, wovon ich rede. Meine eigene Zwanghaftigkeit kommt dem Garten zugute, wenn ich Abgeblühtes abzupfen muß oder nicht Erledigtes eben doch erledige. Aber ich kann gut mit seinen Wucherungen leben und habe mit Reduktionismus nichts am Hut.

Ich kenne Menschen, die ihren Garten, das heißt, was das Haus von ihrem Grundstück übriggelassen hat, der Geometrie unterwerfen und alles aus ihm herausschneiden, was diesem geometrischen Muster zuwiderläuft. Sind sie strenger Observanz, dulden sie auch nur heimische Gewächse (oder solche, die sie als heimische kennen) und Pflanzen, die sich mit den Gegebenheiten

›abfinden‹, keinen Dünger brauchen und außer der Schere keine Pflege. Die Frage ist nur, ob eine Ansammlung von funktionellen Gewächsen dieser Art überhaupt noch als Garten anzusprechen ist.

Für mich darf ein Garten mehr als bloß dürfen, denn ich erwarte mir von ihm, daß er mich überwältigt. Überwältigt mit der Vielfalt seiner Formen, seiner Farben, seiner Düfte und mit all den Veränderungen, die in seiner Natur liegen. Nur dann bleibt mein Interesse an ihm so wach, daß ich alles für ihn tue, was er mir abverlangt.

Wenn ich an einem der nicht allzu häufigen, wirklich warmen Sommer-
abende auf der Terrasse sitze und mein Blick mit dem Garten verschmilzt,
während ich die einzelnen Düfte, die von da oder dort her meine Nase streifen, noch unterscheide, dann bilde ich mir ein, in diesem Garten eine Art ge-
meinsames Werk zu erkennen, das der Garten sich durch mich hat einfallen
lassen, während ich mir über ihn so meine Gedanken gemacht habe.

Und ich finde wieder einmal bestätigt, was ich zu Beginn dieses Buches
vermutet habe: der Garten sucht sich seinen Gärtner oder seine Gärtnerin –
während unsereins nur bemüht ist, ihn seine Möglichkeiten leben und bis an
seine Grenzen gehen zu lassen.

Register der zitierten Bücher

Marianne Beuchert: Symbolik der Pflanzen. Von Akelei bis Zypresse, Frankfurt/M.
und Leipzig 1995.

Richard Bird: Lilien. Ein illustriertes Handbuch zur Bestimmung und Zucht, Köln
1997.

Rudolf Borchardt: Der leidenschaftliche Gärtner, Frankfurt/M. 1992.

Karel Čapek: Das Jahr des Gärtners, Frankfurt/M. 1986.

Beth Chatto: Im grünen Reich der Stauden. Der neue englische Staudengarten, Stuttgart 1991.

Jürgen Dahl: Nachrichten aus dem Garten. Praktisches, Nachdenkliches und Wider-
setzliches – Aus einem Garten für alle Gärten, München 1989.

Ders.: Neue Nachrichten aus dem Garten, München 1990.

Ders.: Zeit im Garten, Hamburg 1991.

Bernd Dittrich: Duftpflanzen für Garten, Balkon und Terrasse, München, Wien,
Zürich 1992.

Elisabeth de Lestrieux: Der Kürbis und alles, was in ihm steckt, Köln 1997.

Margery Fish: Blumen für jeden Tag, Köln 1992.

Hermann Hesse: Stunden im Garten, Frankfurt/M. 1957.

Stephen Lacey: Der duftende Garten, Köln 1992.

Roy Lancaster: Gartenpflanzen für Kenner, Stuttgart 1991.

Russell Page: Ich schuf Gärten in aller Welt. Der Werdegang eines Gärtners, Köln
1992.

Roger Philipps und Nicky Foy: Kräuter, München 1991.

Karl Heinz Reger: Hildegard Medizin, München 1984.

Inga-Maria Richberg: Altes Gärtnerwissen wiederentdeckt. Naturgemäß und erfolgreich gärtnern mit dem Erfahrungsschatz vergangener Zeiten, München 1997.

Vita Sackville-West: Aus meinem Garten, Frankfurt/M. und Berlin 1992.

Elmar Stamm: Erfolgreiches Gärtnern auf Hochbeeten. Ein erprobter Weg zur
Gemüse-Selbstversorgung durch verbesserte Kompostierungsmethoden, Berlin
und Hamburg 1986.

Martha Stewarts Blühender Garten, Köln 1992.

Wolf-Dieter Storl: Der Garten als Mikrokosmos. Biologische Naturgeheimnisse als
Weg zur besseren Ernte, Freiburg i. Br. 1982.

Ders.: Pflanzendivas. Die Göttin und ihre Pflanzenengel. Heilkunde, Kulturge-
schichte, Mythologie und Religion der Völker, Aarau 1997.

Ders.: Heilkräuter und Zauberpflanzen zwischen Haustür und Gartentor, Aarau
1996.

Abbildungsverzeichnis

Inhalt

ISBN 3-351-02861-X

4. Auflage 1999
© Aufbau-Verlag GmbH, Berlin 1999
Einbandgestaltung Ute Henkel / Torsten Lemme
Repro LVD GmbH, Berlin
Druck und Binden G. Canale & C.
Printed in Italy

Joel Osteen
Du schaffst das!

Über den Autor

Joel Osteen ist seit 1999 Hauptpastor der Lakewood Church in Houston, Texas. Diese ist derzeit Nordamerikas größte Gemeinde. Osteen ist mit Victoria verheiratet, die selbst gelegentlich in der Gemeinde predigt, normalerweise aber die Frauenarbeit betreut. Victoria und Joel haben zwei Kinder, Jonathan und Alexandra.

Von Joel Osteen auf Deutsch ebenfalls lieferbar:

„Guten Morgen!" (Andachtsbuch) und „Ganz einfach glücklich!".

JOEL OSTEEN

Du schaffst das!

Wie Sie das Beste
aus Ihrem Leben machen

Aus dem Amerikanischen von Eva-Maria Nietzke

Dieses Buch ist einer besonderen Frau gewidmet: Dodie Osteen, die ihr 81. Lebensjahr erreicht hat. Ihre Liebe, Freundlichkeit, Großzügigkeit und ihr fester Glaube haben nicht nur mich, sondern unzählige Menschen weltweit inspiriert. Ich liebe sie sehr und bin stolz, sie meine Mutter zu nennen.

INHALT

EINLEITUNG

In Ihnen steckt ein Gewinner. Sie wurden dazu geschaffen, erfolgreich zu sein, Ihre Ziele zu erreichen und in Ihrer Generation Spuren zu hinterlassen. Sie haben Größe in sich. Nun geht es darum, den Schlüssel zu finden, um sie zu verwirklichen.

In diesem Buch habe ich acht Grundsätze entwickelt, die Ihnen helfen können, Ihr Potenzial zu erreichen, um der Mensch zu werden, als der Sie geschaffen wurden. Ich habe gesehen, wie diese Grundsätze in meinem eigenen Leben und im Leben vieler anderer funktionieren.

Allzu oft hindern wir uns daran, Gottes Bestes für uns zu erreichen. Wir lassen zu, dass Zweifel, Ängste und entmutigende Aussagen anderer uns begrenzen und dafür sorgen, dass wir den Status Quo beibehalten. Negative Stimmen sind stets die lautesten.

Aus diesem Grund habe ich diesem Buch den Titel *Du schaffst das!* gegeben. Sie besitzen das, was Sie zum Gewinnen brauchen. Sie verfügen über genügend Talente. Sie haben die richtige Persönlichkeit und das richtige Aussehen. Sie haben die richtige Staatsangehörigkeit. Sie wurden nicht übers Ohr gehauen! Sie sind nicht mangelhaft. Sie sind vollständig ausgerüstet. Sie sind der Mann oder die Frau für diesen Job.

Dies ist Ihre Zeit, dies ist Ihr Moment. Straffen Sie die Schultern und heben Sie den Kopf. Gehen Sie zuversichtlich voran. Der Sieg ist in Ihre DNA eingeschrieben und kann Wirklichkeit werden! Vielleicht haben Sie in der Vergangenheit schon Siege erlebt, doch das Beste liegt noch vor Ihnen.

Wenn Sie diese Grundsätze beherzigen, werden Sie eine neue Ebene Ihrer Bestimmung erreichen. Sie werden Talente entdecken, von denen Sie bisher nichts ahnten, und Sie werden Gottes Segen und seine Gnade auf erstaunliche Weise erfahren.

Seien Sie bereit! Sie können und Sie werden das schaffen!

KAPITEL 1

Behalten Sie Ihre Vision im Blick

Ein junger Mann träumte davon, Schauspieler zu werden. In den frühen Achtzigern hatte er nicht die großen Rollen bekommen, die er sich wünschte. Pleite und entmutigt fuhr er mit seinem verbeulten, alten Auto auf einen Hügel, von dem aus er die Stadt Los Angeles überblicken konnte. Dann tat er etwas Ungewöhnliches. Er schrieb auf seinen Namen einen Scheck über zehn Millionen Dollar für „Schauspielleistungen" aus.

Der junge Mann war in ärmlichen Verhältnissen aufgewachsen, seine Familie musste zeitweise in einem VW-Bus wohnen. Er steckte den Scheck in seine Brieftasche und ließ ihn dort. Wenn er besonders schwierige Zeiten durchmachte, zog er den Scheck hervor und betrachtete ihn, um sich an seinen Traum zu erinnern.

> Nehmen Sie ein Symbol als Erinnerung für Ihren Traum

Rund zwölf Jahre später verdiente dieser junge Mann, der Schauspieler Jim Carrey, 15 bis 25 Millionen Dollar pro Film.

Untersuchungen haben ergeben, dass wir uns auf das zubewegen, was wir ständig sehen. Wir sollten etwas im Auge behalten, auch wenn es nur symbolisch ist, um uns daran zu erinnern, woran wir glauben.

Ein Geschäftsmann, den ich traf, hatte das Ziel, ein neues Büro für sein Unternehmen zu bauen. Er kaufte einen Ziegelstein von der Sorte, die er für den Bau dieses Gebäudes verwenden wollte. Er bewahrt diesen Ziegelstein auf seinem Schreibtisch auf.

Jedes Mal, wenn er ihn sieht, geht er einen weiteren Schritt auf sein Ziel zu. Der Stein erinnert ihn an seine Träume. Wenn Sie ledig sind und heiraten möchten, dann stellen Sie ein leeres Fotoalbum auf Ihren Tisch. Dort hinein werden Sie später Ihre

Hochzeitsfotos kleben. Wenn Sie das Album sehen, gehen Sie darauf zu.

Vielleicht erreichen Sie Ihr größtes Potenzial nicht, weil Sie nicht die richtigen Dinge im Blick haben – nicht etwa, weil es Ihnen an Glauben, Talent oder Entschlossenheit fehlte. Sie könnten in Ihrer Wohnung überall Bilder anbringen, die Sie inspirieren, Bibelverse, die Sie ermutigen, Gedächtnisstützen, die Ihren Glauben stärken. Es könnte zum Beispiel ein Schlüssel an Ihrem Schlüsselbund für das neue Haus sein, das Sie kaufen wollen.

Wenn jemand fragt: „Wofür ist dieser Schlüssel?", dann können Sie antworten: „Das ist der Schlüssel für das Haus, das auf dem Weg ist."

GOTT WIRD ZU ENDE FÜHREN, WAS ER BEGONNEN HAT

In der Bibel wird von Serubbabel berichtet, der den Tempel wieder aufbauen wollte. Er legte das Fundament, doch dann hinderten ihn die Feinde Judas daran weiterzumachen. Zehn Jahre lang standen die Arbeiten still. Eines Tages kam der Prophet Sacharja und sagte etwas Interessantes zu Serubbabel: „Bringe den Schlussstein an!" Der Schlussstein oder Giebelstein war der Stein, der als letzter zur Vollendung eines Bauwerks reserviert wurde. Er war ein Symbol für das fertiggestellte Werk.

Warum war es für Serubbabel wichtig, den Schlussstein im Auge zu behalten? Jedes Mal, wenn er darauf blickte, erinnerte er sich daran, dass Gott vollenden würde, was er begonnen hatte.

Wenn Serubbabel entmutigt und müde war und dachte, dass es unmöglich sei, den Job zu Ende zu bringen, dann konnte er auf den Schlussstein blicken. Gott sagte gewissermaßen: „Ich habe alles unter Kontrolle, ich werde die Sache zu Ende bringen, du musst mir nur glauben!"

Darf ich Sie fragen: Haben Sie einen Schlussstein vor Augen? Gibt es etwas, was das letzte Stück zur Erfüllung Ihrer Träume repräsentiert? Mein Schwager Kevin ist ein Zwilling. Als Kind fand er es wundervoll, mit einer Zwillingsschwester aufzuwachsen. Er träumte immer davon, selbst Zwillinge zu haben. Er und meine Schwester Lisa versuchten lange Zeit erfolglos, ein Baby zu bekommen. Lisa machte sämtliche Fruchtbarkeitsbehandlungen durch, darunter mehrere Operationen, doch ohne Ergebnis.

Irgendwann waren sie völlig entmutigt; es sah nicht so aus, als ob sie je auch nur ein Baby haben würden. Eines Tages ging Kevin zum Briefkasten und fand dort ein kleines Paket vor. Die Rücksendeadresse gab Aufschluss über den Absender: Das Paket kam von Pampers. Er öffnete es und fand zwei Windeln darin. Pampers versandte damals Muster ihrer Windeln als Werbung.

Kevin hätte das Paket wegwerfen und denken können: „Ich brauche keine Windeln – wir haben keine Kinder." Doch als er die beiden Windeln sah, wurde etwas in seinem Innern lebendig. Er nahm es als ein Zeichen von Gott. Dies war sein Schlussstein. Er rannte ins Haus und sagte zu Lisa: „Wir haben gerade die Windeln für unsere Babys bekommen."

Er notierte das Datum auf den Windeln und legte sie auf seinen Schreibtisch. Monat für Monat sah er die Windeln: Morgens vor dem Aufbruch zur Arbeit, am Nachmittag beim Heimkommen und abends vor dem Schlafengehen. Wenn wir etwas lange genug sehen, dringt es in unser Unterbewusstsein ein und nimmt schließlich Platz in unserer Seele. Dann wissen wir, dass es passieren wird.

Einige Jahre später erhielten Kevin und Lisa einen Anruf. Sie wurden gefragt, ob sie daran interessiert wären, ein Baby zu adoptieren. Sie sagten begeistert zu. Dann sagte die Frau am Ende der Leitung: „Wie wäre es mit zwei Babys? Es geht um zwei Zwillingsmädchen, die in Kürze zur Welt kommen." Heute haben Kevin und Lisa ihre Zwillinge. Mittlerweile sind die Beiden zu hübschen Teenagern herangewachsen.

BEHALTEN SIE IHRE VISION IM BLICK

Glauben Sie daran, dass Sie ein Kind bekommen werden? Gehen Sie und kaufen Sie einen Strampelanzug, hängen Sie ihn an Ihren Kleiderschrank, wo Sie ihn jeden Tag sehen können. Behalten Sie Ihre Vision im Auge. Eine Bekannte von mir, die sich ein Kind wünschte, dekorierte ein Kinderzimmer, kaufte das Gitterbettchen und den Kinderwagen und investierte viel Zeit, Geld und Energie in ihren Traum.

Ihre Freunde hielten sie für etwas verrückt, denn schließlich war kein Baby unterwegs. Doch sie hatte folgendes Prinzip begriffen: Wir bewegen uns auf das zu, was wir im Auge behalten. Ein Jahr verging, doch kein Baby kam. Zwei Jahre – und immer noch kein Baby. Fünf Jahre. Zehn Jahre.

Sie verlor nicht den Mut. Sie dankte Gott immer noch dafür, dass ein Baby unterwegs war. Jedes Mal, wenn sie am Kinderzimmer vorbeikam, wuchs der Samen. Es sah nicht so aus, als ob irgendetwas geschehen würde, doch sie ging weiter darauf zu. Zwanzig Jahre später hatte sie nicht ein Baby, sondern zwei. Der Kinderwagen war zu klein. Das Bett war nicht mehr zeitgemäß. Es war ihr egal. Sie hatte ihre Babys!

Gibt es etwas, was Sie täglich sehen und was Sie an das erinnert, worauf Sie warten? Etwas, das Sie inspiriert und Ihren Glauben neu entfacht? In der Bibel lesen wir: „Wenn keine Offenbarung (keine Vision) da ist, verwildert ein Volk" (Sprüche 29,18; ELB). Ohne Vision treten wir auf der Stelle. Aus diesem Grund haben viele Menschen ihre Begeisterung verloren. Sie haben nichts, was sie an ihre Träume erinnert. Wenn Sie davon träumen, in ein schöneres Haus zu ziehen, dann suchen Sie das Bild eines Hauses, das Ihnen gefällt, und kleben Sie es an Ihren Badezimmerspiegel. Lassen Sie den Samen in Sie eindringen.

Wenn Sie davon träumen, ein bestimmtes College zu besuchen, dann kaufen Sie das T-Shirt der Schule und tragen Sie es. Stellen Sie die Tasse mit dem Logo der Schule auf Ihren Schreibtisch. Jedes Mal, wenn Sie das Bild, den Strampelanzug, dieses T-Shirt sehen, sagen Sie flüsternd: „Danke, Herr, dass du meine Träume erfüllen wirst. Danke, Herr, dass ich all das werde, wozu du mich geschaffen hast."

Ich habe das von meinem Vater gelernt. Er und meine Mutter gründeten 1959 die Gemeinde *Lakewood Church* in einem alten, heruntergekommenen Futterspeicher. Die Gemeinde bestand aus rund 90 Mitgliedern. Wissen Sie, wie mein Vater sie nannte? *Lakewood International Outreach Center.*

Ein großes blaues Schild war außen angebracht. Das Schild kostete mehr als das ganze Gebäude. In Wirklichkeit war es kein internationales Zentrum, sondern nur eine kleine Nachbarschaftsgemeinde. Doch jedes Mal, wenn mein Vater zur Gemeinde fuhr und das Schild sah, wurde seine Vision verstärkt. Er ging darauf zu.

Als die 90 Mitglieder Woche für Woche das Schild sahen, geschah etwas in ihrem Innern. Samen von Wachstum keimten auf. Wie steht es heute mit *Lakewood Church*? Die Gemeinde ist ein internationales *Outreach-Center* geworden, das weltweit Menschen berührt. Als Kind hatte mein Vater auf seinem Schreibtisch zu Hause immer einen Globus stehen. In der alten Gemeinde hing eine große Weltkarte an der Wand. Wenn er sprach, stand immer ein Globus hinter ihm. Er hatte stets die Welt im Auge. In einem bestimmten Jahr kamen Besucher aus 150 Ländern zu einer Konferenz. Es sah aus wie bei den Vereinten Nationen.

Wir bewegen uns auf das zu, was wir im Blick haben.

HABEN SIE EINEN KÜHNEN GLAUBEN

Begnügen Sie sich nicht mit einer kleinen Vision. Sie bringen Gott nicht in Verlegenheit, wenn Sie kühn glauben. Das Gegenteil ist der Fall. Wenn Sie daran glauben, große Dinge zu verwirklichen, wenn Sie daran glauben, eine neue Ebene für Ihre Familie zu erreichen, dann gefällt das Gott.

Lösen Sie sich von den menschlichen Begrenzungen und sagen Sie: „Ich sehe keine Möglichkeit, aber Herr, ich weiß, dass du den Weg kennst, also glaube ich daran, dass ich diese Zwillinge haben werde. Ich glaube daran, dass ich ein Unternehmen beginnen kann, das einen Einfluss auf die Welt hat. Ich glaube daran, dass meine ganze Familie dir dienen wird. Ich glaube, dass ich wieder ganz gesund werde."

Wenn Sie auf große, kühne Weise glauben, dann hat Gott daran Gefallen. Mein Vater hätte einfach ein Schild *Lakewood Community Church* anbringen können. Das wäre in Ordnung gewesen, doch Gott hatte etwas Größeres in sein Herz gelegt. Er hätte die Umstände betrachten können: „Wir sind nur 90 Leute. Wir haben nicht viel Geld. Wir haben kein schönes Gebäude. Wir werden nie etwas Großes tun." Wenn er so gehandelt hätte, wäre die Gemeinde nicht das, was sie heute ist.

> Die äußeren Umstände spielen keine Rolle für Gottes Handeln

Es spielt keine Rolle, wie die natürliche Situation aussieht: Gott ist übernatürlich. Er ist nicht durch unsere Ressourcen, unser Umfeld, unsere Bildung oder unsere Nationalität begrenzt. Wenn wir eine große Vision haben, dann wird Gott nicht nur tun, wovon wir träumen, er wird sogar mehr tun, als wir erbitten oder uns vorstellen können.

Einige Jahre, nachdem mein Vater gestorben war und ich Pastor der Gemeinde wurde, hatte ich den Wunsch, ein Buch zu schreiben. Mein Vater hatte viele Bücher geschrieben, die alle ins Spanische übersetzt worden waren. Auf dem Bücherregal, an dem ich zu Hause täglich vorbeigehe, standen zwei Ausgaben seines erfolgreichsten Buches: eine spanische und eine englische Ausgabe. Ich behielt die beiden Bücher im Auge und wusste, dass ich eines Tages, zum richtigen Zeitpunkt, ein eigenes Buch schreiben würde. Ich träumte davon, dass auch mein Buch ins Spanische übersetzt werden würde.

Ich hielt das damals für sehr gewagt. Ich konnte mir nicht vorstellen, dass ich Pastor werden, und noch weniger, dass ich ein Buch schreiben könnte. Mein Glaube wurde geprüft. Ein Jahr verging, kein Buch. Zwei Jahre, drei Jahre, vier Jahre. Ich hätte meine Begeisterung verlieren und denken können, dass es nie passieren würde. Doch die Bücher meines Vaters standen an jenem strategischen Platz auf dem Bücherregal.

Jedes Mal, wenn ich mein Zimmer verließ, musste in an diesen beiden Büchern vorbeigehen. Ich sah sie tausende Male. Ich habe nicht jedes Mal bewusst an sie gedacht, doch selbst im Unterbewusstsein ging ich auf das Ziel zu, mein eigenes Buch zu schreiben. Mein Glaube wurde aktiv. In meinem Innern spürte ich ganz deutlich: Eines Tages werde ich ein Buch schreiben.

2004 war es dann so weit: Ich schrieb mein erstes Buch mit dem Titel *Lebe jetzt! Beginnen Sie heute Ihr bestes Leben!*. Als der Verleger das Manuskript las, beschloss er, es zugleich auf Englisch und Spanisch herauszugeben. Normalerweise wartet ein Verlag erst einmal ab, wie viele Bücher in der Originalsprache gekauft werden. Doch so handelt Gott. Sein Traum für unser Leben ist größer als unser eigener Traum.

GOTT WIRD IHREN TRAUM ÜBERTREFFEN

Ich habe entdeckt, dass Gott unsere Träume – egal, wie sie aussehen – übertrifft. Er wird mehr tun, als wir erbitten oder erdenken. Mein Traum sah so aus, dass mein Buch gut genug beim Publikum ankäme, um es ins Spanische übersetzen zu lassen. Doch es wurde sogar ins Französische, Russische, Suaheli, Portugiesische und mehr als 40 weitere Sprachen übersetzt.

Wenn Sie Ihren Traum im Auge behalten und nicht zulassen, dass er Ihnen von anderen ausgeredet wird, wenn Sie weiterhin Gott ehren, Ihr Bestes geben und ihm dafür danken, dass die Erfüllung bereits auf dem Weg ist, dann wird Gott das, worauf Sie glaubensvoll warten, noch übertreffen. Er wird weit über das hinaus handeln, was Sie sich vorstellen können.

Vor einigen Jahren las ich einen Zeitungsartikel über einen Mann, der einer Universität 100 Millionen Dollar gespendet hatte. Ich schnitt den Artikel aus und legte ihn auf meinen Schreibtisch. Jedes Mal, wenn ich ihn sehe, sage ich: „Herr, es konnte für eine Universität geschehen, du kannst es auch für einen christlichen Dienst möglich machen."

> Sie brauchen Gott nicht, um kleine Träume zu erfüllen

Ich habe einen großen Traum. Mit 100 Millionen Dollar könnten wir so viele Menschen erreichen. Wenn Sie Ihre Träume aus eigener Kraft, mit Ihren Talenten, Fähigkeiten und Ressourcen erfüllen können, dann sind Ihre Träume zu klein. Sie brauchen Gott nicht, um kleine Träume zu erfüllen. Haben Sie einen großen Glauben! Ihre Bestimmung ist zu groß, Ihre Aufgabe zu wichtig, um sich mit kleinen Zielen, kleinen Träumen, kleinen Gebeten zufrieden zu geben.

Haben Sie große Dinge im Blick. Ein Freund von mir ernährt 1 000 000 Kinder täglich. Er und seine Frau unterstützen Waisenhäuser und Ernährungsprogramme. Das behalte ich im Auge. „Herr, du hast es für sie getan, du kannst es auch für uns tun. Hilf unserer Familie, Millionen von Kindern zu berühren."

In unserer Küche zu Hause hängen einige Fotos von Kindern an der Wand, die wir mit unserer Partnerorganisation *World Vision* finanziell unterstützen. Jedes Mal, wenn wir uns zum Essen an den Tisch setzen oder an den Fotos vorbeigehen, sagen wir: „Herr, hilf uns, einen noch größeren Unterschied zu machen."

Wir gehen darauf zu. Sie sagen vielleicht: „Weißt du, Joel, ich kann mir einfach nicht vorstellen, dass ich so etwas erlebe. Ich kann mir nicht vorstellen, einen solchen Segen zu erfahren." Keine Sorge – es wird nicht passieren. Wenn Sie keinen solchen Traum haben, wird er nicht eintreffen. Ohne Vision werden Sie Gottes Bestes nicht sehen. Sie werden nicht der Gewinner sein, der Sie nach seinem Willen sein könnten.

NUTZEN SIE IHRE VORSTELLUNGSKRAFT

Ich weiß, dass manche Dinge sehr unwahrscheinlich und beinahe unerreichbar aussehen, doch sagen Sie niemals: „Ich kann es mir einfach nicht vorstellen." Wenn Sie jemanden sehen, der richtig fit und kraftvoll aussieht und Sie selbst versuchen, Ihren Körper wieder in Form zu bringen, dann denken Sie vielleicht: „Ich kann mir nicht vorstellen, je so auszusehen wie diese Person."

Vielleicht fahren Sie an einem hübschen Haus vorbei und denken: „Ich kann mir nicht vorstellen, je in diesem Viertel zu wohnen." Oder vielleicht haben Sie gedacht: „Ich kann mir nicht vorstellen, je ein publizierbares Buch zu schreiben." Oder: „Ich kann mir nicht vorstellen, je ein eigenes Unternehmen zu haben." Oder: „Ich kann mir nicht vorstellen, je so erfolgreich zu sein."

Das Problem ist: Sie begrenzen sich selbst durch Ihre eigene Vorstellung. Sie müssen Ihre Sichtweise ändern. Lassen Sie nicht zu, dass sich negative Bilder in Ihre Vorstellung drängen. Nutzen Sie Ihre Vorstellungskraft, um folgende Bilder zu sehen: Sie selbst, wie Sie Ihre Träume erfüllen, höher hinaufreichen, Hindernisse überwinden, wie Sie gesund, stark, gesegnet und blühend sind.

Ich sage dies in aller Demut: Ich kann mir heute vorstellen, dass meine Bücher in sämtliche Sprachen der Welt übersetzt werden, und ich kann mir vorstellen, wie uns jemand jenen 100-Millionen-Dollar-Scheck in die Hand drückt. Ich kann mir vorstellen, eine Million Kinder täglich zu ernähren. Ich kann mir vorstellen, ein langes, gesundes Leben zu leben. Ich kann mir vorstellen, wie meine Kinder alles übertreffen, was wir getan haben.

Und nicht nur das: Ich kann mir auch vorstellen, wie Sie Ihre Träume erfüllen. Ich kann mir vorstellen, dass Sie keine Schulden mehr haben. Ich kann mir vorstellen, dass Sie gesund und kräftig sind. Ich kann mir vorstellen, dass Sie Ihr eigenes Unternehmen leiten. Ich kann mir vorstellen, dass Sie für diese Welt ein Segen sind, dass Sie Geschichte schreiben, dass Sie höhere Maßstäbe für Ihre Familie setzen. Nun fordere ich Sie auf, sich diese Dinge nicht nur vorzustellen, sondern etwas im Auge zu behalten, das Sie daran erinnert.

Ich kenne einen Mann aus unserer Gemeinde, der im Öl-geschäft tätig ist. Er begann sein eigenes Unternehmen mit nur einem Assistenten. Er hat sich auf Ölbohrungen spezialisiert und stellt die Mannschaft und die Ausrüstung zur Verfügung. Das Unternehmen wuchs stetig. Er selbst verbringt seine Zeit damit, umherzureisen und die verschiedenen Bohrstätten zu besuchen.

Eines Tages sah er, wie die Angestellten eines Konkurrenz-unternehmens in ihr eigenes Flugzeug stiegen. Sie konnten sich viel schneller fortbewegen als er und ihre Arbeit in einem Bruchteil der Zeit erledigen. Und so gab Gott ihm den Traum ins Herz, ein eigenes Flugzeug zu besitzen. Die Erfüllung dieses Traums schien weit entfernt zu sein. Er war in einer Familie auf-gewachsen, die sich finanziell nur mühsam über Wasser halten konnte. Als erfolgreicher Unternehmer hatte er bereits mit der Familientradition gebrochen.

Als seine Familie ihn von einem eigenen Flugzeug reden hör-te, reagierte sie, als ob er den Verstand verloren hätte. Sie konn-ten sich die Sache überhaupt nicht vorstellen – er schon! Es kann vorkommen, dass Ihre eigene Familie Sie am wenigsten ermu-tigt. Dann müssen Sie auf das hören, was Gott Ihnen sagt, und nicht auf das, was andere sagen. Die meisten Menschen ver-suchen, uns unsere Träume auszureden.

Mein Freund machte sich auf und kaufte das Modell des Flug-zeugs, von dem er träumte. Er stellte es auf seinen Schreibtisch. Wenn jemand sein Büro betrat, wurde er gefragt: „Was bedeu-tet dieses Flugzeug auf Ihrem Schreibtisch?" Und er sagte jedes Mal: „Das ist mein Flugzeug. Darin werde ich durch die Staaten reisen."

Jahr für Jahr behielt er dieses Flugzeug im Auge. Eines Tages kam der Chef des Konkurrenzunternehmens, dessen Flugzeug er damals gesehen hatte, in sein Büro. Der ältere Herr sagte: „Ich gehe in Rente. Ich würde Ihnen gern mein Flugzeug verkaufen."

Er besaß ein großes, wundervolles Flugzeug, in dem zwölf Leute Platz hatten. Mein Freund konnte es sich nicht leisten. Er hatte stets gehofft, ein kleines, gebrauchtes Flugzeug mit zwei Sitzen zu kaufen. Er sagte: „Ich weiß Ihr Angebot zu schätzen, aber leider verfüge ich nicht über die nötigen Mittel."

Sein Konkurrent sagte: „Natürlich haben Sie die Mittel. Sie brauchen keine einmalige Summe zu zahlen, sondern Sie übernehmen meine monatlichen Ausgaben, und das Flugzeug gehört Ihnen."

> Ohne Vision sterben unsere Träume

Mein Freund bekam dieses große, tolle Flugzeug für einen Bruchteil seines Werts, und heute fliegt er damit rund um den Globus. Sein Unternehmen hat kräftig zugelegt. Er sagte: „Joel, Gott hat mehr getan, als ich mir je hätte träumen lassen."

Wenn Sie Ihren Traum im Auge behalten, wird Ihr Glaube freigesetzt. Deshalb benutzt die Bibel eine so scharfe Sprache, wenn sie sagt, dass ein Volk ohne Vision umkommt. Ohne Vision sterben unsere Träume. Wenn wir nicht sehen, was Gott in unser Herz gelegt hat, dann werden wir an den unglaublichen Dingen, die Gott tun will, vorbeigehen.

Vielleicht brauchen Sie kein Flugzeug, aber möglicherweise müssten Sie zehn Kilo abnehmen. Warum kleben Sie nicht ein Foto von Ihnen an den Badezimmerspiegel, auf dem Sie zehn Kilo leichter sind? Wenn Sie das Foto sehen, sollten Sie nicht bedrückt sein und denken: „Wie gern würde ich noch so aussehen. Wie schade, dass ich nicht mehr in dieses Kleid passe."

Sagen Sie stattdessen: „Danke, Herr, dass ich abnehmen werde. Ich bin gesund, heil, stark, in Form, energiegeladen und attraktiv." Lassen Sie dieses neue Bild in Ihrem Innern Fuß fassen.

Vielleicht sind Sie heute nicht gesund, aber Sie sollten etwas im Auge behalten, das Ihnen verdeutlicht, dass Sie gesund sein werden. Stellen Sie im ganzen Haus Fotos von sich auf, als Sie gesund und stark waren. Bringen Sie Bibelverse sichtbar an. Planen Sie eine Reise, um Ihre Familie zu besuchen. Sehen Sie sich nach einem Fitnessstudio um.

Lassen Sie nicht zu, dass Sie ans Sterben denken. Wir brauchen Sie, also planen Sie zu leben! Behalten Sie die richtige Vision im Auge. Sie können und Sie werden es schaffen!

In der Bibel lesen wir von Gottes Versprechen an Abraham, dass er der Vater einer großen Nation werden würde. Menschlich gesehen war das unmöglich. Abraham hatte keine Kinder. Er war 80 Jahre alt. Doch Gott gab ihm nicht nur die Verheißung, er gab ihm auch ein Bild, das er anschauen konnte.

Gott sagte: „Abraham, geh hinaus und sieh dir die Sterne an – so viele Nachkommen wirst du haben." Ich habe gelesen, dass wir mit bloßem Auge 6000 Sterne sehen können. Es ist kein Zufall, dass es in der Heiligen Schrift 6000 Verheißungen gibt. Gott sagte gewissermaßen: „Ich werde jedes Versprechen, für das du eine Vision hast, zur Erfüllung bringen."

Gott forderte ihn auch auf, sich die Sandkörner am Meeresufer anzuschauen, um zu sehen, wie viele Nachkommen er haben würde. Warum gab Gott Abraham dieses Bild? Er wusste, dass Zeiten kommen würden, in denen die Erfüllung der

Verheißung weit entfernt scheinen und Abraham versucht sein würde, entmutigt aufzugeben.

In solchen Zeiten konnte Abraham nachts den Sternenhimmel betrachten und seinem Glauben neue Nahrung geben. Er würde innerlich wissen: „Es wird geschehen. Ich kann es sehen."

Wenn er morgens aufwachte und dachte: „Du bist zu alt, du hast Gott falsch verstanden", konnte er zum Strand gehen und die Sandkörner betrachten, um seinen Glauben neu anzufachen.

Auch uns wird es so gehen: Es wird Zeiten geben, in denen es so aussieht, als ob unsere Träume niemals wahr würden. Es dauert so lange. Der Arztbericht sieht nicht gut aus. Die Ressourcen fehlen. Die Geschäfte laufen nicht richtig. Wir könnten leicht aufgeben.

Doch wie Abraham müssen wir zu unserem Bild zurückkehren. Wir müssen unseren Traum im Auge behalten. Der Schlüssel Ihres neuen Hauses, der Strampelanzug für Ihr Baby, die Tennisschuhe für die Zeit, wenn Sie wieder fit sein werden, der Bilderrahmen für das Foto Ihres zukünftigen Ehepartners, der Artikel, der Sie zum Bau eines Waisenhauses inspiriert – all diese Dinge, die Ihren Traum repräsentieren, werden Sie ermutigen.

Gott sagt Ihnen, was er Abraham sagte: „Wenn du es sehen kannst, dann kann ich es tun. Wenn du eine Vision hast, kann ich den Weg bahnen. Ich kann neue Türen öffnen. Ich kann die richtigen Menschen schicken. Ich kann dir die finanziellen Mittel geben. Ich kann die Ketten sprengen, die dich zurückhalten."

IHRE TRÄUME WERDEN GESTALT ANNEHMEN

Ich hörte von einem Mann namens Conrad Hilton. Er war der Gründer der Hotelkette „Hilton". Als junger Mann in den 1930er-Jahren las er einen Artikel über das „Waldorf Astoria Hotel" in New York City. Im Titel war zu lesen, dass es das berühmteste Hotel der Welt sei, und große, wunderschöne Fotos schmückten den Bericht.

Conrad Hilton hatte nie etwas so Beeindruckendes gesehen wie dieses Hotel. Es war so groß, so prachtvoll. Während er den Artikel las, legte Gott ihm den Traum ins Herz, eines Tages der Besitzer dieses Hotels zu sein. Natürlich schien das völlig unmöglich. Conrad Hilton konnte kaum seine Miete bezahlen. Er hatte keinerlei Verbindungen. Die Wirtschaftskrise ging gerade zu Ende.

Dieser Mann hätte sagen können: „Herr, du hast dich in der Person geirrt." Stattdessen ließ er den Samen in seinem Innern wachsen. Er schnitt das Foto des großen, prachtvollen Waldorf Hotels aus und legte es unter eine Glasplatte auf seinem Schreibtisch. Täglich sah er das Foto, ein Jahr lang, zwei Jahre, fünf Jahre, zehn Jahre.

Es sah nicht so aus, als ob sich sein Traum erfüllen würde. Doch er behielt die Vision im Auge. Als er nach New York City fuhr, wanderte er um das „Waldorf Astoria Hotel" herum und betete. Er dankte Gott dafür, dass es ihm gehörte – doch er erzählte niemandem davon. Er ließ einfach den Traum in sich reifen.

18 Jahre später konnte sein Unternehmen beinahe 250 000 Anteile an der Gesellschaft übernehmen, und damit wurde er der

Eigentümer des berühmtesten Hotels der Welt. Liebe Freunde, Sie bewegen sich auf das zu, was Sie im Auge behalten!

Vielleicht meinen Sie, es sei zu spät – Ihre Träume sind zu groß, die Hindernisse unüberwindbar – doch Gott sitzt noch immer auf dem Thron. Er hat noch immer alle Möglichkeiten, Ihre Träume zu verwirklichen. Wie bei Conrad Hilton wird Gott auch in Ihrem Leben etwas Großes tun. Er wird seine Gunst auf neue Weise zeigen.

Was Sie für aus und vorbei hielten, wird noch eintreffen. Wenn es unmöglich aussieht, einfach zu hoch für Sie, wird Gott plötzlich dafür sorgen, dass Dinge Gestalt annehmen, er wird Ihnen Gunst, Einfluss und Beziehungen schenken.

> Gott hat Millionen von Möglichkeiten, Ihre Träume zu verwirklichen

Hören Sie nicht auf zu glauben. Jedes Mal, wenn Sie Ihren Traum sehen, bewegen Sie sich darauf zu. Danken Sie Gott dafür, dass die Erfüllung bereits auf dem Weg ist. Wenn Sie das tun, wird Gott Ihren Traum noch übertreffen. Er wird Sie noch schneller noch weiter bringen, Türen öffnen, die niemand schließen kann, und Dinge vollbringen, die die Medizin nicht tun kann.

Ich glaube fest daran, dass jeder Traum, jede Verheißung und jedes Ziel, das Gott in Ihr Herz gelegt hat, von ihm erfüllt werden wird.

KAPITEL 2

Laufen Sie Ihren Lauf

Es wird immer Menschen geben, die versuchen, uns in ihre Form zu pressen. Sie wollen uns dahin bringen, so zu werden, wie es ihren Vorstellungen entspricht. Es können durchaus gute Menschen sein, die es gut meinen – doch sie sind es nicht, die uns den Lebensatem eingehaucht haben. Sie haben uns nicht ausgerüstet oder bevollmächtigt. Gott hat das getan.

Wenn Sie der Gewinner werden wollen, als den Gott Sie geschaffen hat, brauchen Sie Unerschrockenheit. Die zweite Charaktereigenschaft eines Gewinners ist die, Ihren Lauf so zu laufen, wie Sie es wollen.

Sie sollten nicht verunsichert sein und sich darüber Sorgen machen, was die anderen denken. Sie können nicht jedermann zufriedenstellen. Wenn Sie sich bei jeder Kritik ändern und bei anderen lieb Kind machen – darum bemüht, ihre Gunst zu gewinnen – dann werden Sie Ihr Leben so leben, dass andere Sie manipulieren und in ihre Form pressen.

Sie müssen die Tatsache akzeptieren, dass Sie nicht alle Menschen zufriedenstellen können. Sie können nicht bewirken, dass alle Sie mögen. Sie werden nicht jeden, der Sie kritisiert, für sich gewinnen können. Selbst wenn Sie sich verändern und alles tun, was die anderen von Ihnen erwarten, wird es

> Hören Sie auf, jedem gefallen zu wollen

noch immer Menschen geben, die etwas auszusetzen haben. Sie werden nie wirklich frei sein, bevor Sie nicht aufhören, jedem gefallen zu wollen. Sie sollten freundlich und respektvoll sein, aber Sie sollten nicht dafür leben, anderen zu gefallen – Sie leben, um Gott zu gefallen.

Jeden Morgen, wenn Sie aufstehen, sollten Sie in Ihrem Herzen nachforschen: Bin ich wirklich die Person, zu der Gott mich bestimmt hat? Wenn Sie dies tief in Ihrem Innern wissen, dann brauchen Sie nicht nach links und rechts zu schauen. Sie können sich ganz auf Ihre Ziele konzentrieren.

Wenn andere Menschen Sie nicht verstehen, ist das in Ordnung. Wenn manche sich darüber ärgern, dass Sie nicht in ihre Form passen, machen Sie sich keine Sorgen. Wenn Sie eine Freundschaft verlieren, weil Sie nicht zulassen, dass diese Person Sie kontrolliert, dann brauchten Sie sie ohnehin nicht. Dies war kein echter Freund.

Wenn Leute über Sie reden, eifersüchtig und kritisch sind und versuchen, Sie schlecht dastehen zu lassen, dann lassen Sie sich davon nicht beeindrucken. Sie brauchen die Anerkennung der anderen nicht, wenn Sie Gottes Anerkennung haben.

Wenn Sie sich davon freimachen, was andere denken, und beginnen, die Person zu sein, als die Gott Sie geschaffen hat, werden Sie eine neue Ebene erreichen. Wir verbringen viel zu viel Zeit damit, andere zu beeindrucken, ihre Anerkennung zu gewinnen, darüber nachzudenken, was sie von uns denken, wenn wir jenen Job annehmen oder ein neues Outfit tragen oder in ein anderes Stadtviertel umziehen.

Anstatt unseren eigenen Lauf zu laufen, treffen wir oft Entscheidungen, die sich auf oberflächliche Dinge gründen. Neulich hörte ich jemanden Folgendes sagen: Mit 20 fragen wir uns, was alle anderen über uns denken. Mit 40 ist es uns egal, was die anderen über uns denken. Mit 60 wird uns bewusst, dass niemand über uns nachdachte.

SEIEN SIE DEM BILD TREU,
DAS GOTT VON IHNEN HAT

Ich las einmal einen interessanten Bericht einer Kranken-
schwester, die sich um sterbende Patienten kümmert. Sie fragte
Hunderte von ihnen, was sie am meisten bereuten. Die häufigs-
te Antwort lautete: „Ich wünschte, ich wäre mir selbst treu geblieben, statt dafür zu leben, die Erwartungen anderer zu erfüllen."

Wie viele Menschen sind sich heute selbst nicht treu, weil sie
befürchten, jemanden zu enttäuschen, die Gunst anderer zu verlieren oder nicht angenommen zu werden? Ich sage dies mit allem Respekt, aber Sie können nicht das Leben leben, das Gott
für Sie vorgesehen hat, wenn Sie versuchen, so zu sein, wie Ihre
Eltern, Ihre Freunde oder Ihr Chef Sie haben wollen. Sie müssen
dem Bild treu sein, das Gott von Ihnen hat.

Als mein Vater starb, musste ich akzeptieren, dass meine Le-
bensbestimmung nicht mit der meines Vaters übereinstimm-
te. Seine Berufung bestand darin, die konfessionellen Mauern
zwischen christlichen Gemeinden überwinden zu helfen, und er
reiste durch die Welt, um den Menschen von der Fülle des Heiligen Geistes zu predigen.

Als ich das Amt des Pastors in unserer Gemeinde übernahm,
spürte ich den Druck, wie mein Vater sein zu müssen, mich
in dieselbe Form pressen zu lassen. Ich dachte, ich müsste wie er predigen und die Gemeinde leiten und den gleichen Weg be-
schreiten. Doch als ich wirklich in mein
Innerstes hineinhorchte, wusste ich, dass

> Gott will nicht, dass Sie
> die Kopie eines anderen
> Menschen sind

meine Berufung eine andere war: Ich würde Samen der Hoffnung säen, Menschen ermutigen, ihnen die Güte Gottes verkünden.

Es war ein innerer Kampf für mich, denn ich liebte meinen Vater. Einige Leute besuchten die Gemeinde seit 40 Jahren. Ich dachte: „Ich kann es nicht anders machen. Was würden die Leute denken? Sie werden mich womöglich nicht akzeptieren, sie werden mich nicht mögen." Doch eines Tages las ich in der Bibel diesen Vers: „David … diente den Menschen seiner Zeit nach Gottes Willen" (Apostelgeschichte 13,36).

Ich hörte Gottes Stimme in meinem Herzen: „Joel, dein Vater hat seinen Zweck erfüllt. Versuche nicht länger, so zu sein wie er und erfülle *deinen* Dienst." Es war, als hätte jemand das Licht angeschaltet. Mir wurde klar: „Ich muss nicht wie mein Vater sein. Ich muss mich nicht in eine Form pressen lassen. Es ist in Ordnung, meinen eigenen Lauf zu laufen. Ich bin frei, ich selbst zu sein."

Gott will nicht, dass Sie die Kopie eines anderen Menschen sind. Sie sollen das Original sein, als das er Sie geschaffen hat. Ihr Leben besitzt Salbung und Bevollmächtigung – nicht, um jemand anderer zu sein, sondern Sie selbst! Wenn Sie zulassen, dass Menschen Sie in ihre Form pressen und Sie geben dem Druck nach und versuchen, Ihren Kritikern zu gefallen, dann entledigen Sie sich nicht nur Ihrer Einzigartigkeit, sondern Sie schmälern auch die Gunst, die Gott auf Ihr Leben legen möchte.

Als unsere Gemeinde wuchs und immer mehr Leute zuschauten, kamen die Kritiker aus dem Gebüsch. Sie sagten: „Er ist nicht wie sein Vater. Er hat nicht seine Erfahrung. Er ist zu jung."

Auch jetzt sagen manche noch: „Er ist zu sehr dies und zu wenig das …" Wenn Sie auf jede Kritik hören, werden Sie keine

Chance haben. Ich glaube, einer der Gründe, warum Gott mich gefördert hat, ist der, dass ich die negativen Stimmen ausgeblendet und mein Bestes gegeben habe, um dem Bild zu entsprechen, das Gott von mir hat.

Ich blicke nicht nach rechts oder links. Ich laufe meinen Lauf. Ich versuche nicht, mit irgendjemandem im Wettbewerb zu stehen. Ich lasse mich nicht von anderen kontrollieren oder lasse Schuldgefühle zu, weil ich nicht ihren Erwartungen entspreche. Ich ärgere mich nicht, wenn man negativ über mich spricht. Ich schaue nach vorn und laufe „wie einer, der das Ziel erreichen will", wie Paulus es ausdrückt (1. Korinther 9,26).

DAS ZIEL IM BLICK HABEN

Ich habe schon früh gelernt, dass ich einige Leute enttäuschen muss, um Gott zu gefallen. Es gab mehrere Personen, die schon sehr lange Mitglieder der Gemeinde waren und auch langjährige Freunde der Familie, die sich darüber aufregten, dass ich nicht genauso wie mein Vater war. Ich ließ mich nicht in ihre Form pressen, und diese Leute verließen schließlich die Gemeinde.

Das war nicht leicht für mich. Ich hätte mir ihre Zustimmung gewünscht. Doch wenn ich zurückblicke, wird mir klar, dass ich heute nicht da wäre, wo ich bin, wenn ich mich damals den Vorstellungen dieser Leute gefügt hätte.

Die Bibel spricht von Leuten, die mehr die Anerkennung der Menschen als die Anerkennung Gottes suchen. Eine der Prüfungen, die wir alle durchstehen müssen, ist die: Jemand, den wir respektieren und zu dem wir aufschauen – unser Chef, ein Freund, ein Kollege, ein Verwandter – will uns in eine bestimmte Richtung lenken, doch wir wissen tief in unserem Herzen, dass wir einen anderen Weg einschlagen sollten.

Wir wollen die Gefühle der anderen nicht verletzen. Wir wollen ihre Freundschaft nicht verlieren. Wir möchten ihre Zustimmung. Aber wenn wir unserer Bestimmung nachkommen wollen, müssen wir stark sein. Wir müssen diese Einstellung haben: „Das Lob Gottes ist mir wichtiger als das Lob der Menschen. Ich habe eine Aufgabe. Ich habe ein Ziel. Ich will die Person werden, die Gott im Blick hatte, als er mich erschuf."

Ich habe folgende Erfahrung gemacht: Wenn wir Gott gefallen und dem, was er uns ins Herz gelegt hat, treu bleiben, werden wir letztlich auch die Anerkennung der Menschen erfahren; Gottes Gunst, seine Salbung, sein Segen werden uns dahin bringen, Hervorragendes zu leisten.

Vielleicht verlieren wir anfangs einige Freunde. Manche werden nicht verstehen, warum wir nicht ihrem Rat folgen. Sie meinen wahrscheinlich, dass wir einen Fehler machen, doch später werden sie sehen, dass wir in der Fülle unserer Bestimmung leben.

Wir werden neue Möglichkeiten, neue Beziehungen sehen. Gottes Gunst über unserem Leben wird zunehmen, wenn wir aufhören, uns darüber Sorgen zu machen, was alle anderen denken und das tun, was Gott in unser Herz gelegt hat.

Jeder hat eine Meinung. Die Leute wollen uns sagen, wie wir unser Leben zu führen haben. Sie haben Ansichten darüber, wie wir uns anziehen, welches Auto wir fahren, wie wir unser Geld ausgeben und wie wir unsere Kinder erziehen sollten.

Wenn Sie versuchen, es allen recht zu machen, kann ich Ihnen mit hundertprozentiger Sicherheit vorhersagen, was geschehen wird: Sie werden durcheinander und frustriert sein. Ihr Leben wird erbärmlich sein.

Ich lebe nach dem Motto: Jeder hat das Recht auf seine Meinung, und ich habe jedes Recht, nicht darauf zu hören. Wenn das, was andere sagen, nicht mit dem übereinstimmt, was Gott in Ihr Herz gelegt hat, dann lassen Sie es zu einem Ohr hinein- und zum anderen wieder herausgehen.

Es gibt eine Geschichte über einen Mann, der in einen Brunnen fiel. Mehrere Leute kamen vorbei und gaben ihren Kommentar ab.

Der Pharisäer sagte: „Sie sind selbst schuld, dass Sie in diesem Brunnen sind."

Der Katholik sagte: „Sie müssen leiden, während Sie in dem Brunnen sind."

Der Baptist sagte: „Wenn Sie gerettet wären, wären Sie nicht in den Brunnen gefallen."

Der Charismatiker sagte: „Erklären Sie einfach, dass Sie nicht im Brunnen sind."

Der Mathematiker sagte: „Lassen Sie mich ausrechnen, wie Sie in den Brunnen gefallen sind."

Der Finanzbeamte sagte: „Haben Sie für den Brunnen Steuer gezahlt?"

Der Optimist sagte: „Es könnte schlimmer sein."

Der Pessimist sagte: „Es wird noch schlimmer kommen."

Jeder hat seine Sicht. Wenn Sie versuchen, jedermann zufriedenzustellen, dann werden Sie derjenige sein, der unglücklich ist. Manchmal sind diejenigen, die Ihnen sagen, wie Sie Ihr

Leben leben sollen, unfähig, ihr eigenes Leben zu organisieren. Wie sollten sie dann in der Lage sein, ein anderes Leben zu planen?

Es ist in Ordnung, sich Meinungen anzuhören. Es ist gut, Rat zu beherzigen. Aber es ist wichtig, dass wir in der Identität ruhen, die Gott uns geschenkt hat; wenn dann ein Rat oder eine Meinung nicht mit dem übereinstimmt, wovon wir innerlich überzeugt sind, dann müssen wir den Mut haben zu sagen: „Danke, ich schätze deinen Rat und ich respektiere deine Meinung, aber ich sehe die Sache anders."

Wir sollten uns besonders vor Menschen in Acht nehmen, die sehr anspruchsvoll und aufmerksamkeitsbedürftig sind. Es ist beinahe unmöglich, solche Personen zufriedenzustellen. Man muss sich ihrem Zeitplan anpassen, sie bei Laune halten, ihre Fehler ausbügeln und ihre Erwartungen erfüllen. Ansonsten sind sie verärgert und enttäuscht. Und sie werden alles daran setzen, Schuldgefühle in uns zu wecken.

Solche Menschen haben in der Regel eine starke Kontrolltendenz. Wenn wir nicht aufpassen, werden sie uns in ihre Form pressen. Sie interessieren sich nicht für uns, sondern dafür, was wir für sie tun können.

Wenn wir in die Falle tappen, ihnen gefallen zu wollen, werden wir viel Kraft lassen und ständig frustriert sein. Vor einigen Jahren wollte ich einem befreundeten Ehepaar helfen, das in eine andere Stadt zog. Ich gab ihnen Geld für den Umzug, ich rief sie an und erkundigte mich, ob sie noch etwas brauchten. Ich war ständig für sie verfügbar.

Und doch hatte ich das Gefühl, dass ich nie genug tun konnte. Sie waren einfach nie zufrieden und hatten immer etwas, über das sie sich beschwerten. Ich hatte mein Bestes gegeben, um freundlich und großzügig zu sein, doch sie fanden ständig einen Grund, sich zu beklagen und mir Schuldgefühle zu vermitteln.

Eines Tages erkannte ich, dass sie übermäßig anspruchsvolle, aufmerksamkeitsbedürftige Personen sind und dass es nicht meine Aufgabe ist, sie glücklich zu machen. Ich konnte auch nichts tun, damit sie mit mir zufrieden waren. Ich hatte meinen Lauf zu laufen und durfte nicht zulassen, dass sie mir meine Freude rauben. Der Tag, als mir dies klar wurde, war ein großartiger Tag!

Ihre Zeit ist zu kostbar, um sich darum zu sorgen, jeden zufriedenzustellen und allen zu gefallen. Ich kenne Menschen, die mehr Zeit damit zubringen, sich zu fragen, was andere von ihnen denken, als sich auf ihre eigenen Träume und Ziele zu konzentrieren. Machen Sie sich davon frei!

Wenn Sie etwas Großes im Leben vollbringen möchten – ein großartiger Lehrer, ein großartiger Geschäftsmann, ein großartiger Athlet, ein großartiger Vater/eine großartige Mutter oder ein großer Gewinner sein – dann wird nicht jeder Sie dabei unterstützen. Ich würde Ihnen gern sagen, dass Ihre gesamte Familie und alle Freunde und Kollegen Sie feiern werden, aber leider stimmt das nicht.

Einige werden nicht in der Lage sein, mit Ihrem Erfolg umzugehen. Wenn Sie noch so wären wie vor zehn Jahren, dann hätten diese Personen kein Problem mit Ihnen. Doch wenn Sie Erfolg haben, wenn Gott seine Gunst über Sie ausschüttet, werden einige eifersüchtig sein und Fehler finden.

Seien Sie nicht überrascht, wenn jemand aus Ihrer Familie oder Verwandtschaft versucht, Sie in ein schlechtes Licht zu stellen, herabzusetzen oder links liegen zu lassen. Vielleicht wird ein Freund, mit dem Sie sich jahrelang gut verstanden haben, Sie nicht verstehen. Lassen Sie diese Dinge an sich abprallen. Wenn Sie das nicht tun, werden Sie sich verändern, in die Defensive gehen und glauben, dass Sie den anderen etwas beweisen müssen. Doch genau dann haben Sie zugelassen, dass die anderen Sie in Ihre Form gepresst haben.

Ihre Bestimmung ist zu großartig, um davon abgelenkt zu werden, indem Sie sich bemühen, Menschen zu überzeugen, die nie auf Ihrer Seite stehen werden. Nehmen Sie das nicht persönlich. Es geht nicht um Sie. Es geht um die Gunst Gottes für Ihr Leben. Sie bewirkt bei manchen Menschen Eifersucht.

Wenn diese Menschen nicht selbst daran arbeiten, können Sie nichts daran ändern. Lassen Sie sich nicht davon abhalten und laufen Sie Ihren Lauf, denn egal, wie sehr Sie sich um diese Personen bemühen, sie werden immer etwas zu bemängeln finden. Wie sehr Sie sich auch anstrengen, ihnen gegenüber freundlich zu sein, sie werden immer Gründe finden, Sie zu kritisieren.

Ich liebe die Geschichte eines alten Großvaters vom Lande, der eines Tages seinen Enkelsohn mit einem Esel in die Stadt brachte. Zunächst ließ er den Jungen auf dem Esel reiten und ging selbst daneben her. Dann kam jemand vorbei und sagte: „Schaut euch nur diesen selbstsüchtigen Jungen an, der den alten Mann laufen lässt."

Der Großvater hörte das und nahm den Jungen herunter. Dann setzte er sich auf den Esel und ließ den Jungen nebenher laufen. Wieder kam jemand vorbei und sagte: „Schaut euch diesen Mann an, der den kleinen Jungen zu Fuß gehen lässt, während er auf dem Esel reitet."

Als er das hörte, nahm der Großvater den Jungen und setzte ihn vor sich auf den Sattel. Wenige Minuten später kam jemand vorbei und sagte: „Wie grausam Sie sind, diesem Esel eine so schwere Last zuzumuten."

Als sie schließlich in der Stadt ankamen, trugen der Großvater und sein Enkel den Esel!

Die Pointe lautet: Egal, was wir tun, wir werden nie alle anderen zufriedenstellen. Wir sollten akzeptieren, dass auch dann, wenn wir unser Bestes geben, einige noch Kritik üben werden, und das ist in Ordnung. Jeder hat ein Recht auf seine Meinung, und wir haben das Recht, die Meinung der anderen zu ignorieren.

ÜBERNEHMEN SIE DIE KONTROLLE ÜBER IHR GLÜCK

Viel zu viele Menschen opfern ihr eigenes Glück, um jemand anderen glücklich zu machen. Sie müssen am Haus Ihres Freundes anhalten und ihn begrüßen, weil er sonst verärgert wäre. Sie bleiben bis spät abends im Büro, um Ihren Chef zufriedenzustellen. Sie müssen einem Freund Geld leihen, weil der wieder einmal in Schwierigkeiten ist. Wenn Sie nicht all diese Bedürfnisse erfüllen und jener Person helfen, jene andere retten, jenes Problem lösen – dann werden Sie die Gunst der betreffenden Personen verlieren, die Ihr Verhalten nicht verstehen und ärgerlich werden.

Doch Gott hat uns nicht dazu berufen, alle anderen glücklich zu machen. Es ist gut, freundlich, liebevoll und großzügig zu sein, doch wir sind nicht verantwortlich für das Glück der anderen. Wir sind für unser eigenes Glück verantwortlich.

Vielleicht haben wir das Gefühl, dass die anderen sich über uns ärgern, wenn wir nicht ihre Bedürfnisse erfüllen, ihnen zu Hilfe kommen oder Geld leihen.

Wenn das stimmt, dann ist es möglicherweise an der Zeit, dass die anderen an unserer Stelle unglücklich sind. Wenn sie sich darüber aufregen, dann handelt es sich um manipulierende Menschen. Sie benutzen uns für ihre Zwecke.

Unsere Zeit ist zu kostbar, um das Leben damit zu verbringen, anderen die Kontrolle über uns zu geben und uns Schuldgefühle vermitteln zu lassen, wenn wir nicht sofort angesprungen kommen, wenn man uns ruft. Es ist am einfachsten, aufzugeben und weiter der Retter der anderen zu sein, so dass keine Wellen entstehen.

Doch solange wir sie weiter retten und sie bei Laune halten und alles für sie tun, helfen wir ihnen nicht wirklich. Wir sind eine Krücke. Unseretwegen brauchen diese Menschen sich nicht selbst mit ihren Problemen auseinanderzusetzen. Wir fördern ihr gestörtes Verhalten.

Die einzige Möglichkeit, solche Menschen aus ihrer Abhängigkeit zu befreien, besteht darin, nicht länger als ihre Krücke zu funktionieren. Wir müssen aufhören, jedes Mal angerannt zu kommen, wenn sie einen „Notfall" haben.

Wir müssen fest sein und sagen: „Ich liebe dich, aber ich lasse nicht zu, dass du mein Leben kontrollierst. Ich liebe dich, aber ich springe nicht jedes Mal, wenn du rufst. Ich liebe dich, aber ich weigere mich, Schuldgefühle zu haben, wenn ich nicht alle deine Bedürfnisse erfüllen kann."

Wenn andere uns kontrollieren, dann ist das nicht deren Schuld, sondern unsere eigene! Wir müssen Grenzen setzen. Wir dürfen nicht länger zulassen, dass sie uns zu jeder Tages- und Nachtzeit anrufen, um ihre Probleme auf uns abzuwälzen. Dafür gibt es den Anrufbeantworter!

Wir sollten aufhören, auf jede ihrer Launen zu reagieren. Wir sollten ihre Ausbrüche

> Wir sind für unser
> eigenes Glück
> verantwortlich

ignorieren. Wir sollten ihnen nicht jedes Mal, wenn sie schlechte Entscheidungen getroffen haben, Geld leihen. Wir sollten kein falsches Verantwortungsgefühl kultivieren. Wir sind nicht der Retter der Welt. Wir haben bereits einen Retter. Es ist nicht unsere Aufgabe, alle Menschen glücklich zu machen oder allen zu Hilfe zu kommen. Wenn wir versuchen, diese Mission zu erfüllen, wird es eine unglückliche Person geben: Nämlich uns selbst!

Vor einigen Jahren kannte ich einen Mann, der ständig Probleme hatte, seine Miete zu bezahlen. Ich hatte Mitleid mit ihm und half ihm wiederholt. Jeden Monat fand er einen anderen Grund, der ihn davon abhielt, seine Miete bezahlen zu können. Nach dem fünften Hilferuf, seine Miete zu bezahlen, wurde ich langsam klüger.

Er erzählte mir, ein Kunde habe ihn nicht bezahlt. Dann hieß es, ein Scheck sei auf dem Weg, aber noch nicht angekommen. Er erzählte auch, ein Verwandter sei krank geworden und er hätte sich um ihn kümmern müssen. Eine Entschuldigung löste die nächste ab.

Am Ende einer weiteren langen, traurigen Geschichte sagte er: „Was werden wir jetzt tun?"

Ich dachte: „Wir werden nichts tun, denn dies ist nicht mein Problem. Es ist dein Problem, und ich werde mich nicht schuldig fühlen, weil du immer weiter schlechte Entscheidungen triffst."

Ich glaube, ich würde noch heute, fünf Jahre später, damit beschäftigt sein, ihn zu unterstützen, wenn ich nicht eine klare Grenze gezogen hätte. Wenn wir uns weigern, solchen Menschen zu helfen, dann zwingen wir sie, nachzudenken und selbst Verantwortung zu übernehmen. Wir tun häufig Dinge aus Schuldgefühlen heraus, weil wir glauben, wir würden uns schlecht fühlen, wenn wir manipulierenden oder stark abhängigen Menschen keine Hilfe bieten.

Aber wenn diese Menschen nicht selbst Verantwortung für ihr Leben übernehmen, dann helfen wir ihnen nicht – wir behindern sie vielmehr. Sie müssen lernen, wie die meisten Menschen selbst mit ihren Schwierigkeiten fertig zu werden. Wenn wir uns zurückziehen, zwingen wir sie, sich zu ändern.

SPIELEN SIE NICHT DIE MARIONETTE

Ich habe die Erfahrung gemacht, dass manche Menschen ständig in der Krise sind. Ständig befinden sie sich in Notsituationen oder brauchen verzweifelt irgendetwas. Es ist gut, Menschen zu helfen, die wirklich Hilfe brauchen. Doch wenn jemand ein Dutzend Male zu uns kommt, immer wieder, Jahr um Jahr, und es so aussieht, als ob die Notfälle nie ein Ende nähmen, dann müssen wir erkennen, dass es sich um eine manipulierende Person handelt.

Wir sind dann wie eine Marionette. Diese Menschen wissen, welchen Faden sie ziehen müssen, um Schuldgefühle bei uns auszulösen. Ein anderer Faden dient dazu, dass wir ihnen Geld leihen und wieder ein anderer, uns dazu zu motivieren, bis spät abends bei ihnen zu bleiben und eine Arbeit oder ein Schulprojekt für sie zu erledigen.

Wenn uns jemand wie eine Marionette behandelt, dann ist es Zeit, die Fäden durchzuschneiden. Lassen Sie nicht länger zu, sich schuldig zu fühlen. Kommen Sie nicht länger angerannt. Vielleicht haben Sie den Eindruck, die Freundschaft dieser Menschen zu verlieren, wenn Sie ihnen nicht mehr helfen, doch dieses Gefühl ist wie ein Weckruf. Gott ist Ihnen entgegengekommen. Er hat diese Tür für Sie geschlossen. Die Wahrheit lautet: Wenn jemand verärgert ist, weil Sie seinen überzogenen Erwartungen nicht gerecht werden, dann ist diese Person nicht Ihr Freund. Diese Person ist jemand, der manipuliert. Je eher Sie sich von solchen Menschen lösen, desto besser.

Tun Sie zu viel für andere und nicht genug für sich selbst? Sind Sie so gutherzig, dass Sie Ihr Glück dafür opfern, alle um Sie herum glücklich zu machen? Machen Sie sich klar: Ihre erste Priorität besteht darin, für Ihr eigenes Glück zu sorgen.

Wenn Sie pausenlos geben und nichts zurückbekommen, dann sollten Sie Ihre Beziehungen überprüfen. Sie sind unausgewogen. Sie sollten nicht ständig damit beschäftigt sein, die Bedürfnisse Ihrer Freunde zu erfüllen, aus Angst, von ihnen zurückgestoßen zu werden. Sie sollten in der Lage sein, Ihnen „Nein" zu sagen, ohne sich schuldig zu fühlen.

Wenn sie Ihnen dann die kalte Schulter zeigen und nicht mit Ihnen sprechen wollen, dann sind es keine echten Freunde, sondern manipulierende Personen. Je schneller Sie eine Veränderung herbeiführen, desto besser für Sie.

Verschwenden Sie nicht 20 Jahre damit, Menschen zu gefallen, wenn diese Leute in Wahrheit nicht an Ihnen interessiert sind, sondern daran, was Sie für sie tun.

In dem Fall ist es das Beste, die Marionettenfäden durchzutrennen. Sie haben keine Zeit, Spiele zu spielen, sich zu verheddern oder abgelenkt zu werden, indem Sie versuchen, jedermann zufriedenzustellen. Sie haben eine Bestimmung zu erfüllen. Seien Sie kühn, nehmen Sie Ihr Leben in die Hand und verfolgen Sie die Träume, die Gott in Ihr Herz gelegt hat.

Als ich jung war, kaufte mein Großvater alle zwei Jahre ein neues Auto und schenkte das alte einem seiner Enkelkinder. Er war sehr großzügig. In meinem Abschlussjahr gab er mir seinen Buick LeSabre. Einer meiner Freunde aus der Basketball-Mannschaft hatte auch ein Auto. Wir beschlossen, unsere Autos zu teilen. Ich würde ihn eine Woche lang zur Schule abholen und er würde dasselbe in der darauffolgenden Woche tun und so weiter. Mein Freund wohnte 15 Minuten von der Schule entfernt, allerdings für mich in der entgegengesetzten Richtung. Es machte mir nichts aus. Ich fuhr eine Woche und er die andere. Wir taten das ungefähr ein oder zwei Monate lang, doch dann musste sein Wagen in die Werkstatt und ich musste auch in der anderen Woche fahren. Dasselbe passierte ein anderes Mal, weil sein Bruder den Wagen brauchte. Immer öfter gab es irgendwelche Gründe, dass ich seine Woche übernehmen musste, bis ich schließlich ständig mit meinem Wagen fuhr. Es machte mir nicht allzu viel aus, aber mein Freund war nicht besonders dankbar. Er benahm sich, als ob ich ihm diesen Fahrdienst schuldete.

Eines Tages nahm ich meinen Mut zusammen und fragte ihn, ob er vorhabe, jemals wieder selbst zu fahren. Daraufhin erzählte er mir, dass er versuchte, seinen Kilometerstand so niedrig wie möglich zu halten, und es lief darauf hinaus, dass ich ihn weiterhin abholen sollte. Er tat so, als ob er mir einen Gefallen täte, weil ich ihn mit meinem Wagen abholte.

Ich tat das, was ich Ihnen heute empfehle: Ich lächelte ihn an und sagte ihm sehr höflich, dass ich ihn nicht mehr abholen könne. Man hätte meinen können, ich hätte ihm gesagt, sein Leben sei zu Ende. Er versuchte mir Schuldgefühle einzureden und mir das Gefühl zu geben, ich sei ein mieser Egoist. Er sprach daraufhin kaum noch mit mir.

Ich dachte: „Das ist in Ordnung. Wenn du nur mein Freund bist, solange ich deine Bedürfnisse erfülle, dann Auf Wiedersehen! Solche Freunde brauche ich nicht. Suche dir jemand anderen, den du kontrollieren kannst, denn mich wirst du nicht mehr kontrollieren."

Ich tue gern etwas für andere, aber ich mag es nicht, wenn man mich ausnutzt.

Wenn Sie es zulassen, werden andere Ihr Leben kontrollieren. Sie werden Ihnen sagen, was Sie tun, wohin Sie gehen, wie Sie sich anziehen und wie Sie Ihr Geld ausgeben sollen.

> Lassen Sie sich nicht in eine Form pressen, die nicht zu Ihnen passt

Es ist gut, von Abhängigkeiten, Angst und Depressionen frei zu werden, doch eine der wundervollsten Freiheiten besteht darin, sich von kontrollierenden Menschen frei zu machen.

Lassen Sie nicht länger zu, dass andere Sie in eine Form pressen, die nicht Ihrer Identität entspricht. Laufen Sie nicht länger wie auf Eiern, um nicht die Gunst bestimmter Menschen zu verlieren. Haben Sie nicht länger Angst, bestimmte Personen zu verärgern, weil Sie nicht genau das tun, was sie von Ihnen erwarten. Meine Botschaft lautet: Lassen Sie zu, dass sich diese Personen ärgern. Wenn Sie Ihr Leben damit zubringen, allen gefallen zu wollen und sich von anderen kontrollieren zu lassen, dann sind die anderen vielleicht glücklich, aber Sie laufen Gefahr, schließlich an Ihrer Bestimmung vorbei zu leben. Ich möchte lieber Gott gefallen und akzeptieren, dass einige Menschen über mich verärgert sind, als Gott zu enttäuschen.

FLIEGEN SIE MIT DENEN, DIE IHNEN AUFTRIEB GEBEN UND SIE FÖRDERN

Ein Freund von mir, der Pilot ist, erklärte mir, dass es vier grundlegende Elemente gibt, die man beim Fliegen beherrschen muss: den Auftrieb, die Schubkraft, das Gewicht und den Luftwiderstand. Man muss jedes dieser Elemente berücksichtigen, um sicherzustellen, dass das Flugzeug fliegt.

Mir fiel auf, dass dieselben Prinzipien auf spezifische Menschentypen zutreffen. Es gibt solche, die uns Auftrieb geben, unseren Tag heller machen und dafür sorgen, dass wir uns besser fühlen. Man trifft sie und fühlt sich direkt beschwingt. Sie sind ein regelrechter Auftrieb. Dann gibt es Menschen, die gewissermaßen Schubkraft auf uns ausüben. Sie inspirieren uns, motivieren uns, fordern uns heraus, um vorwärts zu gehen und unsere Träume zu verfolgen. Dann gibt es solche, die wie ein Gewicht sind. Sie ziehen uns herunter und laden ihre Probleme auf uns ab, sodass wir uns hinterher schwerer, negativ, entmutigt und schlechter fühlen als zuvor. Und schließlich gibt es Menschen, die dem Luftwiderstand ähneln. Sie haben stets ein trauriges Lied auf den Lippen. Der Geschirrspüler ist kaputt gegangen. Der Goldfisch ist gestorben. Sie wurden nicht zu einer Party eingeladen. Sie sind in einer Grube gefangen. Sie erwarten von uns, dass wir sie aufheitern, ihre Probleme lösen und ihre Lasten tragen.

Wir alle treffen auf Menschen der vier Gruppen. Wir müssen dafür sorgen, den größten Teil unserer Zeit mit solchen zu verbringen, die uns Auftrieb geben und motivieren. Wenn wir nur mit Menschen zusammen sind, die uns nach unten ziehen und uns als Problemlöser und Lastenträger benutzen wollen, dann werden wir nicht unser volles Potenzial erreichen, für das Gott uns erschaffen hat.

Manche Menschen haben ein immerwährendes Problem. Sie haben stets ein trauriges Lied auf den Lippen. Wenn wir es zulassen, werden sie uns als Mülleimer benutzen, in den sie all ihren Müll abladen können. Man verbringt eine Stunde mit ihnen und hat das Gefühl, man hätte einen Marathon hinter sich. Sie saugen alle Energie aus uns heraus. Man bleibt erschöpft und ausgetrocknet zurück.

Wir können nicht weiter Tag für Tag mit solchen Menschen zu tun haben, wenn wir unser höchstes Potenzial erreichen wollen. Wir werden keinen Auftrieb bekommen. Wir werden nicht zu den guten Dingen, die Gott für uns bereithält, vorstoßen können, wenn wir von solchen Menschen heruntergezogen werden und zulassen, dass sie ihren Müll bei uns abladen. Sie werden uns entmutigen und unsere Energie aus uns heraussaugen.

Es ist schon schwierig genug, selbst positiv zu bleiben. Wir sind nicht verantwortlich für das Glück dieser Menschen. Natürlich gibt es Zeiten, in denen wir einen Samen säen und ein hörendes Ohr haben und uns Zeit nehmen sollen, Menschen unsere Liebe zu schenken, damit ihr Leben wieder ins Lot kommt. Doch das sollte auf eine bestimmte Zeit begrenzt sein und nicht ein fortwährendes Drama bedeuten. Wir sollten nicht jeden Tag Zeit damit verbringen, Freunden zuzuhören, die sich über ihren Ehepartner oder Nachbarn beschweren.

Wenn wir das tun, wird unser Leben wie eine Folge von *Gute Zeiten, schlechte Zeiten, Frauentausch* und *Desperate Housewives* zusammen aussehen. Wir haben genug Drama in unserem eigenen Leben. Wir dürfen es nicht zulassen, dass jemand Tag für Tag all diese Negativität in uns hineinschüttet, wenn wir uns emporschwingen wollen.

Wir müssen die Menschen, mit denen wir Zeit verbringen, bewerten. Sind es solche, die uns Auftrieb geben und ermutigen? Fühlen wir uns besser, wenn wir mit ihnen zusammen sind? Fühlen wir uns inspiriert und glücklich, wenn wir mit ihnen Zeit verbracht haben? Oder ziehen sie uns herunter und wir fühlen uns ausgelaugt und ohne Energie?

Als ich Anfang 20 war, ging ich zu einer jungen Friseurin, die sehr nett war. Sie hatte ein gutes Herz, aber sie war so negativ. Jedes Mal, wenn ich zum Haareschneiden kam, erzählte sie mir von all ihren Problemen. Das ging einige Jahre so. Sie beklagte sich, dass der Eigentümer des Friseursalons sie nicht korrekt behandelte und sie Überstunden machen ließ. Sie hatte eine Schwester, die ihr Probleme bereitete. Sie wusste nicht, ob sie ihre Miete würde zahlen können, und ihr Vater war krank.

Jedes Mal, wenn ich von der Friseurin nach Hause kam, fühlte ich mich niedergeschlagen. Die junge Frau war sehr überzeugend. Ich tat mein Bestes, sie aufzumuntern. Ich betete mit ihr. Ich gab ihr Geld. Ich schickte ihr neue Kunden. Aber es war nie genug.

Eines Tages wurde mir bewusst, was ich Ihnen heute klarmachen möchte: „Ich kann nicht das mit meinem Leben erreichen, was ich erreichen möchte, wenn sie Teil meines Lebens ist. Ich mag sie. Ich werde für sie beten. Aber ich kann nicht meine Bestimmung erfüllen, wenn ich diese Last Monat für Monat auf mich abladen lasse."

Ich wechselte den Friseur. Es war nicht leicht. Ich will niemandes Gefühle verletzen, aber ich habe erkannt, dass meine Aufgabe zu wichtig und meine Zeit zu wertvoll ist, um zuzulassen, dass bestimmte Menschen mich kontinuierlich nach unten ziehen.

Vielleicht müssen auch Sie Veränderungen vornehmen und woanders Geschäfte machen, Sport treiben oder arbeiten. Vielleicht müssen Sie Ihre Telefongespräche ändern. Sie müssen nicht jeden Abend eine Stunde damit zubringen, die Klagen oder das traurige Lied eines anderen anzuhören. Machen Sie dem ein Ende. Seien Sie freundlich und respektvoll, aber lassen Sie nicht länger zu, dass dieses Gewicht Sie nach unten zieht.

> Halten Sie nach Menschen in Ihrem Leben Ausschau, die Sie ermutigen

Sie brauchen Menschen in Ihrem Umfeld, die Sie aufmuntern und motivieren, die Sie inspirieren. Aus diesem Grund fühlen sich so viele Menschen von Pfarrern und Seelsorgern angezogen. Es gibt genug Menschen, die uns herunterziehen und belasten.

Ich möchte Sie vorwärts bringen. Wenn Sie meine Nähe suchen, werde ich Ihnen Auftrieb geben, Sie ermutigen und inspirieren. Ich werde mein Bestes tun, damit Sie sich hinterher besser fühlen als zuvor.

Vielleicht arbeiten Sie mit Menschen, die Sie herunterziehen. Sie haben keine andere Wahl. Oder Sie gehen mit solchen zur Schule, die negativ und bitter sind. Dann können Sie Folgendes tun: Bevor Sie morgens aus dem Haus gehen, beten Sie, loben Sie Gott, lassen Sie sich von ihm ermutigen.

Beschließen Sie, dass dies ein großartiger Tag werden wird. Sie können nicht mit einer neutralen Einstellung in dieses negative Umfeld kommen. Sie müssen bereits innerlich gewappnet und ermutigt sein. Gehen Sie nicht unvorbereitet, vom Verkehr gestresst, voller Sorge um einen Abgabetermin oder den Kopf voll mit schlechten Nachrichten aus dem Radio in dieses Umfeld.

Wenn Sie nicht in die Offensive gehen, werden die negativen Menschen Sie herunterziehen. Vielleicht haben Sie eine Fahrt von rund 20 Minuten zur Schule zurückzulegen. Hören Sie während der Fahrt Lobpreislieder. Stärken Sie Ihren inneren Menschen. Entwickeln Sie eine dankbare Haltung. Danken Sie Gott für das, was er für Sie getan hat. Hören Sie eine Predigt, die Sie inspiriert und motiviert. Sagen Sie sich selbst: „Es wird ein guter Tag. Ich bin stark in dem Herrn. Ich stehe unter der Gunst Gottes. Mit Christus kann ich alles tun. Ich werde heute gute Erfahrungen machen."

So können Sie stark bleiben und verhindern, dass negative Menschen Sie herunterziehen. Sie müssen eine Mauer der Abwehr aufbauen.

Was geschieht, wenn wir mit jemandem leben, der wie ein Gewicht oder Widerstand ist? Vielleicht sind Sie mit so einer Person verheiratet. Ich kann Sie nur dazu ermutigen, genau dasselbe zu tun: Sie brauchen eine Extraportion Lobpreis, Ermutigung und Inspiration. Bleiben Sie innerlich gut aufgefüllt.

Lassen Sie nicht zu, dass solche Menschen Ihnen Ihre Freude rauben. Es gibt Leute, die nicht glücklich sein wollen. Sie leben pausenlos im Unglück. Sie müssen sich folgende Einstellung aneignen: „Wenn du nicht glücklich sein willst, in Ordnung. Doch du wirst mich nicht daran hindern, dass ich glücklich bin. Wenn du in deinen Problemen stecken bleiben willst, dann ist das deine Entscheidung, aber ich will dabei nicht mitmachen."

Übernehmen Sie die Verantwortung für Ihr Glück. Lassen Sie nicht zu, dass die Probleme der anderen Ihr Leben vergiften. Beten Sie für sie, seien Sie respektvoll, aber werden Sie nicht voneinander abhängig. Die Probleme der anderen dürfen nicht Ihre Probleme werden. Lassen Sie nicht zu, dass sie Sie daran hindern, Ihre Bestimmung zu erfüllen. Es ist an der Zeit, sich frei zu machen.

> Gott hat uns nicht dazu berufen, unglücklich zu sein

Gibt es etwas, was Sie daran hindert, glücklich zu sein? Gibt es jemanden in Ihrem Leben, der Sie kontrolliert oder bei Ihnen Schuldgefühle auslöst, wenn Sie nicht allen Erwartungen dieser Person entsprechen? Trennen Sie die Marionettenfäden durch. Setzen Sie Grenzen. Leben Sie nicht an Ihrer Bestimmung vorbei, indem Sie versuchen, allen zu gefallen.

Gott hat uns nicht dazu berufen, unglücklich zu sein. Er will nicht, dass wir unser Leben damit vergeuden, jemand anderen glücklich zu machen. Seien Sie freundlich. Seien Sie barmherzig, aber laufen Sie Ihren eigenen Lauf. Vergessen Sie nicht: Sie brauchen nicht die Anerkennung der anderen, Sie haben bereits Gottes Zustimmung.

Ruhen Sie in Ihrer eigenen Identität, um nicht dafür zu leben, anderen zu gefallen. Solange Sie das tun, was Gott in Ihr Herz gelegt hat, brauchen Sie nicht nach links oder rechts zu sehen. Konzentrieren Sie sich auf Ihre Ziele, und Gott wird Sie dahin bringen, wo Sie nach seinem Plan sein sollen.

KAPITEL 3

Rechnen Sie mit guten Dingen

Unsere Erwartungen setzen die Grenzen für unser Leben. Wenn wir wenig erwarten, werden wir wenig bekommen. Wenn Sie nicht damit rechnen, dass die Dinge sich zum Besseren wenden, dann werden sie sich nicht wenden. Wenn Sie dagegen mit mehr Gunst, mehr Chancen, einer Beförderung oder Wachstum rechnen, dann werden Sie neue Ebenen der Gunst und des Erfolgs kennenlernen.

Jeden Morgen, wenn Sie aufwachen, sollten Sie sagen: „Heute wird mir etwas Gutes passieren." Sie müssen zu Beginn eines jeden Tages den Ton festlegen. Und dann sollten Sie den ganzen Tag über an dieser erwartungsvollen Haltung festhalten.

Wie ein kleines Kind, das darauf wartet, dass es ein Geschenk öffnen darf, sollten Sie denken: „Ich kann es kaum erwarten zu sehen, was passieren wird." Seien Sie nicht in einer passiven, sondern einer aktiven Erwartungshaltung.

> Rechnen Sie damit, zur richtigen Zeit am richtigen Ort zu sein

Viele Menschen hängen herum und denken: „Mir passiert nie etwas Gutes." Machen Sie es anders: Halten Sie nach guten Gelegenheiten Ausschau. Rechnen Sie damit, zur richtigen Zeit am richtigen Ort zu sein. Erwarten Sie, dass sich Ihre Träume erfüllen werden. Rechnen Sie damit, ein Gewinner zu sein.

Betreten Sie einen Raum nicht mit der Erwartung, dass die anwesenden Leute Sie nicht mögen. Gehen Sie nicht mit der Erwartung in ein Geschäft, dass Sie nicht finden werden, was Sie suchen. Führen Sie kein Bewerbungsgespräch mit der Erwartung, dass Sie den Job nicht bekommen werden. Wenn Sie mit günstigen Situationen rechnen und damit, dass die anderen Sie mögen, oder wenn Sie erwarten, dass das vor Ihnen liegende

Jahr großartig wird, dann aktivieren Sie Ihren Glauben. So können gute Dinge eintreffen.

Doch Ihre Erwartungen wirken in beide Richtungen. Wenn Sie morgens aufstehen und damit rechnen, dass es ein mieser Tag ohne günstige Gelegenheiten wird und dass die Leute unfreundlich sein werden, dann werden sich diese Erwartungen erfüllen. Ihr Glaube arbeitet auch hier, doch das Problem ist: Sie gebrauchen ihn verkehrt herum.

SCHRAUBEN SIE IHRE ERWARTUNGEN HÖHER

Ein junger Mann erzählte mir, er mache sich Sorgen um seine Abschlussprüfung. Er war gut vorbereitet, aber er machte sich Sorgen, weil er unter Prüfungsangst litt und jedes Mal, wenn ein wichtiger Test anstand, vor lauter Stress alles Gelernte vergaß. Entsprechend schlecht waren seine Ergebnisse.

„Joel, bitte bete für mich. Ich weiß, dass mir dasselbe wieder passieren wird", sagte er.

Er rechnete bereits damit, die Prüfung nicht zu schaffen. Ich erklärte ihm, dass er falsche Erwartungen hatte. Ich sagte: „Du musst deine Erwartungshaltung verändern. Sage dir den ganzen Tag über: ‚Ich werde eine großartige Abschlussprüfung hinlegen. Ich werde mich an alles erinnern, was ich gelernt habe. Ich werde ruhig bleiben.'"

Einige Wochen später kam er wieder auf mich zu und sagte, er habe die beste Prüfung seines Lebens absolviert.

Nun frage ich Sie: Womit rechnen Sie? Mit großen Dingen,

mit kleinen Dingen, oder mit gar nichts? Es ist leicht, mit dem Schlimmsten zu rechnen. Wenn Sie dagegen den Spieß umdrehen und glaubensvoll mit dem Besten rechnen – dass Sie Erfolg haben und Ihre Träume sich erfüllen werden – dann werden Sie Segen und Gunst erfahren.

Manche Menschen leben schon so lange mit einer negativen Haltung, dass sie sich dessen gar nicht mehr bewusst sind. Es ist zu ihrer zweiten Natur geworden. Sie rechnen mit dem Schlimmsten und in aller Regel bekommen sie es auch. Sie rechnen damit, dass die Leute sie unfreundlich behandeln, und meistens trifft das auch zu.

Ich kenne eine Frau, die viele schwierige Dinge in ihrem Leben durchgemacht hat, und man hatte den Eindruck, dass ihr Leben wie ein Autopilot funktionierte. Sie rechnete damit, dass die Leute sie verletzen, und so war es meistens. Sie rechnete damit, dass die Leute ihr gegenüber unehrlich sind, und so kam es in der Regel. Sie rechnete damit, ihren Job zu verlieren, und schließlich wurde sie tatsächlich entlassen.

Ihre Erwartungen zogen das Negative an. Eines Tages begriff sie diesen Zusammenhang und begann, mit anderen Dingen zu rechnen. Sie erwartete das Beste, nicht das Schlimmste. Sie rechnete mit günstigen Gelegenheiten. Sie rechnete damit, dass die anderen sie mögen. Heute ist ihr Leben völlig auf den Kopf gestellt: Sie lebt ein Leben des Sieges.

> Ihre größten Siege liegen noch vor Ihnen

Vielleicht haben Sie Enttäuschungen oder Ungerechtigkeit erfahren, doch begehen Sie nicht den Fehler, fortan mit einer negativen Einstellung zu leben. Anstatt damit zu rechnen, dass Sie weitere negative Erfahrungen machen werden, beginnen Sie,

Ihre Situation umzukehren. Glauben Sie nicht, dass Sie es so gerade eben schaffen werden. Rechnen Sie damit, dass Sie es großartig meistern werden. Rechnen Sie nicht damit, überwunden zu werden, sondern rechnen Sie damit, ein Überwinder zu sein!

Vielleicht fühlen Sie sich nicht immer so, doch erinnern Sie sich jeden neuen Tag daran: Sie sind mehr als ein Überwinder. Ihre größten Siege liegen noch vor Ihnen. Die richtigen Menschen, die richtigen Gelegenheiten, die richtigen Situationen warten schon auf Sie.

Beginnen Sie den Tag mit der freudigen Erwartung, dass die Dinge sich zu Ihren Gunsten entwickeln werden. Legen Sie sich folgende Einstellung zu: „Ich rechne mit günstigen Gelegenheiten, ich werde die richtigen Menschen treffen, ich werde Wachstum in meinem Geschäft sehen, mein Kind wird wieder auf den richtigen Weg finden und es wird mir gesundheitlich besser gehen. Ich rechne damit, zur richtigen Zeit am richtigen Ort zu sein."

LASSEN SIE NICHT ZU, DASS NEGATIVE ERWARTUNGEN IHR LEBEN BEGRENZEN

Ein junger Mann sagte mir: „Ich will nicht zu viel erwarten. Denn wenn das, was ich mir wünsche, nicht eintrifft, werde ich wenigstens nicht enttäuscht sein."

Das ist keine gute Lebenseinstellung. Wenn wir nicht mit Beförderung, Wachstum und günstigen Situationen rechnen, dann geben wir unserem Glauben keinen Raum. Der Glaube löst

Gottes Handeln aus. Wenn Sie mit etwas Positivem rechnen und es trifft nicht ein, dann seien Sie nicht enttäuscht. Legen Sie sich schlafen mit dem Gedanken, dass Sie sich der Erfüllung Ihres Traums wieder um einen Tag angenähert haben. Stehen Sie am nächsten Morgen auf und rechnen Sie weiterhin mit dem Guten.

Gewinner entwickeln diese dritte unverkennbare Charaktereigenschaft: das Erwarten guter Dinge. Wir können nicht neutral bleiben und hoffen, unser volles Potenzial zu erreichen oder das Beste, was Gott für uns bereithält, zu empfangen. Es genügt nicht, wenn wir mit nichts Schlechtem rechnen. Wir sollten aktiv Gutes erwarten. Rechnen Sie damit, dass sich Ihre Träume erfüllen werden? Rechnen Sie damit, dass dieses Jahr besser wird als das vorangegangene? Rechnen Sie damit, ein langes, gesundes, gesegnetes Leben zu leben? Achten Sie darauf, womit Sie rechnen. Vielleicht haben Sie den Wunsch zu heiraten. Denken Sie nicht: „Ich werde nie jemanden treffen. Ich bin schon so lange allein, und allmählich werde ich alt." Rechnen Sie stattdessen damit, zur richtigen Zeit am richtigen Ort zu sein.

Glauben Sie daran, dass göttliche Verbindungen Ihren Weg kreuzen werden. Glauben Sie, dass sich die richtige Person zu Ihnen hingezogen fühlen wird.

„Aber was ist, wenn ich das tue und nichts passiert?"

Was ist, wenn Sie das tun und etwas passiert? Ich kann Ihnen versichern: Wenn Sie nicht glauben, wird nichts passieren.

David schrieb in den Psalmen: „Deine Güte und Liebe werden mich begleiten mein Leben lang" (Psalm 23,6). Sie haben in der Vergangenheit vielleicht Enttäuschungen und Rückschläge erlebt, doch Sie müssen sich davon freimachen. Lassen Sie jeden Fehler und jeden Misserfolg los.

Rechnen Sie damit, dass Gottes Güte und Liebe Sie überallhin begleiten werden. Manchmal ist es gut, zurückzuschauen und einfach zu sagen: „Hallo Güte, hallo Liebe, ich kann euch sehen, ihr wart da."

Manche Menschen merken nicht, dass sie ständig nach dem nächsten Desaster, dem nächsten Tiefschlag, der nächsten Pechsträhne Ausschau halten. Ändern Sie Ihre Erwartungshaltung. Beginnen Sie, nach Güte, Liebe, Gunst, Wachstum und Förderung Ausschau zu halten. Diese Dinge sollten Sie begleiten.

Unsere Definition von Hoffnung ist „freudige Erwartung von etwas Gutem". Wenn Sie etwas Gutes erwarten, dann wird das Freude auslösen. Es wird Sie mit Begeisterung erfüllen. Wenn Sie damit rechnen, dass sich Ihre Träume erfüllen werden, dann werden Sie jeden Tag voller Elan durchs Leben gehen. Wenn Sie dagegen nichts Gutes erwarten, dann werden Sie sich ohne jede Begeisterung durchs Leben schleppen.

Ich sage dies in aller Demut, aber ich rechne damit, dass die Leute mich mögen. Vielleicht bin ich naiv, aber wenn das stimmt, dann tun Sie mir einen Gefallen und lassen Sie mir diese Illusion. Wenn ich irgendwohin gehe, ziehe ich keine Wände hoch. Ich bin nicht in der Defensive, verunsichert, schüchtern oder denke: „Sie werden mich nicht mögen. Wahrscheinlich reden sie gerade über mich."

> Sie müssen Ihre Erwartung aktivieren

Ich rechne damit, dass die Leute freundlich sind. Ich glaube, dass die Leute mein Fernsehprogramm nicht ausschalten, wenn Sie darauf stoßen. Ich denke, dass die Leute sich zu meinem Buch hingezogen fühlen, wenn sie es im Laden sehen.

Es geht darum, eine positive Erwartungshaltung zu haben. Sie müssen Ihre Erwartung aktivieren. Vielleicht haben Sie seit sechs Jahren nichts mehr erwartet. Beginnen Sie, mit Größerem zu rechnen.

Es gibt neue Berge zu erklimmen und neue Horizonte zu erforschen. Rechnen Sie damit, höher hinauf zu gelangen. Rechnen Sie damit, jedes Hindernis zu überwinden. Rechnen Sie damit, dass sich Türen öffnen werden. Rechnen Sie mit Gunst zu Hause, am Arbeitsplatz, im Geschäft um die Ecke und in Ihren Beziehungen.

ERINNERN SIE SICH AN DAS GUTE

Wenn Sie Verletzungen, Enttäuschungen und Misserfolge durchgemacht haben, dann müssen Sie über Ihre innere Haltung wachen. Achten Sie darauf, was Sie den ganzen Tag über in Ihren Gedanken zulassen. Die Erinnerung kann machtvoll sein.

Vielleicht fahren Sie gerade im Auto und erinnern sich auf einmal an einen Moment der Zärtlichkeit mit Ihrem Kind. Vielleicht ist dieser Moment schon fünf Jahre her – eine Umarmung, ein Kuss oder etwas Lustiges, was Ihr Kind getan hat. Doch wenn Sie sich an diesen Moment erinnern, zaubert dies ein Lächeln auf Ihr Gesicht. Sie fühlen dieselben Emotionen, dieselbe Wärme und Freude, als würden Sie die Situation noch einmal erleben.

Es kann auch umgekehrt kommen. Sie genießen Ihren Tag, alles läuft gut, und plötzlich müssen Sie an ein trauriges Erlebnis denken, bei dem man Sie unfair behandelt hat. Schon nach wenigen Augenblicken werden Sie traurig, entmutigt und lustlos sein.

Was hat diese Traurigkeit ausgelöst? Sie haben den falschen Erinnerungen nachgehangen. Was hat das Glücksgefühl ausgelöst? Sie haben den richtigen Erinnerungen nachgehangen. Forschungen zufolge wird unser Denken von Natur aus vom Negativen angezogen. Eine Studie fand heraus, dass positive und negative Erinnerungen von unterschiedlichen Teilen unseres Gehirns bewältigt werden. Eine negative Erinnerung nimmt mehr Platz in Anspruch, weil es mehr zu verarbeiten gibt. Infolgedessen erinnern wir uns mehr an negative als an positive Erlebnisse.

Laut derselben Studie wird jemand, der 50 Dollar verloren hat, sich eher daran erinnern als an den Gewinn von 50 Dollar. Das negative Erlebnis hat eine größere Auswirkung und mehr Gewicht als das positive Erlebnis.

Ich kann das aus eigener Erfahrung bestätigen. Wenn ich nach einer Predigt von 100 Leuten höre: „Joel, das war großartig heute. Diese Predigt hat mich wirklich berührt", aber nur eine Person sagt: „Ich habe nichts verstanden. Diese Predigt hatte mir überhaupt nichts zu sagen", dann werde ich mich vor allem an diese eine Person erinnern.

Früher hätte ich nur über diesen negativen Kommentar nachgedacht. Ich hätte immer wieder darüber nachgegrübelt. So ist die menschliche Natur veranlagt. So speichern wir negative Erinnerungen in unserem Gehirn. Das Negative nimmt mehr Raum ein als das Positive.

STIMMEN SIE SICH AUF GUTE ERINNERUNGEN EIN

Wenn man das begriffen hat, dann gilt es, aktiv zu sein. Wenn sich negative Erinnerungen auf den Bildschirm in unserem Innern drängen, holen sich viele Menschen einen Sessel und Popcorn und sehen sich den ganzen Film erneut an. Sie sagen: „Kaum zu glauben, wie mich das verletzt hat, es war so gemein."

Machen Sie es anders. Denken Sie daran, dass es noch ein anderes Programm gibt. Dort werden nicht unsere Misserfolge, Fehler oder Enttäuschungen wieder abgespielt, sondern unsere Siege, Leistungen und das, was wir richtig gemacht haben.

Das Gute-Erinnerungen-Programm spielt die Situationen ab, in denen wir gefördert wurden, die richtige Person trafen, ein schönes Haus kauften und unsere Kinder gesund und glücklich waren.

Anstatt beim Negativkanal zu verweilen, wechseln Sie zum Siegeskanal über. Sie werden keine besseren Tage haben, wenn Sie ständig die negativen Erfahrungen wieder hervorholen.

Wir alle haben Verluste, Enttäuschungen und Tiefschläge durchgemacht. Die Erinnerung daran wird wieder hochkommen. Die gute Nachricht lautet: Wir haben die Fernbedienung in der Hand. Auch wenn diese Erinnerungen kommen, so heißt das noch lange nicht, dass wir uns darauf einlassen müssen. Wir müssen lernen, das Programm zu wechseln.

> Wir müssen lernen, das Programm zu wechseln

Einige Jahre nach dem Tod meines Vaters fuhr ich zum Haus

meiner Mutter, um etwas zu holen. Niemand war zu Hause. Während ich durch das Arbeitszimmer ging, musste ich sofort an den Abend denken, an dem mein Vater starb. Er hatte in diesem Raum einen Herzanfall erlitten. Ich sah vor meinem inneren Auge, wie er auf dem Boden lag.

Als ich damals in diesen Raum kam, waren die Sanitäter bemüht, ihn wiederzubeleben. Der ganze damalige Abend kam mir wieder zu Bewusstsein, und ich spürte dieselben Emotionen wie damals.

Dann tat ich das, was ich Ihnen hier empfehle. Ich sagte: „Nein danke, ich will diesen Abend nicht erneut durchleben. Ich will diese Traurigkeit und Niedergeschlagenheit nicht wieder durchmachen."

Ich beschloss, das Programm zu ändern. Ich begann, mich an die wundervollen Momente mit meinem Vater zu erinnern – Momente voller Lachen und Heiterkeit und auch die gemeinsamen Reisen, die wir unternommen hatten. Ich dachte insbesondere an die Zeit, als wir gemeinsam den Amazonas hinuntergefahren waren, und daran, wie mein Vater mit unserem Sohn Jonathan gespielt hatte.

Es gab dieses andere Programm. Ich musste es nur anschalten. Müssen Sie auch anfangen, das Programm zu ändern? Spielen Sie jede Verletzung, Enttäuschung und negative Erfahrung ständig in Ihrem Kopf wieder ab? Solange Sie die negativen Erinnerungen pflegen, werden Sie nie völlig geheilt werden. Es ist wie eine Kruste, die auf dem Weg der Heilung ist, doch wenn man daran kratzt, wird es nur wieder schlimmer.

Mit emotionalen Wunden ist es genauso. Wenn Sie ständig Ihre Verletzungen erneut durchleben und sie in Ihrem Kopfkino abspielen, darüber sprechen und Ihren Freunden davon erzählen – dann öffnen Sie erneut die Wunde.

Sie müssen das Programm ändern. Wenn Sie auf Ihr Leben zurückblicken, können Sie dann eine gute Erfahrung finden? Können Sie sich an eine Zeit erinnern, wo die Hand Gottes Sie gefördert, geschützt und geheilt hat? Wechseln Sie zu diesem Programm über. Schlagen Sie innerlich eine neue Richtung ein.

Vor Kurzem fragte mich ein Journalist, was meine größte Niederlage gewesen sei, was ich am meisten bereute. Ich möchte keinesfalls überheblich klingen, aber ich kann mich nicht an meine größte Niederlage erinnern. Ich beschäftige mich nicht damit. Ich schalte dieses Programm nicht ein.

Wir alle machen Fehler. Wir alle tun Dinge, von denen wir nachher wünschen, wir hätten sie anders getan. Wir können aus unseren Fehlern lernen, doch wir sollten sie uns nicht ständig vor Augen führen. Wir sollten uns an die Dinge erinnern, die wir gut gemacht haben. Zeiten, in denen wir Erfolg hatten. Zeiten, in denen wir einer Versuchung widerstanden haben. Zeiten, in denen wir Fremde freundlich behandelt haben.

Einige Menschen sind nicht glücklich, weil sie sich an jeden Fehler erinnern, den sie seit ihrer Geburt begangen haben. Sie führen eine Liste. Tun Sie sich selbst einen großen Gefallen und ändern Sie das Programm. Grübeln Sie nicht länger darüber nach, wie wenig Sie auf der Höhe waren, wie gut es gewesen wäre, mehr Disziplin gehabt zu haben, die Schule zu Ende gemacht oder mehr Zeit mit Ihren Kindern verbracht zu haben.

Vielleicht sind Sie gefallen; konzentrieren Sie sich auf die Tatsache, dass Sie wieder aufgestanden sind. Vielleicht haben Sie eine schlechte Entscheidung getroffen; verweilen Sie bei den guten Entscheidungen, die Sie getroffen haben. Sie mögen einige Schwächen haben, doch erinnern Sie sich an Ihre Stärken. Konzentrieren Sie sich nicht länger auf das, was bei Ihnen nicht gut funktioniert, sondern auf das, was gut funktioniert. Sie werden nie vollständig die Person werden, als die Gott Sie geschaffen hat, wenn Sie gegen sich selbst sind. Sie müssen Ihre Denkweise neu ausrichten. Achten Sie diszipliniert auf Ihre Gedanken.

Vor einigen Jahren spielte ich mit unserem Sohn Jonathan Basketball. Jahrelang spielten wir einer gegen den anderen. Dann schlug er mich zum ersten Mal klar mit 15:14. Ich klatschte ihn ab, dann sagte ich ihm, er habe Hausarrest!

Danach umspielte er mich geschickt und setzte sich in Pose, um auf den Korb zu werfen. Plötzlich war ich da, genau im richtigen Moment, und blockierte seinen Wurf. Der Ball flog in die Büsche.

Ich kam mir vor wie ein NBA-Star! Ein paar Tage später gingen wir gemeinsam zum Sportplatz, um mit ein paar Freunden zu spielen. Jonathan sagte: „Papa, erzähl den anderen, was neulich passiert ist."

Ich erzählte: „Jonathan bereitete einen Wurf vor und ich sprang so hoch (ich zeigte es) und blockierte ihn."

Er sagte: „Nein, Papa, ich meinte das Spiel, als ich dich zum ersten Mal geschlagen habe!"

Das Lustige daran ist, dass ich mich nicht an meine Niederlage erinnerte, sondern an meinen Sieg. Das Erste, was mir in den Sinn kam, war nicht das gegen Jonathan verlorene Spiel, sondern meine gelungene Aktion in der anderen Situation. Das liegt daran, dass ich meine Denkweise darauf trainiert habe, mich an gute Dinge zu erinnern.

Viele Menschen tun genau das Gegenteil. Sie gewinnen ein Spiel, aber sie erinnern sich an alle Fehler, die sie gemacht haben. Sie denken nie positiv über sich selbst. Sie sind ständig damit beschäftigt, was sie nicht gut genug gemacht haben.

Alles hängt davon ab, wie wir unsere Denkweise trainieren. Es kommt darauf an, welches Programm wir aktivieren. Machen Sie nicht den Fehler, sich an das zu erinnern, was Sie vergessen sollten, egal ob es Verletzungen, Enttäuschungen oder Niederlagen sind. Vergessen Sie nicht, woran Sie sich erinnern sollten: An Ihre Siege, Erfolge und die schwierigen Situationen, die Sie überwunden haben.

SAMMELN SIE DIE POSITIVEN ERINNERUNGEN

Im Alten Testament gebot Gott seinem Volk, bestimmte Feste und Feierlichkeiten einzuhalten. Der Grund dafür war vor allem die Erinnerung an das, was Gott für sie getan hatte. Mehrmals im Laufe eines Jahres unterbrachen sie ihre üblichen Beschäftigungen, um sich auf Gott zu konzentrieren und zu feiern, dass er sie aus der Sklaverei befreit und ihre Feinde besiegt und sie selbst beschützt hatte. Gott schrieb ihnen vor, sich zu erinnern.

An einer anderen Stelle in der Bibel wird davon berichtet, wie sie „Gedächtnissteine" aufrichteten. Das waren sehr große Steine. Wir würden sie heute historische Markierungen nennen. Diese Steine erinnerten die Israeliten an spezifische Siege. Jedes Mal, wenn sie an den Steinen vorbeikamen, erinnerten sie sich an bestimmte Ereignisse. „Dieser Stein erinnert daran, wie wir aus der Sklaverei befreit wurden. Jener Stein erinnert daran, wie unser Kind geheilt wurde. Und dieser Stein erinnert uns daran, wie Gott für unsere Bedürfnisse gesorgt hat." Die Gedächtnissteine halfen ihnen, Gottes Taten frisch in Erinnerung zu behalten.

Auch wir können unsere eigenen Gedächtnissteine aufstellen. Wenn wir auf unser Leben zurückblicken, sollten wir uns nicht an unsere Niederlagen, unsere Scheidung, die Flaute in unserem Geschäft, den Verlust eines geliebten Menschen oder die ungerechte Behandlung durch unseren Chef erinnern. Wir sollten diese Dinge vergessen.

Wir müssen auf das andere Programm umschalten. Erinnern Sie sich daran, wie Sie die Liebe Ihres Lebens trafen, wie Ihr erstes Kind zur Welt kam, wie Sie einen neuen Posten bekamen und wie ein großes Problem ganz plötzlich gelöst wurde. Erinnern Sie sich an den Frieden, den Gott Ihnen nach dem Verlust eines geliebten Menschen schenkte.

Erinnern Sie sich an die Kraft, die Sie in einer schwierigen Situation hatten. Alles sah dunkel aus. Sie konnten sich nicht vorstellen, je wieder glücklich zu sein, doch Gott kehrte die Situation um: Er gab Ihnen Freude statt Klagen, Schönheit statt Asche, und heute sind Sie glücklich, gesund und stark. Wir alle sollten unsere persönlichen Gedächtnissteine haben.

Meine Mutter erlebte neulich den 31. Jahrestag ihres Sieges über den Krebs. Vor 31 Jahren gaben ihr die Ärzte noch einige Wochen zu leben, doch ein weiteres Jahr ging vorbei, und noch eines, und heute ist sie noch immer gesund und unversehrt. Es ist ein Gedächtnisstein für sie.

Ihre Erinnerungen haben großen Einfluss auf Ihr Leben

Für mich ist ein solcher Gedächtnisstein der 1. Dezember 2003, als wir den Schlüssel zu unserem neuen Gemeindehaus erhielten. Dieses Gemeindehaus ist ein Gedächtnisstein. Ich erinnere mich auch daran, wie ich ein Juweliergeschäft betrat und Victoria zum ersten Mal begegnete. Gott hatte ihr Gebet beantwortet – ich meine, *mein* Gebet!

Ich richtete einen weiteren Gedächtnisstein auf in Erinnerung an die Situation nach dem Tod meines Vaters: Ich wusste nicht, wie ich die Gemeinde leiten sollte, doch Gott gab mir Gnade und bereitete mich vor, um meine Aufgabe als Pastor zu erfüllen.

So sehen meine ständigen Erinnerungen aus: Ich erinnere mich an gute Dinge. Nun möchte ich Sie fragen: Gibt es in Ihrem Leben Gedächtnissteine? Ihre Erinnerungen haben einen großen Einfluss auf Ihr Leben. Wenn Sie sich an Ihre Fehler, Enttäuschungen und Verletzungen erinnern, werden Sie nicht vorankommen.

Wenn Sie dagegen Ihre Erinnerungen ändern, beginnen Sie, sich an Ihre Erfolge, Siege und Schwierigkeiten, die Sie überwunden haben, zu erinnern. Dann können Sie zu neuen Ebenen der Gunst vordringen. Vielleicht machen Sie etwas Schweres durch und haben mit Herausforderungen zu kämpfen, doch wenn Sie sich an die richtigen Dinge erinnern, werden Sie nicht sagen: „Dieses Problem ist zu groß. Diese Krankheit ist das Ende." Stattdessen werden Sie sagen: „Herr, du hast dies schon einmal für mich getan, und ich weiß, dass du es erneut tun kannst."

Das sagte sich David, als er Goliat gegenüberstand, jenem Riesen, der doppelt so groß war wie er. Er hätte sich darauf konzentrieren können, wie groß und erfahren Goliat war, wie gut ausgebildet und bewaffnet. Er hätte durch all diese Dinge entmutigt sein können.

Stattdessen erzählt uns der biblische Text: „David erinnerte sich daran, wie er den Löwen und den Bären mit seinen Händen getötet hatte." Was tat er da? Er erinnerte sich an seine Siege. Er hätte sich daran erinnern können, wie schlecht seine Brüder und wie geringschätzig sein Vater ihn behandelten. Es gab negative Dinge in seiner Vergangenheit, wie bei jedem von uns. Doch David hatte begriffen, dass er sich nicht mit Niederlagen und ungerechten Erfahrungen beschäftigen durfte, wenn er vorankommen wollte.

Er beschloss, sich auf seine Siege zu besinnen und wuchs mit der Herausforderung über sich hinaus. Er wurde der Mann, als den Gott ihn erschaffen hatte. Vielleicht haben Sie das Gefühl, einem Riesen gegenüberzustehen. Wenn Sie Mut finden und den Riesen überwinden wollen, müssen Sie sich so verhalten wie David.

Statt sich ständig vorzusagen, dass es unmöglich ist und Sie es niemals schaffen werden, erinnern Sie sich den ganzen Tag über an Ihre Siege. Stellen Sie Ihre Gedächtnissteine auf. „Danke, Herr, dass du damals, als alles gegen mich zu sein schien, die Situation umgekehrt hast. Herr, ich erinnere mich daran, wie du mich gefördert, verteidigt und gerechtfertigt hast."

Gehen Sie innerlich Ihre Siege erneut durch. Erinnern Sie sich an die guten Dinge, und Sie werden Kraft bekommen.

LASSEN SIE DIE FREUDE WIEDER AUFLEBEN

2007 gewann eine junge Frau namens Rachel Smith den Schönheitswettbewerb der USA. Sie ist eine sehr aufgeweckte junge Frau, die durch die ganze Welt gereist ist, um benachteiligten Kindern zu helfen. Als sie in ihrem Abendkleid über die Bühne schritt, verlor sie auf dem glatten Boden den Halt und fiel flach auf den Rücken. Millionen Menschen weltweit sahen die Szene am Fernsehbildschirm. Es war schrecklich peinlich. Sie stand so schnell wie möglich auf und lächelte. Das Publikum war nicht gerade milde gestimmt. Man hörte Gejohle, Lachen und Buh-Rufe. Es war wirklich erniedrigend.

Trotz ihres Missgeschicks schaffte es Rachel unter die ersten fünf. Sie musste nach vorn treten und eine Frage beantworten, die aus einem Hut gezogen wurde. Sie ging auf die gleiche Stelle zu, an der sie einige Minuten zuvor ausgerutscht war. Sie zog den Zettel mit der Frage aus dem Hut, während Millionen Fernsehzuschauer sie beobachteten. Die Frage lautete: „Wenn Sie einen bestimmten Augenblick Ihres Lebens erneut erleben könnten, welchen Augenblick würden Sie wählen?"

Sie hatte vor wenigen Minuten den peinlichsten Augenblick ihres Lebens durchgemacht. Wie viele von uns hätten wohl geantwortet: „Ich würde gern den Moment nochmal erleben, als ich auf der Bühne ausgerutscht bin. Dieses Erlebnis würde ich gern rückgängig machen."

Doch sie sagte ohne zu zögern: „Wenn ich etwas erneut erleben könnte, dann wäre es meine Reise nach Afrika, wo ich mit Waisenkindern gearbeitet und ihr tolles Lächeln gesehen und ihre herzlichen Umarmungen gespürt habe."

Anstatt einen Moment der Verlegenheit und des Schmerzes wiederaufleben zu lassen, hatte Rachel beschlossen, Momente der Freude wieder zu erleben, in denen sie einen Unterschied gemacht hatte und auf sich selbst stolz war. Wir alle fallen manchmal. Wir alle machen Fehler. Wir alle erleben peinliche, unfaire Momente.

Sie können sicher sein, dass die Bilder der Erinnerung immer wieder auf Ihrem inneren Bildschirm auftauchen werden. Sie müssen das tun, was Rachel Smith tat: Ändern Sie das Programm und erinnern Sie sich an Ihre Siege, Erfolge und Leistungen.

Gott tat ein Wunder nach dem anderen für die Israeliten. Er befreite sie durch sein übernatürliches Wirken aus der Sklaverei. Er schickte ihren Feinden all diese Plagen. Obwohl die Israeliten in direkter Nähe zu den Ägyptern lebten, wurden sie von den Plagen verschont. Als sie am Ufer des Roten Meeres standen und keinen Ausweg sahen, während Pharao und seine Krieger hinter ihnen herjagten, sah es so aus, als wäre alles zu Ende, doch dann teilte Gott das Wasser.

Sie liefen trockenen Fußes durch das Meer. Gott ließ aus einem Felsen Wasser fließen und leitete sie tagsüber mit einer Wolkensäule und nachts mit einer Feuersäule. Doch trotz all dieser Wunder schafften sie es nicht bis ins verheißene Land. In Psalm 78 lesen wir, warum: „Sie vergaßen seine großen Taten – alle Wunder, die er sie mit eigenen Augen hatte sehen lassen."

Wenn Sie vergessen, woran Sie sich erinnern sollten, dann kann Sie das daran hindern, Ihr verheißenes Land zu erreichen. Die Israeliten wurden mutlos, begannen sich zu beklagen und sagten zu Mose: „Warum hast du uns hierher gebracht, damit wir in dieser Wüste sterben?"

Wenn sie einem Feind begegneten, dachten sie: „Wir haben keine Chance." Sie hatten Gottes Güte auf erstaunliche Weise gesehen. Sie hatten erlebt, wie Gott das Unmögliche getan hatte, aber sie vergaßen es, sie waren ängstlich, besorgt und negativ. Und das hielt sie von ihrer Bestimmung fern.

GOTT HANDELT AUCH HEUTE

Haben Sie vergessen, was Gott für Sie getan hat? Haben Sie zugelassen, dass das, was einst ein Wunder war, ganz normal geworden ist? Wahrscheinlich haben Sie Ihre Begeisterung verloren. Blicken Sie auf Ihr Leben zurück und erinnern Sie sich an Ihre Siege, die großen und die kleinen. Sie müssen wissen, dass Gott das, was er einmal für Sie getan hat, auch wieder tun kann.

Vielleicht sind Sie entmutigt und denken: „Ich habe keine Ahnung, wie ich jemals aus diesem Schlamassel herauskommen soll. Diese Schulden werde ich nie bezahlen können. Es wird mir nie wieder gut gehen." Wenn das so ist, dann schauen Sie zurück und erinnern sich daran, wie Gott das Rote Meer für Sie geteilt hat. Erinnern Sie sich an die Feinde, von denen Gott Sie befreit hat. Erinnern Sie sich an die Kämpfe, die er für Sie ausgefochten hat, an die Wiederherstellung, an sein Eintreten für Sie, an die Gunst, die er Ihnen erwiesen hat.

Blicken Sie zurück und entdecken Sie die Hand Gottes in Ihrem Leben

Jeder kann zurückblicken und die Hand Gottes in seinem Leben sehen. Gott hat Türen geöffnet, die sonst verschlossen geblieben wären, so wie er es für die Israeliten tat. Er hat Ihnen geholfen, Dinge zu erreichen, die Sie nie allein erreicht hätten. Er hat Sie aus Schwierigkeiten herausgeholt, von denen Sie glaubten, Sie würden sie niemals überstehen. Er hat Sie beschützt, gefördert und Ihnen Gelegenheiten geschenkt.

Der Schlüssel, um den Mut nicht zu verlieren und zu sehen, wie Gott neue Türen öffnet und nervenaufreibende Situationen zum Guten wendet, lautet: Vergessen Sie nicht, was er in der Vergangenheit bereits getan hat. Die Bibel fordert uns dazu auf, unseren Kindern und Enkeln von Gottes großen Taten zu berichten. Wir sollen von der Güte Gottes erzählen.

Im Alten Testament wird oft von den Stäben berichtet, die die Leute bei sich trugen. Das waren nicht einfach nur Wanderstäbe oder Stöcke, um wilde Tiere zu vertreiben. Sie hatten eine tiefere Bedeutung.

In jener Zeit waren die Menschen Nomaden. Sie waren ständig in Bewegung. Sie hielten ihre Aufzeichnungen nicht in Dokumenten oder digitalen Dateien wie wir heute fest. Stattdessen schnitzten sie wichtige Ereignisse oder Daten in ihre Wanderstäbe.

Auf diese Weise zeichneten sie persönliche Erlebnisse auf. Sie schnitzten Eintragungen wie solche in ihre Stäbe: „An jenem Tag haben wir die Amalekiter besiegt. An diesem Tag kam mein Sohn zur Welt. An jenem Tag befreite Gott uns aus der Sklaverei. Und an jenem Tag ließ er Wasser aus dem Felsen fließen."

Ihre Wanderstäbe enthielten Aufzeichnungen ihrer Geschichte mit Gott. Als Mose das Rote Meer teilte, hielt er seinen Stab in die Höhe. Er sagte gewissermaßen: „Herr, wir danken dir für alles, was du in der Vergangenheit getan hast. Wir erinnern uns daran, dass du uns immer wieder gerettet hast."

Mose erinnerte sich an die großen Taten Gottes. Als David auszog, um Goliat zu bekämpfen, nahm er nicht nur seine Steinschleuder mit. Die Bibel berichtet, dass er auch seinen Hirtenstab bei sich trug. Wahrscheinlich hatte er auf seinem Stab eingeschnitzt: „An jenem Tag tötete ich einen Löwen mit meinen Händen. An jenem Tag tötete ich einen Bär. An jenem Tag salbte Samuel mich zum König."

David nahm seinen Stab mit, um sich daran zu erinnern, dass Gott ihm in der Vergangenheit geholfen hatte. Ich stelle mir vor, wie er seine Eintragungen noch einmal las, bevor er sich in den Kampf aufmachte. Das gab ihm den letzten Anschub. Seine Einstellung lautete: „Herr, du hast es damals für mich getan, und ich weiß, dass du es auch jetzt für mich tun kannst."

Sind Sie heute mit Riesen konfrontiert? Sehen Ihre Probleme unlösbar aus? Scheinen Ihre Träume unerfüllbar zu sein? Holen Sie Ihren Stab hervor. Gehen Sie nicht länger mutlos umher in dem Glauben, dass Sie es niemals schaffen werden. Erinnern Sie sich an Ihre Siege. Denken Sie darüber nach, wie Sie den Löwen und den Bären in Ihrem Leben getötet haben. Erinnern Sie sich daran, wie weit Gott Sie gebracht hat.

Lassen Sie all die Situationen vor Ihrem inneren Auge vorbeiziehen, in denen Gott Türen öffnete, Sie förderte, Angehörige heilte und Sie am richtigen Ort mit den richtigen Leuten zusammenbrachte. Vergessen Sie nicht Ihre Siege. Sehen Sie regelmäßig auf Ihre Gedächtnissteine und lesen Sie Ihre Eintragungen auf Ihrem Stab.

Wenn die negativen Erinnerungen an Dinge, die nicht funktioniert haben, an Verletzungen, Niederlagen und Enttäuschungen hochkommen – und das geht uns allen so –, dann machen

Sie nicht den Fehler und lassen dieses Programm abspielen. Viele Menschen tun das und bleiben in einer negativen Haltung stecken. Sie rechnen mit nichts Gutem mehr. Denken Sie daran: Sie müssen die Fernbedienung aktivieren und auf das Siegesprogramm umschalten.

Rechnen Sie mit Durchbrüchen. Erwarten Sie, dass sich problematische Situationen wenden werden. Rechnen Sie damit, sich zu neuen Höhen aufzuschwingen. Sie haben Ihre größten Siege noch nicht erlebt. Sie haben Ihre größten Träume noch nicht erfüllt. Es gibt neue Berge zu erklimmen, neue Horizonte zu erforschen.

Lassen Sie nicht zu, dass die Enttäuschung Ihnen Ihre Begeisterung raubt. Lassen Sie nicht zu, dass Ihr Leben vergiftet wird, weil jemand Sie schlecht behandelt hat. Gott hat immer noch alles unter Kontrolle. Vielleicht ist es in der Vergangenheit noch nicht passiert, aber es kann noch in Zukunft passieren.

Ziehen Sie einen Schlussstrich und sagen Sie: „Es reicht. Ich bin fertig mit niedrigen Erwartungen und Mittelmäßigkeit. Ich rechne mit Gunst, Wachstum und Aufstieg. Ich rechne damit, dass Gottes Gnade mich aufspüren wird. Ich rechne damit, dass dieses Jahr das bisher beste meines Lebens wird."

Wenn Sie Ihre Erwartungen höher schrauben, wird Gott Sie an Orte führen, die Sie sich nie hätten träumen lassen. Er wird Türen öffnen, die niemand schließen kann. Er wird Ihnen helfen, Hindernisse zu überwinden, die unüberwindbar scheinen, und Sie werden Gottes Güte auf erstaunliche Weise erfahren.

KAPITEL 4

Wählen Sie eine gute Einstellung

Jeden Tag müssen wir unsere Einstellung wählen. Wir können uns dafür entscheiden, glücklich zu sein und das Gute zu sehen – damit zu rechnen, dass wir Gutes erleben und unsere Träume sich erfüllen werden. Wir können uns aber auch dafür entscheiden, negativ eingestellt zu sein und uns auf unsere Probleme zu konzentrieren, darüber nachzugrübeln, was nicht gut geklappt hat, und voller Sorge und mutlos zu leben.

Wir alle stehen vor dieser Wahl. Niemand kann Sie dazu zwingen, eine bestimmte Einstellung zu haben. Das Leben wird so viel besser sein, wenn Sie sich einfach dazu entschließen, eine positive Einstellung zu haben. Wenn Sie morgens aufwachen, beschließen Sie, glücklich zu sein. Dies ist die vierte unverkennbare Charaktereigenschaft eines Gewinners.

> Beschließen Sie, das Gute zu sehen

Beschließen Sie, für den Tag dankbar zu sein. Beschließen Sie, das Gute zu sehen. Beschließen Sie, sich auf die vor Ihnen liegenden Möglichkeiten zu konzentrieren.

Eine gute Einstellung kommt nicht von allein. Wenn wir sie nicht bewusst wählen, dann werden wir wahrscheinlich eher eine negative Einstellung haben: „Ich habe keine Lust, zur Arbeit zu gehen. Es gibt so viele Schwierigkeiten. Ich kann nichts Gutes in meiner Zukunft sehen."

Eine negative Einstellung wird unser Leben begrenzen.

Wir alle haben mit Problemen zu kämpfen. Wir alle machen schwierige Zeiten durch, doch unsere Einstellung sollte lauten: „Es wird nicht immer so bleiben, es geht vorbei. In der Zwischenzeit will ich mein Leben genießen."

Vielleicht haben Sie die Beförderung, für die Sie so hart gearbeitet haben, nicht erhalten. Oder Sie konnten das Haus, das

Sie sich so sehr gewünscht haben, nicht erwerben. Nun könnten Sie leicht mit einer bitteren Einstellung leben. Stattdessen sollten Sie sich sagen: „Es ist in Ordnung. Ich weiß, dass etwas Besseres auf mich wartet."

Wenn Sie in einen Verkehrsstau geraten, bleiben Sie positiv: „Ich werde nicht gestresst sein. Ich weiß, dass ich zum richtigen Zeitpunkt am richtigen Ort bin."

Wenn Sie von Ihrem Arzt eine beunruhigende Diagnose erhalten, können Sie beschließen zu sagen: „Ich mache mir keine Sorgen. Auch dies wird vorbeigehen."

Wenn sich die Erfüllung Ihres Traums länger als erwartet hinzieht, denken Sie: „Ich lasse mich nicht entmutigen. Ich weiß, dass die richtigen Menschen und die richtigen Gelegenheiten bereits in meiner Zukunft vorhanden sind."

RICHTEN SIE IHRE GEDANKEN POSITIV AUS

Wenn Sie eine positive Einstellung haben, können Sie nicht unterliegen. Egal, was Ihnen begegnet, Sie schütteln es ab und gehen weiter voran.

Das Leben ist wie ein Auto: Es gibt einen Vorwärts- und einen Rückwärtsgang. Sie entscheiden, welchen Gang Sie einlegen wollen. Der Vorwärtsgang erfordert nicht mehr Mühe als der Rückwärtsgang. Wenn Sie sich dazu entschließen, sich auf das Positive zu konzentrieren und auf die vor Ihnen liegenden Möglichkeiten, dann werden Sie vorangehen, das Wachstum sehen und die Gunst Gottes erleben.

Wenn Sie sich stattdessen mit dem Negativen beschäftigen und sich auf die Probleme konzentrieren und auf das, was Ihnen fehlt und wie unerfüllbar Ihre Träume sind – dann ist das so, als hätten Sie den Rückwärtsgang eingelegt. Alles dreht sich um das, worauf Sie Ihre Gedanken konzentrieren. Sie können beschließen, darüber nachzugrübeln, was bei Ihnen nicht funktioniert, oder aber, was gut funktioniert. Sie können beschließen, darüber nachzudenken, wie weit Sie noch kommen müssen, Sie können aber auch darauf schauen, wie weit Sie bereits gekommen sind.

In jeder Situation gibt es Gutes und Schlechtes. Es ist wie mit jenem kleinen Jungen, der einen Baseballschläger und einen Ball hatte und sich sagte: „Ich bin der beste Schlagmann der Welt."

Er warf den Ball in die Höhe, schwang den Schläger und schlug daneben. Erster Schlagfehler!

Der Junge hob den Ball auf, schwang erneut den Schläger und schlug wieder daneben. Zweiter Schlagfehler!

Nun sagte er sich mit noch mehr Entschlossenheit als zuvor: „Ich bin der beste Schlagmann der Welt!"

Er warf den Ball hoch, schwang den Schläger und verfehlte ein weiteres Mal den Ball. Dritter Schlagfehler!

Der Junge legte den Schläger auf die Erde, grinste breit und sagte: „Wisst ihr was? Ich bin der beste *Werfer* der Welt!"

Seien Sie wie der Junge und bleiben Sie positiv. Das ist die Haltung eines Gewinners. Lernen Sie, das Positive zu sehen. Suchen Sie bei jeder Wolke am Himmel den Silberstreifen.

Viele Menschen bringen folgende Entschuldigung vor: „Ich bin negativ eingestellt, weil ich so viele negative Dinge erlebt habe." Und dann kommen weitere Entschuldigungen:

„Mein Geschäft lief nicht."

„Ein Freund hat mir Unrecht getan."

„Ich hatte eine schlimme Kindheit."

„Ich bin krank, und das hat mich bitter gemacht."

Es sind nicht unsere Umstände, die eine negative Haltung bei uns auslösen, sondern es ist unsere Einstellung angesichts der Umstände. Wenn man 20 positiv eingestellte Menschen und 20 negativ eingestellte Menschen mit exakt demselben Problem konfrontiert – in der gleichen beruflichen Situation, der gleichen Familie und im gleichen Haus – dann wird man feststellen, dass die 20 positiv eingestellten Personen genauso glücklich wie zuvor sind. Die negativ eingestellten Personen dagegen werden genauso negativ sein wie zuvor. Die Probleme und Umstände waren gleich, doch die Einstellungen dazu völlig unterschiedlich.

Worin besteht der Unterschied? Positiv gestimmte Menschen haben sich entschieden, das Leben zu genießen. Sie konzentrieren sich auf die Möglichkeiten, nicht auf die Probleme. Sie sind dankbar für das, was sie haben, und sie beklagen sich nicht über das, was sie nicht haben. Positiv eingestellte Menschen wissen, dass Gott alles unter Kontrolle hat und dass nichts geschieht, was er nicht zulässt. Sie haben beschlossen, dort zu blühen, wo sie gepflanzt wurden. Sie warten nicht darauf, dass sich ihre Situation verändert, um glücklich zu sein. Sie sind glücklich, während Gott die Situation verändert.

Wenn Sie positiv eingestellt sind, dann bestehen Sie die Prüfung. Sie sagen: „Herr, ich vertraue dir. Ich weiß, dass du meine Kämpfe für mich kämpfst."

Wenn Sie sich dort, wo Sie im Moment sind, nicht glücklich fühlen, dann werden Sie nicht dorthin gelangen, wo Sie gern wären. Warten Sie nicht darauf, dass sich alles ändert, bevor Sie eine gute Einstellung haben. Wenn Sie jetzt eine gute Einstellung haben, kann Gott die Situation verändern.

BEHALTEN SIE DIE RICHTIGE SICHT

Manche Menschen würden gern Ihre Probleme haben. Sie wären froh, mit Ihnen zu tauschen. Sie würden gern die Arbeit haben, die Sie so frustriert. Sie würden gern im Stau stehen mit dem Auto, das Sie nicht mögen. Sie würden gern Ihren Mann haben, der Ihnen auf die Nerven geht. Sie würden zu gern in dem Haus leben, das Sie zu klein finden.

Vielleicht denken Sie: „Sobald ich in ein anderes Stadtviertel ziehe, werde ich glücklich sein." Warum beschließen Sie nicht eher, dort glücklich zu sein, wo Sie sind? Beschließen Sie, eine gute Einstellung zu haben, ohne darüber nachzudenken, was Sie haben oder nicht haben.

> Sie bestimmen, wie Ihr Tag wird

Unser Glück hängt unmittelbar mit unserer Lebenseinstellung zusammen. Jemand steht morgens auf und sagt: „Guten Morgen, lieber Herr." Und ein anderer steht auf und sagt: „Ach Herr, es ist Morgen." Welche Person sind Sie?

Sie bestimmen, wie Ihr Tag wird. Sie sind so glücklich, wie Sie sein wollen. Es sind nicht Ihre Lebensumstände, die Sie unglücklich machen, sondern Ihre Reaktion darauf.

Sehr oft machen wir uns selbst unglücklich. Wir können den Verkehr nicht beeinflussen, auch nicht das Wetter oder die Art und Weise, wie andere uns behandeln. Wenn unser Glück davon abhängt, dass alles nach unseren Wünschen verläuft und jeder uns gut behandelt, dann werden wir frustriert sein.

Bevor wir morgens das Haus verlassen, sollten wir beschließen, positiv eingestellt zu sein und den Tag zu genießen, egal, was auf uns zukommt. Wir müssen uns im Vorfeld dazu entschließen.

In Kolosser 3,2 lesen wir: „Richtet also eure Gedanken nach oben und nicht auf die irdischen Dinge" (GN). Die Dinge „von oben" sind die positiven Dinge. Wenn wir morgens aufstehen, können wir uns innerlich auf Sieg und Gelingen einstellen: „Dies wird ein großartiger Tag. Gottes Wohlwollen liegt über meinem Leben. Ich freue mich auf meine Zukunft."

Wenn unsere Einstellung positiv ist, voller Hoffnung und Erwartung guter Dinge, dann werden wir Dinge erleben, die wir uns nicht hätten träumen lassen. Neue Türen werden sich öffnen. Es wird neue Möglichkeiten geben und die richtigen Menschen werden unseren Weg kreuzen.

Wenn wir jedoch nicht auf unsere Einstellung achten, dann werden die negativen Gedanken die Kontrolle übernehmen. Wir können den Tag nicht neutral beginnen. Wenn wir passiv im Bett liegen, werden negative Gedanken aufkommen: „Du wirst niemals deine Träume erfüllen. Du wirst nie heiraten. Du bist zu alt. Es wird dir nicht besser gehen. Nie passiert dir etwas Gutes. Du wirst es nie schaffen, die Schulden zurückzuzahlen."

STELLEN SIE SICH AUF SIEG EIN

Vielleicht ist es Ihnen nicht bewusst, doch solche Gedanken geben die Richtung vor für Niederlage, Versagen und einen lausigen Tag. Das Erste, was Sie am Morgen tun sollten, ist das Ausrichten Ihrer Gedanken in die richtige Richtung. Vielen Menschen fehlt es an Energie, Freude, Vision und Begeisterung. Ihre Gedanken sind negativ eingestellt. Und das geht schon so lange, dass sie es gar nicht mehr anders kennen. Es ist normal geworden.

Solche Menschen gehen durch den Tag mit der Erwartung, dass er Probleme und schwierige Situationen mit sich bringen wird. Sie rechnen damit, ihre Erledigungen und Termine kaum zu schaffen und von den anderen schlecht behandelt zu werden. Sie leben nach Murphys Gesetz: *„Alles, was schiefgehen kann, wird auch schiefgehen* … und zwar zum ungünstigsten Zeitpunkt. Die Dinge werden länger dauern als geplant. Es wird schwieriger werden als es aussieht."

Diese Menschen haben ihre Gedanken nicht positiv ausgerichtet, und so erwarten sie, dass negative Dinge eintreten werden. Sie fragen sich, warum sie es so schwer haben und nicht vorankommen. Das liegt daran, dass ihre Gedanken auf Niederlage, Unglück und Versagen ausgerichtet sind.

> Sie wurden nicht für ein durchschnittliches Leben geschaffen

Sollten Sie in diese negative Denkweise hineingeraten sein, dann müssen Sie Ihre Perspektive ändern. Sie sind ein Kind des großen, allmächtigen Gottes. Sie wurden mit Gnade gekrönt. Sie wurden keinesfalls dafür geschaffen, ein durchschnittliches Leben zu führen, in dem Sie gerade so über die Runden kommen und meistens den Kürzeren ziehen.

Sie wurden dafür geschaffen, der Kopf und nicht der Schwanz zu sein, zu leihen und nicht auszuleihen und als Königskind zu herrschen, wie es die Bibel in 5. Mose 28,8–13 ausdrückt. Sie haben königliches Blut. Der Sieg ist in Ihre DNA eingeschrieben.

Befreien Sie sich von dieser negativen Haltung und richten Sie Ihre Einstellung auf Sieg aus, auf Wachstum und auf gute Gelegenheiten. Beginnen Sie, damit zu rechnen, dass Ihre Pläne funktionieren. Rechnen Sie damit, dass die anderen Sie gut behandeln. Erwarten Sie einen produktiven Tag.

Sollte dieser nicht so eintreffen, dann fallen Sie nicht in Ihre alte negative Mentalität zurück: „Ich hätte wissen müssen, dass das für mich nicht funktioniert. Ich habe nie Glück. Ich finde nie einen guten Parkplatz. Diese Leute behandeln mich immer schlecht. Ich brauche immer länger als alle anderen."

Sie sind kein Opfer. Sie sind ein Gewinner. Sie würden keinen Widerstand erleben, wenn nicht etwas Erstaunliches in Ihrer Zukunft bereitliegen würde. Bewahren Sie Ihr Lächeln. Bleiben Sie voller Elan. Bleiben Sie positiv. Bewahren Sie die Hoffnung. Gott sitzt immer noch auf dem Thron.

Wenn Sie bitter, negativ und pessimistisch sind und mit dem Schlimmsten rechnen, dann werden Sie Ihre Bestimmung nicht erreichen. Vielleicht haben Sie in der Vergangenheit eine Menge negative, ungerechte Erfahrungen gemacht, aber Sie dürfen nicht zulassen, dass dies zu einer inneren Festung wird, zu einer Haltung, die mit nichts Gutem mehr rechnet. Leben Sie nicht mit einer derart negativen Einstellung.

Wenn Gott Ihnen alles zeigen würde, was er für Sie bereithält, dann wären Sie damit völlig überfordert. Wenn Sie die Türen sehen könnten, die er öffnen wird, oder die Gelegenheiten, die er

Ihnen schenken wird, oder die Leute, die er auf Ihren Weg schicken wird – dann wären Sie so überwältigt und begeistert, dass es leicht wäre, Ihre Gedanken auf Sieg einzustellen.

Doch es geht darum zu glauben. Sie müssen erst glauben, bevor Sie schauen können. Gottes Liebe und Gnade umgibt Sie wie ein Schild. Jeder Rückschlag ist eine Gelegenheit für ein Comeback. Jede ungünstige Situation, jede Enttäuschung, jede Person, die Ihnen Unrecht tut, ist Teil des Plans, Sie dorthin zu bringen, wo Gott Sie haben will.

Tappen Sie nicht in die Falle, negativ oder selbstzufrieden zu sein und einfach hinzunehmen, was das Leben Ihnen bringt. Geben Sie den Ton an für Sieg, Erfolg und neue Ebenen in Ihrem Leben. Erweitern Sie Ihre Vision. Geben Sie Gott Raum, um etwas Neues in Ihrem Leben zu tun. Sie haben vielleicht bisher nur an der Oberfläche dessen gekratzt, was er für Sie bereithält.

SEIEN SIE VOLLER HOFFNUNG

Ich sprach einmal mit einem Reporter, bei dem ich deutlich spürte, dass er gegen meine positive und von Hoffnung erfüllte Botschaft war. Er fragte mich, was ich jemandem sagen würde, der gerade seinen Job verloren hat, sein Haus verlieren wird, nicht weiß, wohin er gehen soll und noch mit anderen Problemen zu kämpfen hat. Er beschwor die schlimmstmögliche Situation herauf.

Ich sagte: „Zuallererst würde ich diese Person dazu ermutigen, etwas zu finden, wofür sie dankbar sein kann, und danach würde ich ihr Mut machen, damit zu rechnen, dass sich die Dinge wenden werden, dass sich neue Türen öffnen werden, dass Durchbrüche möglich sind."

In der Bibel heißt es: „Wir sitzen im Finstern, aber der Herr ist unser Licht" (Micha 7,8). Wenn wir keinen Ausweg sehen und alles dunkel erscheint, dann sind wir in der bevorzugten Situation, dass Gottes Licht scheinen wird.

Der Reporter fragte: „Gibt man dem Betroffenen damit nicht falsche Hoffnung?"

Nun, die Alternative wäre folgendes: Ich könnte ihm vorschlagen, negativ und verbittert zu sein, aufzugeben, sich zu beklagen und deprimiert zu werden. Und das würde alles nur noch schlimmer machen.

Vielleicht befinden Sie sich gerade in einer schwierigen Situation. Seien Sie nicht negativ, sondern schalten Sie auf stur: „Ich weigere mich, mit einer negativen Haltung zu leben. Ich gebe meine Träume nicht auf. Ich sehe zwar im Moment keinen Weg, aber ich weiß, dass Gott einen Weg für mich hat. Es ist zwar dunkel um mich herum, aber ich warte auf Gottes Licht, das hineinstrahlen wird. Ich stelle mich auf Sieg ein."

Aktivieren Sie Ihren Glauben

So wird Gottes Handeln ausgelöst. Es geht nicht allein um eine Willensfrage. Es geht nicht darum, einfach eine positive Einstellung zu haben. Es geht darum, unseren Glauben zu aktivieren. Wenn wir glauben, so findet das Gottes Beachtung. Wenn wir damit rechnen, dass sich unsere Träume erfüllen, dass wir wieder gesund werden, dass uns Gutes widerfahren wird und Gottes Wirken in Beziehungen erleben werden, dann macht sich der Schöpfer des Universums an die Arbeit.

Vielleicht haben Sie eine Unmenge schlechter Erfahrungen gemacht, doch nehmen Sie das nicht als Entschuldigung, um negativ eingestellt zu sein. Eine gute Erfahrung kann alle schlechten übertrumpfen. Eine Berührung mit Gottes Liebe kann Sie weiter bringen, als Sie sich je hätten vorstellen können. Vielleicht haben Sie den Eindruck, hinterherzuhinken und nicht dort zu sein, wo Sie hinkommen wollten. Seien Sie unbesorgt: Gott weiß, wie verlorene Zeit aufgeholt werden kann. Er weiß, wie Dinge beschleunigt werden können.

Nun haben Sie Ihren Teil zu tun. Schütteln Sie die negative Einstellung ab. Schütteln Sie Pessimismus, Entmutigung und Selbstmitleid ab. Lassen Sie das Feuer in Ihnen neu entfachen. Das Leben zieht an Ihnen vorbei, und Sie haben keine Zeit, um negativ zu sein. Sie haben eine Bestimmung zu erfüllen. Sie haben eine Aufgabe zu vollenden. Was in Ihrer Zukunft liegt, ist größer als alles, was Sie in der Vergangenheit gesehen haben. Wir müssen uns von Murphys Gesetz lossagen und genau mit der gegenteiligen Haltung leben: „Wenn irgendetwas heute gut laufen kann, dann werde ich es erleben, und zwar zum richtigen Zeitpunkt. Nichts wird so schwierig sein, wie es aussieht. Nichts wird so lange dauern, wie es scheint."

Warum? Sie stehen unter allerhöchster Gnade! Der allmächtige Gott atmet in Ihre Richtung. Sie wurden gesalbt, ermutigt und bevollmächtigt.

Einige Leute sagen, ich würde einfach Hoffnungen nähren und versuchen, die Leute zu einer positiveren Einstellung zu bewegen. Das stimmt, denn Gott ist ein positiver Gott. Nichts an ihm ist negativ. Wenn wir negativ, bitter oder pessimistisch sind, dann schwimmen wir gegen den Strom Gottes.

Wenn man von Houston nach Los Angeles fliegt, dann dauert der Hinflug immer 30 Minuten länger als der Rückflug. Das liegt daran, dass sich der Jetstream von Westen nach Osten bewegt. Auf dem Flug nach Los Angeles befindet sich ein starker Luftwiderstand, der das Flugzeug verlangsamt. Neulich hatten wir auf diesem Flug einen Gegenwind von 200 Kilometer pro Stunde. In einer solchen Situation muss das Flugzeug härter arbeiten, es verbraucht mehr Treibstoff und Energie.

> Gott ist ein
> positiver Gott

Auf dem Rückflug ist genau das Gegenteil der Fall. Der Jetstream bewegt sich nun zu unseren Gunsten, der Flug ist leichter und sowohl Zeit als auch Energie wird gespart.

Mit unserem Leben verhält es sich genauso. Wenn wir positiv und voller Hoffnung sind, wenn wir mit guten Dingen rechnen, dann befinden wir uns im Jetstream des allmächtigen Gottes. Die Dinge werden einfacher sein. Wir werden mehr leisten, glücklicher leben und Wachstum und Gnade in unserem Leben sehen. Wenn wir dagegen negativ eingestellt und mutlos sind, dann wird alles zum Kampf; wir müssen uns noch mehr anstrengen und können das Leben nicht genießen.

ACHTEN SIE DARAUF, WORÜBER SIE NACHDENKEN

Wir können nicht negativen Gedanken nachhängen und gleichzeitig ein positives Leben führen. Wenn wir denken „Diese Chemieklausur werde ich niemals bestehen. Ich habe keine Lust, zur

Arbeit zu gehen. Meine Ehe wird nicht halten. Ich werde nie die richtige Person treffen", dann stemmen wir uns gegen den Strom.

Unser Leben folgt unseren Gedanken. Wir ziehen das, worüber wir nachdenken, wie ein Magnet in unserem Leben an.

„Ich werde diesen Test nicht bestehen." Damit ziehen wir die Niederlage an.

„Ich halte es nicht mehr aus, zur Arbeit zu gehen." Wir ziehen Negativität an.

„Ich werde nie die richtige Person treffen." Wir ziehen Einsamkeit an.

„Ich werde meine Träume nie erfüllen." Wir ziehen Mittelmäßigkeit an.

Ich las eine Studie über Personen, die eine arthroskopische Knieoperation benötigten. Ihre Knie waren völlig abgenutzt und die Gelenke sollten gereinigt werden. Bei einigen der Patienten gab der Chirurg mit Wissen und Erlaubnis der Familie im Interesse der Studie nur vor, die Operation durchzuführen. Anstatt das Kniegelenk zu säubern und tatsächlich zu operieren, wurden die Patienten betäubt und der Arzt nahm drei winzige Einschnitte rund um das Knie vor, als ob eine Operation stattgefunden hätte.

Unser Leben folgt unseren Gedanken

Als die Patienten erwachten, glaubten sie, die Operation hätte stattgefunden. Interessant ist, dass nach zwei Jahren die Patienten mit der nicht stattgefundenen Operation die gleiche Schmerzerleichterung empfanden wie diejenigen, die tatsächlich operiert worden waren.

Nun glauben Sie vielleicht, dass die Patienten, die nicht operiert worden waren, keine Schmerzen empfanden, weil sie mental getäuscht worden waren. Doch so war es nicht. Als die Ärzte über einen längeren Zeitraum hinweg die Knie dieser Personen untersuchten, konnten sie Verbesserungen feststellen, obwohl kein Eingriff erfolgt war. Ihre Schlussfolgerung lautete: Wenn das Gehirn damit rechnet, dass es dem Knie besser geht, dann geht es dem Knie besser, auch ohne Operation. Allein der Gedanke, das Knie sei geheilt, half dem Körper, tatsächlich den Heilungsprozess zu vollziehen.

Doch wie viele Menschen sind auf Niederlage, Versagen und Mittelmäßigkeit programmiert? Sie sagen sich tausende Male: „Mir wird es nie gut gehen." Ihr Gehirn arbeitet dann entsprechend diesen negativen Gedanken und sendet folgende Botschaft: „Wir wollen dafür sorgen, dass es ihm nie besser geht. Wir werden Entzündungen, Krankheit und Unwohlsein hervorrufen."

Wie viele Menschen gehen durch den Tag mit dem Gefühl, ungeeignet, minderwertig und unsicher zu sein? Ihr Gehirn sagt: „Ich habe meine Instruktionen. Ich werde ausführen, wozu man mich anweist. Ich werde dafür sorgen, dass sich diese Person ungeschickt und langsam bewegt und keine guten Ideen hat. Sie wird Fehler machen."

Wo liegt das Problem? Diese Personen haben die Niederlage vorprogrammiert. Ihr Geist funktioniert perfekt.

Die gute Nachricht lautet: Er funktioniert auch in die richtige Richtung! Wenn wir durch den Tag gehen mit Gedanken wie: „Ich bin gewappnet, ich bin bevollmächtigt, ich bin fähig", dann macht sich unser Gehirn an die Arbeit: „Ich werde dafür sorgen, dass diese Person auf der Höhe ist, dass sie geschickt, intelligent, kreativ und selbstsicher ist."

Vielleicht sind Sie krank. Sagen Sie nicht: „Mir wird es nie wieder gut gehen." Sagen Sie stattdessen: „Es geht mir immer besser. Gesundheit und Heilung durchströmen mich. Gott erneuert meine Jugend."

Das Gehirn macht sich an die Arbeit und sagt unserem gesamten Körpersystem: „Hast du gehört, was die Person gesagt hat? Sie sagt, sie sei gesund, unversehrt, stark. Also mach dich an die Arbeit und bewirke die Heilung. Schaffe neue Zellen. Setze Kraft, Energie und Vitalität frei."

Vielleicht kämpfen Sie gegen eine Sucht. Sagen Sie nicht: „Ich werde diese Sucht nie überwinden. Ich bin einfach abhängig." Wenn Sie glauben, dass Sie süchtig sind, dann werden Sie immer süchtig bleiben.

Wenn Sie negativen Gedanken nachhängen und mit Niederlagen rechnen, dann vergiften Sie Ihr Körpersystem. Sie sagen dann Ihrer Kommandozentrale – Ihrem Verstand, diesem unglaublichen Instrument, das Gott uns gegeben hat –, es solle Niederlagen, Versagen und Mittelmäßigkeit freisetzen. Aus diesem Grund fordert uns die Bibel dazu auf, über unseren Verstand zu wachen.

Wenn Sie versuchen, Gewicht zu verlieren, sagen Sie nicht: „Ich werde nie abnehmen. Ich habe nicht genug Disziplin. Mein Stoffwechsel ist völlig durcheinander, und selbst wenn ich den ganzen Tag über Sport machen würde, würde sich nichts ändern."

Wenn Sie das tun, dann sagt Ihr Verstand Ihrem Körpersystem: „Bleib in diesem Chaos. Speichere jede Kalorie. Sorge für neue Hungerattacken. Nimm die Lust auf Sport weg. Sorge dafür, dass sich diese Person schlecht fühlt und all ihre Energie aufbraucht."

Wenn Sie morgens aufstehen, dann sagen Sie sich – egal, wie Sie sich fühlen: „Ich bin dabei abzunehmen. Ich bin stark, gesund und voller Energie. Ich bin diszipliniert und selbstbeherrscht. Ich sehe gut aus. Ich fühle mich gut. Ich denke gut."

KONZENTRIEREN SIE SICH AUF DAS POSITIVE

Hier ist der Schlüssel: Wenn ein Gedanke in Ihnen aufkommt, dann heißt das nicht, dass Sie dabei verweilen müssen! Sie sind derjenige, der die Tür zu Ihren Gedanken kontrolliert. Wenn der Gedanke negativ und entmutigend ist und Sie herunterzieht, dann lassen Sie ihn fahren. Gehen Sie nicht darauf ein. Halten Sie die Tür geschlossen. Entscheiden Sie sich dafür, bei Gedanken zu verweilen, die Ihnen Kraft geben, Sie inspirieren und dazu ermuntern, Glaube, Hoffnung und Freude zu haben.

Wenn Sie Ihr Denken mit den richtigen Gedanken füllen, dann bleibt kein Raum mehr für falsche Gedanken. Den ganzen Tag über sollten Sie sich auf Positives konzentrieren: „Ich werde etwas Gutes erleben. Ich bin stark, gesund, talentiert, diszipliniert. Es macht Spaß, mit mir zusammen zu sein. Mit Christus an meiner Seite kann ich alles schaffen. Ich werde diese Chemieklausur bestehen. Ich werde die richtige Person treffen. Ich werde diese Herausforderung bewältigen. Meine besten Tage liegen noch vor mir."

Wenn unsere Gedanken mit Glauben, Hoffnung und Sieg erfüllt sind, dann werden wir die guten Dinge Gottes anziehen.

Ich las über eine Frau, die jahrelang krank gewesen war. Sie hatte verschiedene Ärzte konsultiert, doch niemand fand heraus, woran sie litt. Sie war sehr negativ eingestellt und redete ständig davon, wie schlecht es ihr ging und dass es nie besser werden würde. Wie ein Magnet zog sie immer mehr Krankheiten an.

Der eigentliche Kampf findet in unseren Gedanken statt. Womit beschäftigen sich Ihre Gedanken den ganzen Tag über? Genau das ziehen Sie an.

Jene Frau ging erneut zu einem anderen Arzt und klagte ihm ihr Leid. Ihr negatives Reden nahm kein Ende. Der Arzt bemerkte ihre negative Einstellung und beschloss, ihr ein ungewöhnliches Rezept auszustellen. Er hatte das noch nie zuvor getan.

Er sagte: „Jede Stunde, in der Sie wach sind, sagen Sie mindestens sechs Mal: „Mir wird es von Tag zu Tag in jeder Hinsicht immer besser gehen." Die Frau fand das merkwürdig und sagte: „Herr Doktor, das werde ich ganz sicher nicht tun. Ich möchte ein richtiges Medikament."

„Nein, folgen Sie meinem Rat, und danach sehen wir weiter", sagte der Arzt.

Die Patientin begann, 50 bis 60 Mal am Tag zu tun, was der Arzt ihr empfohlen hatte, und schon bald begann sich ihre Einstellung zu verändern. Innerhalb weniger Tage fühlte sie sich bereits besser. Einige Wochen später kehrte ihre Kraft zurück und damit auch ihre Lebensfreude.

Einen Monat später war sie ein anderer Mensch. Alle Symptome waren verschwunden. Sie ging zu ihrem Arzt. Er sah sich ihre Blutwerte an und sagte ihr, dass alles vollkommen normal sei.

Erlauben Sie sich, Ihre Träume zu erfüllen

Wie kam dieser Unterschied zustande? Sie hatte ihre Denkweise verändert. Anstatt

Krankheit wie ein Magnet anzuziehen, hatte sie begonnen, Gesundheit anzuziehen.

Manchmal geht es unserem Körper nicht besser, bevor unser Verstand ihm sagt, dass es ihm besser gehen soll. Sie werden Ihre Träume nicht erfüllen, wenn Sie denken: „Ich habe nie gute Gelegenheiten. Ich kenne nicht die richtigen Leute. Ich habe nicht genug Geld und nicht die richtige Bildung."

Sie müssen sich selbst die Erlaubnis geben, Ihre Träume zu erfüllen; die Erlaubnis, Ihre Schulden zu regeln; die Erlaubnis, Hindernisse zu überwinden. Ihre besseren Tage beginnen in Ihren Gedanken.

Studien zufolge sinkt unser Serotonin-Spiegel, wenn wir negative und traurige Gedanken hegen, und als Folge davon fühlen wir uns niedergeschlagen. Es spielt sich nicht nur in unserem Kopf ab. Es wirkt sich auf unsere Stimmung aus. Wenn wir dagegen jeden Tag mit einer positiven seelischen Verfassung aufstehen, voller Hoffnung sind und gute Dinge erwarten, dann werden Endorphine freigesetzt, die dafür sorgen, dass wir uns glücklich fühlen. Wir werden mehr Energie haben, denn wenn wir positiv gestimmt sind, dann werden wir beflügelt.

Wenn wir mit negativen Gedanken durch den Tag gehen, dann saugen sie unseren Glauben, unsere Energie und unsere Begeisterung aus uns heraus. Es ist dann so, als ob ein riesiges Vakuum all die guten Dinge aus uns herauspumpte, die Gott in uns hineingelegt hat. Sie würden staunen, wie viel besser Sie sich fühlen würden, wie viel mehr Sie leisten und wie viel weiter Sie kommen würden, wenn Sie sich diese positive Mentalität zu eigen machen würden.

Sie müssen bewusst positive Gedanken denken: „Dies wird

ein großartiger Tag. Dies ist mein Jahr. Ich rechne mit überfließendem Segen."

In der Bibel wird es so ausgedrückt: „Ändert euch durch Erneuerung eures Sinnes" (Römer 12,2; LÜ). Ich habe herausgefunden, dass die Einstellung von gestern für heute nicht genug ist. Jeden Morgen müssen wir bewusst eine neue, frische Haltung annehmen: „Ich werde heute glücklich sein. Ich werde gut zu den anderen sein. Ich werde mit Gottes Segensstrom schwimmen und mich nicht über Dinge ärgern. Ich weiß, dass Gott die Kontrolle in seinen Händen hat. Er lenkt meine Schritte. Kein Hindernis ist unüberwindbar. Kein Traum ist zu groß. Ich bin fähig, das zu tun, wozu Gott mich berufen hat."

Diese frische, erneuerte Haltung wird uns in Gottes Jetstream hineinnehmen. Wir werden Dinge vollbringen können, die wir allein nie geschafft hätten. Wir werden produktiver sein. Wir werden mehr Weisheit, Kreativität und gute Ideen haben. Wir werden größere, mächtigere Hindernisse überwinden.

ERNEUERN SIE IHRE INNERE HALTUNG

Viele Menschen verlassen sich auf die Haltung von gestern, von letzter Woche oder vom letzten Jahr. Das ist alt und abgestanden! Beginnen Sie, jeden Morgen eine neue Haltung anzunehmen. Bringen Sie Ihre Gedanken auf die richtige Spur. Entwickeln Sie die Gewohnheit, mit einer positiven Denkart zu leben.

Genau das tat Daniel, von dem in der Bibel berichtet wird. Wir lesen von ihm, dass er einen „herausragenden Geist" hatte.

Er hob sich von der Masse ab. Wie war das möglich? Er stand jeden Morgen früh auf, öffnete sein Fenster und dankte Gott für den Tag. Er dankte ihm für seine Güte und dafür, dass er ihn befähigte. Er nahm jeden Morgen diese frische Haltung an und war auf Sieg programmiert.

Daniel lebte im Exil und diente dem dortigen König, der eines Tages ein Gesetz erließ, nach dem niemand einen anderen Gott als den König anbeten durfte. Bei Nichtbeachtung dieses Gesetzes drohte der Tod in der Löwengrube. Doch Daniel ließ sich durch diese Bedrohung nicht aufhalten. Er stand immer noch jeden Morgen auf, um zu seinem Gott zu beten.

Daniels Feinde erzählten dies dem König. Dieser mochte Daniel sehr, doch er hatte das Gesetz bereits erlassen und konnte sein Wort nicht zurücknehmen. Daniel sagte: „Mach dir keine Sorgen. Der Gott, dem ich diene, wird mich retten."

Das geschieht, wenn man den Tag mit Glauben beginnt und sich bewusst positiv einstimmt. Wenn Sie sich in einer schwierigen Situation befinden, dann weichen Sie nicht zurück und denken: „Warum passiert mir das?" Stattdessen stehen Sie voller Glauben auf und sagen: „Mein Gott ist zu allem fähig. Ich bin für diesen Kampf ausgerüstet. Mit Christus kann ich alles tun. Wenn Gott für mich ist, wer könnte gegen mich sein?"

Die Beamten des Königs warfen Daniel in die Löwengrube, in der sich mehr als 100 hungrige Löwen befanden. Jeder rechnete damit, dass Daniel innerhalb weniger Minuten von den Löwen gefressen würde. Doch wer eine glaubensvolle Haltung einnimmt, für den wird Gott die Kämpfe ausfechten.

Gott sandte einen Engel, der den Rachen der Löwen verschloss. Der König kam am nächsten Morgen, um nach Daniel zu sehen, und der lag auf dem Boden und ruhte sich aus. Der König ließ ihn aus der Grube herausholen und sagte: „Von nun an werden wir alle den Gott Daniels anbeten, den wahren, lebendigen Gott."

Es ist interessant, dass die Bibel nichts Negatives über Josef und Daniel berichtet. Ich bin sicher, dass auch sie Fehler gemacht haben, doch es wird nichts darüber berichtet. Von anderen großen Glaubenshelden wie Abraham, David, Mose, Paulus und Petrus werden Fehler berichtet.

Daniel und Josef waren gute Leute in einer schlechten Umgebung. Sie erfuhren viel Ungerechtigkeit. Sie wurden misshandelt und standen vor enormen Herausforderungen. Wenn man ihre Lebensgeschichte studiert, wird man einen gemeinsamen Nenner finden: Sie waren immer positiv eingestellt. Sie hatten eine glaubensvolle Haltung. Sie suchten keine Entschuldigungen und sagten nicht: „Gott, warum passiert mir das?"

Sie begannen jeden Tag mit einer guten Einstellung, in dem Wissen, dass ihr Gott zu allem fähig war. Sie erfuhren Gottes Segen und Gnade auf erstaunliche Weise. Vielleicht sind auch Sie ein guter Mensch, aber Sie befinden sich in ungünstigen Umständen.

Dann ist es leicht, negativ zu sein und zu sagen: „Ich verstehe einfach nicht, warum mein Kind einen falschen Weg eingeschlagen hat. Warum ist mir diese Krankheit zugestoßen? Warum tun mir diese Leute Böses an?"

Verhalten Sie sich stattdessen wie Daniel. Stehen Sie jeden Morgen mitten im Kampf auf, schauen Sie nach oben und sagen Sie: „Herr, danke für diesen neuen, wundervollen Tag. Ich weiß, dass du allmächtig bist, größer als mein Problem, stärker als diese Krankheit und mächtiger als mein Feind. Danke, dass sich heute die Dinge zu meinen Gunsten wenden werden."

In schwierigen Zeiten müssen wir ganz besonders darauf achten, diese erneuerte Haltung zu haben. Wir müssen uns innerlich auf Sieg einstellen und an dieser Einstellung festhalten. Wenn negative Gedanken kommen, sollten wir sie beiseiteschieben und wie Daniel sagen: „Mein Gott ist zu allem fähig. Er hat in der Vergangenheit für mich gehandelt und er wird es auch in Zukunft tun."

Beginnen Sie jeden Tag voller Glauben

Ich möchte Sie heute vor folgende Herausforderung stellen: Achten Sie darauf, dass Ihre Gedanken auf der richtigen Spur bleiben. Wenn Sie positiv eingestellt sind, dann befinden Sie sich im Jetstream Gottes. Lernen Sie, bewusst positiv zu denken: „Dies wird ein großartiger Tag. Ich werde etwas Gutes erleben."

Beginnen Sie jeden Tag voller Glauben. Wenn Sie diese positive Haltung entwickeln, werden Sie nicht nur glücklicher, gesünder und stärker, sondern Sie werden auch – daran glaube ich ganz fest – mehr erreichen, als Sie sich je hätten träumen lassen. Sie werden Hindernisse überwinden, die unüberwindbar aussahen, und Sie werden voll und ganz die Person, die Gott im Sinn hatte, als er Sie erschuf. Sie schaffen das!

KAPITEL 5

Streben Sie nach Vorzüglichkeit

Wir leben in einer Gesellschaft, in der Mittelmäßigkeit die Norm ist. Viele Menschen tun gerade genug, um so eben zurechtzukommen. Sie sind nicht stolz auf ihre Arbeit oder auf ihre Persönlichkeit. Wenn man ihnen zuschaut, geben sie sich Mühe, doch wenn niemand zuschaut, dann nehmen sie den kürzeren und leichteren Weg.

Wenn wir nicht aufpassen, können wir uns leicht von dieser Mentalität anstecken lassen und es in Ordnung finden, zu spät zur Arbeit zu kommen, nicht besonders viel Wert auf unser Äußeres zu legen und nicht unser Bestes, sondern weniger zu geben. Doch Gott kann eine solche Einstellung nicht segnen. Gott segnet Vorzüglichkeit. Ich habe herausgefunden, dass die fünfte unverkennbare Charaktereigenschaft eines Gewinners das Streben nach Vorzüglichkeit ist.

Wenn wir einen Geist der Vorzüglichkeit haben, dann geben wir immer unser Bestes, egal ob man uns zuschaut oder nicht. Wir tun mehr, als wir tun müssen.

Andere Leute beklagen sich vielleicht über ihre Arbeit. Sie kleiden sich nachlässig und nehmen den bequemsten Weg. Lassen Sie sich nicht auf dieses Niveau herabsinken. Alle anderen machen vielleicht ihre Arbeit nachlässig, wurschteln sich in der Schule irgendwie durch, lassen ihren Rasen wachsen, aber: Sie sind nicht wie alle anderen. Sie heben sich von der Masse ab. Sie sind zu Vorzüglichkeit berufen. Gott möchte, dass Sie die höchsten Maßstäbe anlegen.

Sie sollten ein vorbildlicher Arbeitnehmer in Ihrem Unternehmen sein. Ihr Chef und Ihre Vorgesetzten sollten gegenüber neuen Angestellten sagen können: „Beobachten Sie ihn. Lernen Sie von ihr. Nehmen Sie die gleichen Gewohnheiten an.

Entwickeln Sie die gleichen Fähigkeiten. Diese Person ist allererste Sahne, immer pünktlich, mit einer großartigen Einstellung. Sie tut mehr, als von ihr verlangt wird."

Wenn Sie eine solche Haltung haben, werden Sie nicht nur Wachstum und Beförderung sehen, sondern Sie ehren Gott. Manche Menschen denken: „Um Gott zu ehren, gehe ich am Sonntag zum Gottesdienst. Um Gott zu ehren, lese ich in der Bibel." Das ist richtig, aber es ehrt Gott in gleichem Maße, wenn wir pünktlich zur Arbeit erscheinen. Es ehrt Gott, wenn wir produktiv sind. Es ehrt Gott, wenn wir jeden Tag gut aussehen.

Wenn wir nach Vorzüglichkeit streben, dann preist unser Leben Gott. Es ist ein machtvolles Zeugnis. Manche Menschen setzen nie den Fuß in eine Kirche. Sie hören nie eine Predigt. Sie lesen nicht in der Bibel. Doch sie lesen in unserem Leben. Sie beobachten, wie wir leben. Wir sollten nicht nachlässig sein. Wenn wir aus dem Haus gehen, dann sollten wir darauf achten, so gut wie möglich auszusehen – egal, ob wir Shorts oder einen Dreiteiler tragen. Wir repräsentieren den allmächtigen Gott.

Gehen Sie die zusätzliche Meile

Wenn wir am Arbeitsplatz sind, sollten wir nicht eine ruhige Kugel schieben und uns nur halbherzig anstrengen. Wir sollten alles geben, unser Allerbestes. Wir sollten uns so hervorheben, dass andere sich das wünschen, was wir haben.

Wenn Sie eine Person sind, die nach Vorzüglichkeit strebt, dann tun Sie mehr als nötig. Sie erfüllen nicht nur die absolut notwendigen Anforderungen. Sie gehen die zusätzliche Meile. Dieser Ausdruck stammt aus der Bibel. Jesus sagte in Matthäus 5,41: „Und wenn einer von dir verlangt, eine Meile mit ihm zu gehen, dann geh zwei Meilen mit ihm!" Damals durften römische Soldaten vom Gesetz her verlangen, dass jemand ihre Waffen trug.

ÜBERTREFFEN SIE ERWARTUNGEN

Jesus sagte gewissermaßen: „Tu mehr, als von dir verlangt wird. Trage die Waffen über zwei Meilen." So sollte unsere Einstellung sein: „Ich werde nicht nur das tun, was man von mir verlangt. Ich werde nicht das absolute Minimum geben, um meinen Job zu behalten. Ich bin eine Person, die nach Vorzüglichkeit strebt. Ich gehe über das hinaus, was von mir verlangt wird. Ich gebe mehr, als man von mir erwartet." Wenn Sie zum Beispiel um acht Uhr morgens am Arbeitsplatz erwartet werden, dann können Sie schon zehn Minuten früher da sein.

Sie produzieren mehr, als Sie müssten. Sie bleiben zehn Minuten länger. Sie beginnen nicht eine halbe Stunde vor Geschäftsschluss abzuschalten. Sie füllen den Tag vollständig aus. Manche Leute kommen eine Viertelstunde zu spät zur Arbeit. Sie holen sich einen Kaffee, spazieren durchs Büro und setzen sich schließlich eine halbe Stunde zu spät an ihren Arbeitsplatz. Sie verschwenden eine weitere halbe Stunde mit privaten Telefongesprächen und Surfen im Internet. Und dann wundern sie sich, warum sie nicht befördert werden. Gott belohnt keine Nachlässigkeit. Er belohnt Vorzüglichkeit.

Im Alten Testament lesen wir von Abraham, der seinen Diener in ein fremdes Land sandte, um dort eine Frau für seinen

Sohn Isaak zu finden. Abraham erklärte dem Diener, er würde wissen, dass er die richtige Frau gefunden hatte, wenn sie ihm und seinen Kamelen zu trinken anbieten würde. Der Diener kam bei Sonnenuntergang in der Stadt an. Eine wunderschöne, junge Frau namens Rebekka kam zum Brunnen. Der Diener sagte: „Ich bin so durstig. Würdest du deinen Eimer herunterlassen und mir etwas Wasser geben?"

Sie sagte: „Gern, und ich werde auch deine Kamele tränken."

Nun gibt es Folgendes zu bedenken: Nach einem langen Tagesmarsch kann ein Kamel rund hundert Liter trinken. Der Diener hatte zehn Kamele bei sich. Stellen Sie sich vor, was Rebekka tat. Nehmen wir an, ihr Schöpfgefäß fasste drei Liter Wasser. Dann sagte sie tatsächlich: „Ich werde nicht nur tun, worum du mich bittest, sondern auch noch 300 Mal das Schöpfgefäß herunterlassen, um deine Kamele zu tränken."

Rebekka ging weit über die Pflicht hinaus. Das Ergebnis war, dass sie als Braut für Isaak ausgewählt wurde, der zu der wohlhabendsten Familie der damaligen Zeit gehörte. Ich bezweifle, dass sie je wieder so viel Wasser schöpfen musste.

Gott belohnt Vorzüglichkeit. Wenn wir mehr tun, als von uns gefordert wird, werden wir Gottes Güte auf neue Weise erleben.

Vielleicht bitten Sie glaubensvoll um Gunst und Förderung für Ihr Leben, und das ist gut, aber es ist nur die eine Seite. Die andere ist Ihre Verantwortung sicherzustellen, dass Sie pünktlich zur Arbeit erscheinen, mehr tun, als man von Ihnen fordert, und dieses Jahr noch besser arbeiten als letztes Jahr.

Wir leben in einer Gesellschaft, in der Wettbewerb eine große Rolle spielt. Wenn man nicht Fortschritte macht, sich verbessert und neue Fähigkeiten erlernt, wird man schnell hinterherhinken.

An den Sonntagnachmittagen setze ich mich nach unserem letzten Gottesdienst mit einem Videoeditor hin und überarbeite meine eigenen Predigten. Ich habe in 15 Jahren mehr als 625 Predigten gehalten. Ich brauche nicht noch eine weitere Predigt anzuschauen. Wenn ich es jetzt noch nicht beherrschen würde, dann wohl niemals.

Und doch studiere ich noch immer jede einzelne Predigt, um zu sehen, was gut ist und was noch besser laufen könnte. Ich stelle fest, dass ich über einen bestimmten Punkt zu lange geredet habe oder dass ein anderer Teil der Predigt wirklich gelungen war. Vielleicht stelle ich fest, dass ich zu schnell spreche oder mehr in die andere Richtung der Zuhörerschaft schauen sollte.

Ich bin ständig damit beschäftigt, nicht nur meine Predigt an sich, sondern auch die Produktion, die Licht- und Kameraeinstellungen zu bewerten und zu analysieren. Ich bin davon überzeugt, dass es immer Raum für Verbesserungen gibt. Wir können es immer noch besser machen.

Fernsehzuschauer sagen mir manchmal: „Joel, ich höre dich nie stottern oder einen Fehler machen." Ich erkläre ihnen, dass es daran liegt, dass ich meine Predigten immer wieder überarbeite. Ich mache das seit 17 Jahren! Ich kann jedes Stottern, jede Pause verbessern. Ich muss das nicht tun. Meine Life-Übertragungen sind nicht schlecht, aber ich möchte, dass meine aufgezeichneten Predigten so gut wie möglich sind. Ich möchte nächstes Jahr nicht auf dem gleichen Niveau sein wie heute. Ich möchte effizienter und noch geübter sein und eine größere Wirkung erzielen.

BEMÜHEN SIE SICH UM VORZÜGLICHKEIT

Wenn Sie nach Vorzüglichkeit streben, werden Sie nie auf der Stelle treten. Sie werden immer wieder Schritte tun, um sich zu verbessern. Wohlwollen und Vorzüglichkeit gehen Hand in Hand. Wachstum, Förderung und das Erreichen Ihres höchsten Potenzials sind allesamt mit einer Haltung verbunden, die Vorzüglichkeit anstrebt.

Sich um gutes Aussehen zu bemühen und das, was man besitzt, sorgfältig zu behandeln, gehört ebenfalls zu diesem Lebensstil. Ich möchte nicht respektlos klingen, aber es gibt Leute, die mit Autos herumfahren, die seit dem letzten Jahrtausend nicht mehr gewaschen wurden. Sie waren einmal zweifarbig und sind mittlerweile vierfarbig. Sie würden ihren Kraftstoffverbrauch senken, wenn sie ihr Auto waschen würden. Sie erklären vielleicht, dass ihr Auto eine alte Schrottkiste sei und dass sie vorhaben, sich ein besseres Auto zu kaufen. Doch wenn wir das, was Gott uns gegeben hat, nicht sorgfältig behandeln, wie können wir dann damit rechnen, dass er uns mit mehr segnen wird?

Ich habe in Afrika Hütten mit Lehmboden gesehen, in denen es kein fließendes Wasser gab, doch alles war sauber, gut organisiert und aufgeräumt. Wie kommt das? Die Menschen, die dort wohnen, haben einen Geist der Vorzüglichkeit. Egal, ob wir viel oder wenig haben, egal, ob es alt oder neu ist, wir sollten stolz sein auf das, was Gott uns gegeben hat.

Nach den Gottesdiensten in unserer Gemeinde gehe ich in der Regel in den Besucherbereich, um unsere Gäste zu begrüßen. Wenn ich auf dem Weg dahin ein Kaugummipapier oder ein Mitteilungsblatt auf dem Boden sehe, dann hebe ich es auf. Ich muss das nicht tun. Jemand von unserem Team wird es irgendwann tun, doch wenn man das Streben nach Vorzüglichkeit verinnerlicht hat, ist es irgendwann tief verwurzelt. Wenn ich Müll herumliegen sehe, stört es mich.

Manchmal lassen die Kinder unserer Kindergruppe Kekskrümel auf den Boden im Flur fallen. Ich bitte meinen Assistenten jedes Mal, wenn es wirklich schmutzig ist, die Reinigungsmannschaft zu kontaktieren, damit die Leute, die zum nächsten Gottesdienst kommen, nicht diesen schmutzigen Flur sehen müssen. Warum? Es ist durchaus nicht vorzüglich, wenn der Boden schmutzig ist. Mir ist bewusst, dass unser Gemeindehaus den allmächtigen Gott repräsentiert. Ich fühle mich dafür verantwortlich, dass es bestmöglich aussieht. Deshalb werden regelmäßig die Wände gestrichen. Wir sorgen dafür, dass der Rasen perfekt aussieht, die Flure sauber sind, die Ausstattung funktioniert, die Kameras auf dem neuesten Stand der Technik sind und die Übertragung von exzellenter Qualität ist.

> Gott ist nicht zweitklassig

Warum? Wir repräsentieren Gott, und Gott ist nicht nachlässig. Gott ist nicht heruntergekommen. Gott ist nicht zweitklassig. Er ist ein vorzüglicher Gott.

Das bedeutet nicht, dass Sie das Beste haben müssen, um ihn zu repräsentieren – es bedeutet, dass Sie so sorgfältig wie möglich mit dem umgehen, was er Ihnen gegeben hat. Manchmal kann ein Eimer Farbe den entscheidenden Unterschied machen – oder Unkraut zupfen, den Teppich saugen oder Dinge besser organisieren. Tun Sie, was Sie können, um Gott auf vorzügliche Weise zu repräsentieren.

Als unsere Kinder klein waren, fuhren wir mit ihnen nach Disneyland. Es war unglaublich sauber dort. Ich habe nicht einen einzigen Kaugummi auf dem Boden kleben sehen. Der Park wird jährlich von Hunderttausenden besucht, und doch sieht er aus wie nagelneu. Ich fragte mich: „Wie schaffen sie das?" Eines Tages sah ich einige Angestellte mit Geräten herumgehen, die Kaugummi aufkratzen. Sie sind den ganzen Tag über damit beschäftigt.

Wenn Disney imstande ist, seine Parks so sauber und erstklassig zu erhalten, dann sollten wir dafür sorgen, dass Gottes Haus sauber und erstklassig ist. Und wir sollten denselben Maßstab an unser Leben anlegen – an unser Haus, unser Auto, unsere Kleidung, unseren Arbeitsplatz und unser Büro. Ich schlage hier keineswegs vor, jede Menge Geld auszugeben. Es geht darum, das, was Gott uns gegeben hat, sorgfältig zu behandeln. Ich empfehle Ihnen, dabei Vorzüglichkeit als Maßstab anzulegen.

Vor einigen Jahren fuhr ich zu dem Gemeindehaus, das wir vor unserem aktuellen Gebäude benutzten. An jenem Tag fiel mir auf, dass viele Leute in der Gegend ihr Zuhause vernachlässigten. Die Rasen waren nicht gemäht. Überall wuchs Unkraut. Alle möglichen Dinge wurden draußen abgestellt.

Ich will nicht zu kritisch klingen, aber es sah einfach schlampig aus, ein Haus nach dem anderen. Und dann fiel mir mitten unter all diesen vernachlässigten Häusern eines auf, das völlig herausstach: Der Rasen war gemäht. Der Hof war sauber. Das Haus war frisch gestrichen. Alles war an seinem Platz.

Als ich zur Gemeinde ging, sprach ich mit jemandem über dieses Haus, und mein Gesprächspartner sagte: „Weißt du nicht, wessen Haus das ist? Es sind die XYs. Sie gehören zu unseren treuesten Gemeindemitgliedern." Das überraschte mich überhaupt nicht. *Lakewood*-Mitglieder streben nach Vorzüglichkeit.

Sie hoben sich aus der Menge hervor. Sie stellten etwas Besseres dar. Sie hätten leicht denken können: „Niemand hier in der Gegend kümmert sich um Haus und Garten, warum sollten wir es tun?" Stattdessen hatten sie beschlossen, eine Einstellung der Vorzüglichkeit zu haben.

Vielleicht befinden Sie sich heute in einer Situation, in der alle Leute um Sie herum faul und nachlässig sind. Alle nehmen den einfachsten Weg. Lassen Sie nicht zu, dass dies auf Sie abfärbt. Sie sollten die Person sein, die Vorzüglichkeit sucht. Sie sollten sich von der Masse abheben.

Vielleicht sagen Sie: „Joel, habe ich dieses Buch im Ernst gekauft, damit du mir erzählst, ich solle mein Haus sauber halten?" Nicht nur das, Sie sollten auch den Rasen mähen! Und wo Sie schon mal dabei sind, können Sie auch noch die Garage aufräumen!

Im Ernst: Welches Vorbild sind wir für unsere Freunde, Nachbarn und Kollegen, wenn unser Garten ungepflegt und unser Auto schmutzig ist und wir ständig zu spät zur Arbeit kommen? Das ist jedenfalls keine gute Repräsentation, und die Wahrheit lautet: Sie sind nicht so! Gott hat Sie als vorzügliche Person geschaffen. Vielleicht haben Sie nur Mittelmäßigkeit oder Schlampigkeit zum Vorbild gehabt, und vielleicht sind die Leute in Ihrem Umfeld ständig unpünktlich und undiszipliniert. Doch Gott hat Sie dazu berufen, einen neuen Maßstab anzulegen.

> Gott hat Sie als vorzügliche Person geschaffen

Er möchte Sie höher hinauf bringen, als Sie sich je erträumt hätten, doch Sie müssen Ihren Teil dazu beitragen und die Vorzüglichkeit in Ihrem Innern wachrütteln. Suchen Sie keine Entschuldigungen. Sagen Sie nicht: „So bin ich eben, und so war ich schon immer." Nehmen Sie die Herausforderung an und strecken Sie sich nach einem höheren Niveau der Vorzüglichkeit aus.

Das hat auch Auswirkungen auf Ihr persönliches Erscheinungsbild – wie Sie sich kleiden und wie Sie sich präsentieren. Wir haben alle einen unterschiedlichen Stil und Geschmack. Es geht hier nicht um richtig oder falsch. Vielleicht mögen Sie keine Anzüge, und das ist völlig in Ordnung. Worum es im Kern geht: Sie sollten sich so präsentieren, dass Sie darauf stolz sein können.

Gehen Sie nicht ungepflegt aus dem Haus, mit dem Gefühl, dass Sie nicht Ihr Bestes geben oder sich nicht die nötige Zeit genommen haben, um sich herzurichten. Sie sind der Tempel des Allerhöchsten!

KÜMMERN SIE SICH UM SICH SELBST

Gott wohnt in uns. Wir sollten uns Zeit nehmen, uns um uns selbst zu kümmern. Vor allem viele Frauen kümmern sich um alle anderen, setzen ihre Kinder an die erste Stelle, bemühen sich, eine gute Ehefrau zu sein, das Haus in Ordnung zu halten und ihren Job zu erledigen. Das ist alles gut, doch sie müssen sich auch um sich selbst kümmern.

Lassen Sie Ihre Nägel und Ihre Haare richten. Lassen Sie sich massieren. Gehen Sie einkaufen. Machen Sie Sport. Verbringen Sie Zeit mit Ihren Freunden. Kümmern Sie sich bestmöglich um Ihren Tempel.

Es gibt Männer, die seit Ewigkeiten keine neue Kleidung mehr gekauft haben. Ihre Hemden waren schon dreimal modern und wieder unmodern. Sie kümmern sich um ihre Familien. Sie arbeiten hart. Doch sie müssen sich auch um sich selbst kümmern. Wenn man gut aussieht, fühlt man sich besser.

Victoria bat mich neulich, rasch in den Supermarkt zu fahren, um ihr etwas zu besorgen, das sie für das Abendessen brauchte. Ich hatte gerade Sport gemacht. Ich war verschwitzt und trug ein altes T-Shirt und eine alte Sporthose. Mein Haar war ungekämmt und ich sah wirklich nicht sehr präsentabel aus, aber ich hatte keine Lust, mich erst fertig zu machen.

Also sprang ich ins Auto und fuhr zum Supermarkt, wobei ich hoffte, dass ich niemanden treffen würde. Ich bog auf den Parkplatz ein und hörte, wie Gott zu mir sprach. Es war keine Stimme, sondern eine innere Überzeugung: „Joel, wage es nicht, in diesem Aufzug in den Laden zu gehen. Ist dir nicht klar, dass du mich repräsentierst? Ich bin der König der Könige. Ich verdiene Respekt und Ehre."

Ich drehte um und fuhr den ganzen Weg nach Hause zurück, ging unter die Dusche, kämmte mein Haar, zog frische Kleidung an, fuhr zum Supermarkt zurück und kaufte ein *Fertiggericht*! – Kleiner Scherz am Rande! – Doch wir müssen begreifen, dass wir den Allerhöchsten repräsentieren. Gott mag keine Schlampigkeit. Auch wenn wir zu Hause sind, wo wir alle gern zwanglos gekleidet sind, können wir darauf achten, für unsere Kinder und für unseren Partner gut auszusehen.

Vielleicht sollten einige Frauen die alten Nachthemden wegwerfen, die sie von ihrer Großmutter geerbt haben, und etwas Neues kaufen. Sie sind vielleicht bequem und Sie mögen sie, weil sie sentimentale Erinnerungen bergen, aber ich sagen Ihnen etwas, was niemand sonst Ihnen sagen wird: Diese Hemden sind hässlich. Sie sind zu schön, um solche Dinge zu tragen. Nehmen Sie Ihre Kreditkarte und kaufen Sie im Online-Shop ein. Ich will hier keine Schleichwerbung machen, aber der Laden, an den ich denke, beginnt mit dem Namen meiner Frau: *Victoria*. Mehr darf ich Ihnen nicht verraten, denn die ganze Sache ist ein Geheimnis (engl.: *Secret*). Ich glaube, Sie wissen, was ich meine. Kaufen Sie etwas, in dem Sie wie das Meisterwerk aussehen, als das Sie von Gott geschaffen wurden.

MACHEN SIE SICH VORZÜGLICHKEIT ZUR GEWOHNHEIT

Wenn Sie in ein Geschäft gehen und aus Versehen einige Kleider von der Stange fallen lassen, dann lassen Sie sie nicht auf dem Boden liegen, als ob Sie es nicht gemerkt hätten. Eine Person, die vorzüglich handelt, hebt die Kleider auf und hängt sie zurück auf die Stange. Wenn Sie im Supermarkt einkaufen und plötzlich beschließen, das Müsli-Paket nicht mehr kaufen zu wollen, dann stellen Sie es nicht einfach neben den Kartoffelchips ab. Eine Person, die vorzüglich handelt, bringt das Paket an den Platz zurück, wo sie es hergenommen hat.

Sie ehren Gott mit Ihrem Tun

118

Nun sagen Sie vielleicht: „Die Angestellten des Geschäfts werden doch für solche Dinge bezahlt." Sie sollten es für Gott tun. Sie sollten es tun, weil Sie einen Geist der Vorzüglichkeit haben. Wer eine solche Mentalität hat, parkt nicht auf dem Behindertenparkplatz, weil er näher am Eingang des Einkaufszentrums liegt. Eine Person, die vorzüglich handelt, macht alle Lichter im Hotelzimmer aus, wenn sie es verlässt, um Energie und Kosten für das Hotel zu sparen. Sie sagt nicht: „Nun, ich bezahle schließlich viel Geld für dieses Hotelzimmer. Ich brauche mich nicht um die Lichter zu kümmern."

Menschen, die vorzüglich handeln, gehen die zusätzliche Meile, um das Richtige zu tun. Sie tun es nicht, weil jemand ihnen zuschaut oder weil jemand sie dazu auffordert. Sie tun es, um Gott zu ehren.

Bei uns zu Hause hatten wir jene riesigen 15-Liter-Wasser-Behälter. Es waren große Glasflaschen, die man mit dem Hals auf eine spezielle Vorrichtung schraubte, um das Wasser herauszupumpen. Die Flaschen waren nicht nur sehr schwer, sondern auch unhandlich. Victoria hat gern alles perfekt sauber. Obwohl der Teil der Vorrichtung, in den das Wasser fließt, versiegelt ist, gelangt der Rezeptor ein Stück nach oben in den Hals der Flasche. Man kann nicht dort hineinlangen, man muss das Siegel brechen.

Doch Victoria bestand darauf, dass die gesamte Flasche mit Seife abgewischt wird. Dadurch wurde das Glas ganz rutschig, auch wenn wir es trocken wischten. Ich diskutierte mehrmals mit ihr und versuchte sie zu überzeugen, dass es nicht nötig war, die ganze Flasche abzuwischen. Ich legte mich richtig ins Zeug, aber ich konnte sie nicht von ihrer Meinung abbringen.

Also gab ich ihr mein Wort, dass ich es so machen würde. Mehrmals kam es vor, dass ich allein in der Vorratskammer war, wo niemand mich sehen konnte, und eine neue Flasche auf die Vorrichtung zog, ohne sie abzuwischen, doch jedes Mal hörte ich diese leise Stimme in meinem Innern: „Joel, mach es richtig. Sei eine vorzügliche Person. Halte dein Wort."

Mehr als einmal war die Flasche bereits aufgezogen und ich nahm sie herunter und holte den Wischlappen. Vorzüglichkeit macht das Richtige, auch wenn niemand zuschaut. Auch wenn man findet, dass es nicht notwendig ist. Auch wenn man nicht einverstanden ist. Wenn man sein Wort gegeben hat, muss man es halten.

Manchmal müssen wir sagen: „Herr, ich habe keine Lust, dies zu tun, aber ich werde es für dich tun. Es ist ungerecht von meinem Chef, dies von mir zu verlangen, aber ich will es für dich tun. Jemand hat alles durcheinander gebracht und eigentlich wäre es nicht meine Sache aufzuräumen, aber Herr, ich will es für dich tun."

BESTEHEN SIE EINE KLEINE PRÜFUNG

Viele Menschen genießen Gottes Segen nicht so sehr, wie sie könnten, weil sie die kleinen Prüfungen nicht bestehen. Eine vorzügliche Person zu sein, bedeutet nicht unbedingt, enorme Veränderungen vorzunehmen. Es kann bedeuten, morgens zehn Minuten früher das Haus zu verlassen, um pünktlich am Arbeitsplatz zu sein. Es kann bedeuten, sich nicht zu beklagen, wenn man saubermachen soll. Es kann bedeuten, keine privaten Telefonate während der Arbeitszeit zu erledigen. Lauter kleine Dinge. Vielleicht bekommt es niemand mit. Doch in Gottes Wort lesen wir: „Die kleinen Füchse verderben die Weinberge."

Wenn ich jene Wasserflasche Woche für Woche auf die Vorrichtung gezogen hätte, ohne sie zu säubern, dann hätte niemand außer mir und Gott davon gewusst. Ich wäre damit durchgekommen, doch darum geht es: Ich will nicht zulassen, dass etwas Kleines Gott daran hindert, etwas Großes in meinem Leben zu tun.

Vor einiger Zeit befand ich mich auf dem Parkplatz eines Geschäfts, als es draußen sehr windig war. Als ich meine Wagentür öffnete, wurden mehrere Papierfetzen über den Boden gefegt. Ich wollte sie aufheben, doch der Wind kam mir zuvor und verteilte alles in verschiedene Richtungen. Ich hatte wirklich keine Lust, all diese Abfälle einzusammeln. Ich sah mich um und stellte fest, dass bereits jede Menge Abfälle auf dem Parkplatz verstreut waren.

Ich hatte es ziemlich eilig. Ich hatte mehrere gute Gründe, um den Abfall nicht aufzuheben. Ich hätte mich beinahe selbst davon überzeugt, dass ich alles liegen lassen sollte, doch dann beschloss ich im letzten Moment, eine vorzügliche Person zu sein und meinen Müll aufzuheben. Ich lief über den ganzen Parkplatz, um die einzelnen Stücke einzusammeln.

Innerlich sagte ich mir: „Was mache ich hier eigentlich? Es spielt doch gar keine Rolle – ich sollte alles liegen lassen." Als ich alles eingesammelt hatte, kam ich zu meinem Auto zurück. Ich hatte nicht bemerkt, dass ein Paar neben meinem Wagen geparkt und mich beobachtet hatte. Die Leute öffneten ihr Wagenfenster und sagten: „Hallo Joel. Wir sehen Sie jede Woche im Fernsehen."

Dann sagte die Frau etwas sehr Interessantes: „Wir haben zugeschaut, um zu sehen, was Sie tun würden."

Ich dachte: „Oh, danke, Herr Jesus!"

Ob es uns bewusst ist oder nicht, die Leute beobachten uns. Sorgen wir dafür, dass wir Gott gut repräsentieren.

ZEICHNEN SIE SICH AUS

Im vorigen Kapitel habe ich bereits Daniel erwähnt. Die Bibel sagt, er habe einen „vorzüglichen Geist" gehabt. Als Teenager wurde er von Juda nach Babylon gebracht. Der babylonische König ließ all diese jungen Männer ausbilden, und die besten unter ihnen – die klügsten, stärksten und talentiertesten – sollten zu neuen Führern gewählt werden.

Sie mussten eine bestimmte Diät einhalten und bestimmte Programme befolgen. Doch Daniel hatte Gott versprochen, ihn immer und überall zu ehren. Die Babylonier verehrten verschiedene Götzen. Daniel war respektvoll, doch er wollte nicht von der Tafelkost des Königs essen. Er wollte nicht das Gleiche tun, was alle taten. Er traf eine vorzügliche Entscheidung.

In Daniel 6,4 lesen wir: „Daniel aber übertraf alle Fürsten und Statthalter, denn es war ein überragender Geist in ihm. Darum dachte der König daran, ihn über das ganze Königreich zu setzen" (LÜ). Beachten Sie: Wir lesen nicht, dass Gott Daniel aussonderte und er befördert wurde. Wir lesen, dass Daniel alle anderen übertraf, sich gewissermaßen selbst inmitten der anderen auszeichnete.

Das geschieht, wenn wir erstens Gott ehren und zweitens einen vorzüglichen Geist haben. Wir machen keine Kompromisse. Wir folgen nicht einfach der Masse und tun, was alle anderen tun.

Auch wenn alle anderen zu spät sind, den einfachsten Weg nehmen und undiszipliniert sind – wir sollten wie Daniel sein und die zusätzliche Meile gehen. Wir sollten die Entscheidung treffen, vorzüglich zu handeln.

Im Bibeltext heißt es weiter, dass Daniel zehnmal klüger als die übrigen jungen Männer war. Er verfügte über eine unglaubliche Weisheit. Er konnte Träume und Visionen deuten. Wenn wir einen Geist der Vorzüglichkeit haben, wird Gott uns beispiellose Gunst, Kreativität und Ideen schenken, sodass wir – wie Daniel – aus der Masse herausragen. In aller Demut werden wir solche überragen, die Gott nicht ehren.

Nun lautet meine Frage: Zeichnen Sie sich selbst aus oder warten Sie darauf, dass Gott es tut? Laufen Sie die zusätzliche Meile? Tun Sie mehr, als man von Ihnen erwartet? Verbessern Sie Ihre Fähigkeiten?

Überprüfen Sie Ihr Leben. Wir alle können in verschiedenen Bereichen unseres Lebens Vorzüglichkeit anstreben – sei es im Umgang

Gott will Großes in Ihrem Leben tun

mit anderen, sei es, wie wir uns selbst präsentieren oder wie wir unsere Fähigkeiten entwickeln. Lassen Sie nicht zu, dass etwas Kleines Gott daran hindert, etwas Großes in Ihrem Leben zu tun. Sie sind zu Höherem berufen. Sie tragen Vorzüglichkeit in sich.

Das sind Sie! Nun tun Sie Ihren Teil und seien Sie diszipliniert, um Ihre Vorzüglichkeit zur Geltung zu bringen.

Wenn Sie diesen Geist der Vorzüglichkeit haben, wird Gott in Ihre Richtung atmen und dafür sorgen, dass Sie sich auszeichnen. Sie werden kreativer, fähiger, talentierter und weiser sein und mehr Ideen haben. Ich glaube und bin mir ganz sicher, dass Sie wie Daniel überragen, übertreffen und überstrahlen werden. Gott wird Sie fördern und Ihnen einen Ehrenplatz zuweisen. Sie schaffen das!

KAPITEL 6

Machen Sie Fortschritte

Es gibt zu viele Menschen, die an der „Zielkrankheit" leiden. Sie erreichen ein bestimmtes Niveau, erlangen einen beruflichen Abschluss, kaufen ihr Traumhaus und dann – dann fahren sie im Leerlauf.

Studien zufolge lesen 50 Prozent der Abiturienten in den USA nach ihrem Abschluss nie mehr ein vollständiges Buch. Vielleicht meinen sie, dass sich das Lernen auf die Schulzeit beschränkt und nicht ein Lebensstil ist.

Wir alle lernten, als wir zur Schule gingen. Unsere Lehrer und Eltern unterstützten uns dabei. Man erwartete von uns, dass wir als Schüler lernten. Doch manche Menschen denken nach ihrem Abschluss: „Mit der Schule ist es für mich vorbei. Ich bin ausgebildet. Ich habe einen guten Job."

Gewinner hören nie auf zu lernen, und dies ist die sechste unverkennbare Charaktereigenschaft eines Gewinners, die ich beobachtet habe. Gott hat uns nicht dazu geschaffen, ein bestimmtes Niveau zu erreichen und dann zu stagnieren. Ob wir neun oder 90 Jahre alt sind, wir sollten ständig lernen, unsere Fähigkeiten verbessern und das, was wir tun, noch besser machen.

Wir müssen die Verantwortung für unser eigenes Wachstum übernehmen. Wachstum geschieht nicht automatisch. Welche Schritte unternehmen Sie, um zu wachsen? Lesen Sie Bücher oder hören oder sehen Sie sich lehrreiche DVDs an? Haben Sie Mentoren? Sammeln Sie Informationen von Menschen, die mehr wissen als Sie?

Gewinner gleiten nicht einfach durchs Leben und verlassen sich auf das, was sie gelernt haben. Wir haben Schätze in unserem Innern – Talente, Gaben und Potenzial – die der

Schöpfer des Universums in uns hineingelegt hat. Doch diese Gaben kommen nicht automatisch hervor. Wir müssen sie entwickeln.

Ich las einmal, dass die reichsten Orte der Erde nicht etwa die Erdölfelder im Nahen Osten oder die Diamantenminen in Südafrika sind. Die reichsten Plätze sind die Friedhöfe. Dort sind all die Reichtümer unter der Erde vergraben: die Unternehmen, die nie gegründet wurden, Bücher, die nie geschrieben wurden, Lieder, die nie gesungen wurden, Träume, die nie erfüllt wurden, Potenzial, das nie freigesetzt wurde.

FÖRDERN SIE IHRE TALENTE

Lassen Sie nicht zu, dass Ihre Schätze auf diese Weise vergraben werden. Machen Sie weiter Fortschritte. Lernen Sie weiter. Jeden Tag sollten wir das Ziel verfolgen, in der einen oder anderen Weise zu wachsen, etwas Neues zu lernen. Pablo Casals war einer der größten Cellisten aller Zeiten. Er begann mit zwölf Jahren Cello zu spielen und erreichte ein beispielloses Niveau. Er war als der weltweit beste Cellist bekannt.

Mit 85 Jahren übte er noch immer fünf Stunden täglich. Ein Journalist fragte ihn, warum er noch immer so viel Mühe aufwendete. Er lächelte und sagte: „Ich glaube, ich werde noch besser."

Casals hatte folgendes Prinzip verstanden: Wenn wir aufhören zu lernen, hören wir auf zu wachsen. Was auch immer Sie tun – werden Sie immer besser darin. Verfeinern Sie Ihre

Fähigkeiten. Seien Sie nächstes Jahr nicht auf demselben Level wie jetzt. Werden Sie noch besser, so wie der große Cellist.

Es gibt jede Menge Gelegenheiten zu wachsen. Heutzutage ist mehr Wissen verfügbar als je zuvor in der Geschichte der Menschheit. Sie haben keine Entschuldigung für Stagnation. Sie müssen nicht zur Bücherei gehen. Sie müssen nicht einmal zu einer Universität fahren. Mit dem Internet fließen die Informationen direkt zu Ihnen nach Hause. Das Internet wurde nicht nur eingerichtet, um Fotos zu teilen, Spiele zu spielen oder Filme anzusehen. Das ist alles in Ordnung, doch das Internet ist auch ein Instrument, mit dessen Hilfe Sie Ihre Talente weiterentwickeln können.

Sie sind nicht nur Gott gegenüber in der Verantwortung, nicht nur gegenüber Ihrer Familie, sondern auch gegenüber sich selbst. Sie sollten das entwickeln, was Gott in Sie hineingelegt hat. Egal, ob Sie im Verkauf, im Personalwesen, in der KFZ-Mechanik oder im Gesundheitswesen tätig sind – Sie können Ihr Wissen beständig erweitern und Ihre Fähigkeiten verbessern. Lesen Sie Bücher, um zu lernen, wie man kommuniziert, wie man im Team arbeitet oder wie man effizienter Mitarbeiter führt.

Egal, was Sie tun, es gibt immer Menschen, die in diesem Bereich bereits Erfahrung haben. Hören Sie auf das, was sie Ihnen zu sagen haben. Nehmen Sie sich jeden Tag 20 Minuten Zeit, machen Sie den Fernseher aus und investieren Sie in sich selbst.

Sie sollten jeden Tag mit Absicht und Strategie etwas tun, um Ihre Fähigkeiten zu verbessern. Seien Sie konkret. Sagen Sie nicht

> Ergreifen Sie die Initiative und gehen Sie einen Schritt vorwärts

Dinge wie: „Wenn ich Zeit habe, werde ich mich darum kümmern."

Sie verfügen über zu viel Kompetenz, um so zu handeln. Sie haben zu viel Potenzial in sich, um auf der Stelle zu treten. Ihre Bestimmung ist zu groß, um nicht vorwärts zu gehen.

Oft lehnen wir uns zurück und denken: „Gott, ich warte auf dich. Ich warte auf den großen Durchbruch." Lassen Sie mich sagen, wer die großen Gelegenheiten erhält: Menschen, die vorbereitet sind und die kontinuierlich ihre Fähigkeiten weiterentwickeln.

Sie müssen die Initiative ergreifen, um Schritte des Wachstums zu gehen. Wenn Gott sieht, dass Sie Ihren Teil tun, dann wird er seinen Teil tun und Türen öffnen, die niemand schließen kann. Vielleicht sagen Sie: „Weißt du, Joel, ich bin so beschäftigt. Ich habe keine Zeit, irgendwelche Kurse zu besuchen. Ich habe keine Zeit, Bücher zu lesen und neue Dinge zu lernen. Sonst schaffe ich meine Arbeit nicht."

Das ist keine gute Einstellung. Es ist wie mit den beiden Holzfällern, die im Wald Bäume fällten. Der eine sagte: „Ich mache eine Pause, um meine Axt zu schärfen." Der andere sagte: „Ich habe keine Zeit, eine Pause zu machen. Ich habe zu viel zu tun. Wenn ich meine Axt schärfe, werde ich im Rückstand sein."

Er fällte einen Baum nach dem anderen. Der andere Mann ging fort und schärfte seine Axt. Drei Stunden später kam er zurück und fällte doppelt so viele Bäume wie sein Kollege mit der stumpfen Axt. Wir müssen manchmal eine Pause machen, um unsere Axt zu schärfen. Wenn wir unsere Fähigkeiten verbessern, müssen wir weniger hart arbeiten. Wir werden in weniger Zeit mehr schaffen. Wir werden produktiver sein.

TRETEN SIE NICHT AUF DER STELLE

Ob Sie Lehrer, Schreiner, Bankier oder Arzt sind – bleiben Sie nicht dort stehen, wo Sie sind. Ruhen Sie sich nicht auf Ihren Lorbeeren aus. Erwecken Sie das, was Gott in Sie hineingelegt hat, zum Leben und werden Sie immer besser in Ihrem Beruf. Schärfen Sie Ihre Axt!

Werden Sie aktiv! Sie können neue Ebenen erreichen. Die Dinge haben sich zu Ihren Gunsten gewendet. Gott hält nach Menschen Ausschau, die vorbereitet sind und Schritte tun, um weiterzukommen. Er sucht nach solchen, denen es damit ernst ist, Ihre Bestimmung zu erfüllen.

Denken Sie an David, von dem die Bibel erzählt. Er war draußen auf der Weide und hütete die Schafe seines Vaters. Heute würde man sagen, er hatte einen langweiligen Minijob und keine Freunde, und es sah nicht danach aus, als ob es für ihn irgendeine Gelegenheit geben würde, diese Situation zu ändern oder weiter zu wachsen.

Davids Brüder hatten die interessanten Aufgaben. Sie dienten im Heer des Königs. Das war ein angesehener Beruf.

David hätte eine ruhige Kugel schieben können, er hätte nachlässig und unmotiviert sein und sagen können: „Es gibt keinen Grund, meine Fähigkeiten weiterzuentwickeln. Ich habe keine Gelegenheiten. Ich versaure hier draußen mit den Schafen."

Doch er saß nicht herum und vergeudete seine Zeit. Er übte Tag für Tag und Monat für Monat mit der Steinschleuder. Ich sehe ihn förmlich vor mir, wie er eine Zielscheibe aufstellte, immer wieder Steine schleuderte, dazulernte, besser wurde, seine Haltung anpasste und seine Fähigkeiten verbesserte.

Wenn ein Wolf oder ein anderes wildes Tier seine Herde angriff, war das kein Problem für David. Er nahm seine Steinschleuder und traf das Tier. Er war wie ein Scharfschütze, ein Meisterschütze, so präzise, so geschickt; er konnte aus 100 Metern Entfernung ins Schwarze treffen.

Als Gott jemanden suchte, um den Riesen Goliat zu besiegen, eine Person, die sein auserwähltes Volk leiten sollte, da suchte er nach jemandem, der vorbereitet war. Er wollte jemanden, der seine Fähigkeiten weiterentwickelt hatte, der sich Zeit genommen hatte, die Talente, die er ihm geschenkt hatte, zu verfeinern. Gott wählte nicht einfach irgendjemanden aus – er wählte einen Meisterschützen aus, der ein Ziel mit Präzision treffen konnte.

Entwickeln Sie Ihre Fähigkeiten weiter

Wenn Gott nach jemandem Ausschau hält, den er voranbringen kann, dann schließt er nicht die Augen und sagt willkürlich: „Ich nehme diesen. Du hast gewonnen. Es ist dein Glückstag."

Nein, Gott hält nach Menschen Ausschau, die ihre Fähigkeiten weiterentwickelt haben. Wenn wir lesen, wie David vor Goliat stand und seine Steinschleuder einsetzte, denken wir manchmal, Gottes Hand sei am Werk gewesen. In gewisser Hinsicht war es Gottes Hand, doch nicht er hat den Stein geschleudert, sondern David. Gott hat nicht den Stein so geführt, dass er die Stirn des Riesen traf.

Das war David, der die Fähigkeiten, die Gott ihm geschenkt hatte, weiterentwickelt und eingesetzt hatte. Gott hat auch in Sie besondere Talente hineingelegt, mit denen Sie große Herausforderungen bestehen und neue Türen öffnen werden – Fähigkeiten, mit denen Sie auf neue Ebenen gedrängt werden.

Doch dies ist die Voraussetzung: Sie müssen Ihre Fähigkeiten weiterentwickeln. Jeder Tag, an dem Sie Zeit darauf verwenden zu lernen, zu wachsen und sich zu verbessern, bereitet Sie auf diese neue Ebene vor.

BEREITEN SIE SICH DARAUF VOR, EIN GEWINNER ZU SEIN

Vielleicht gehen Sie einer Arbeit in einer untergeordneten Stellung nach und tun etwas, was unbedeutend erscheint. Und doch wissen Sie, dass so viel mehr in Ihnen steckt. Nun könnten Sie es leicht langsamer angehen lassen und denken: „Hier gibt es keine Zukunft für mich. Ich werde mich einsetzen, sobald ich hier wegkomme, wenn sich gute Gelegenheiten ergeben oder wenn der Chef mich befördert. Dann werde ich ein paar Kurse belegen, ein paar Pfunde abnehmen, eine bessere Einstellung haben und hübschere Kleider kaufen."

Das ist eine Haltung des Rückschritts! Sie müssen beginnen, sich dort zu verbessern, wo Sie sich gerade befinden. Beginnen Sie, Ihre Fähigkeiten weiterzuentwickeln, während Sie warten. Studieren Sie die Arbeitsgewohnheiten Ihres Abteilungsleiters. Studieren Sie Ihren besten Vorgesetzten. Lernen Sie, wie sie ihre Arbeit tun. Bereiten Sie sich darauf vor, eine solche Stelle einzunehmen.

Wenn Gott sieht, dass Sie sich vorbereiten, dann wird er neue Türen öffnen. In der Bibel heißt es: „Das Geschenk des Menschen schafft ihm Raum" (Sprüche 18,16; LÜ). Wenn sich keine neuen Türen öffnen, verlieren Sie nicht den Mut. Entwickeln Sie Ihre Gaben auf neue Weise weiter. Verbessern Sie Ihre Fähigkeiten.

Vielleicht haben Sie den Eindruck, dass Ihre Vorgesetzten sich nicht bewegen, doch wenn Sie sie übertreffen und produktiver sind und mehr wissen als sie, dann werden Ihre Talente Ihnen Raum schaffen. Irgendwo, irgendwie wird Gott eine Tür öffnen und Sie dahin bringen, wo Sie nach seinem Willen sein sollen.

> Wenn Sie bereit sind, werden sich die richtigen Türen öffnen

Machen Sie sich keine Sorgen darüber, wer Ihnen voraus ist oder wann Ihre Zeit kommen wird. Fahren Sie einfach fort zu wachsen, zu lernen und sich vorzubereiten. Wenn Sie bereit sind, werden sich die richtigen Türen öffnen.

Vielleicht will Gott nicht, dass Sie die Position Ihres Vorgesetzten bekommen. Vielleicht ist diese Position zu niedrig für Sie. Vielleicht will Gott Sie auf eine ganz neue Ebene bringen. Ich kenne Leute, die am Empfang eines Unternehmens arbeiteten und von dort aus direkt zum Geschäftsführer eines millionenschweren Unternehmens wurden.

Sie schaffen das! Entwickeln Sie das fort, was in Ihnen steckt, und Sie werden weiter kommen, als Sie es sich je vorgestellt hätten.

Leiden Sie an der „Zielkrankheit"? Sie haben es sich bequem gemacht und lernen nichts dazu. Das ist nicht unbedingt falsch, aber es steckt so viel mehr in Ihnen.

SIE WURDEN DAZU GESCHAFFEN ZU WACHSEN

Studien zufolge benutzt der Mensch durchschnittlich nur 11 Prozent seines Gehirns. Denken Sie nur an all das Potenzial, das Sie erschließen könnten! Vielleicht sind Sie ein Buchhalter. Das ist prima, aber bleiben Sie nicht dort stehen. Warum versuchen Sie nicht, die Prüfung zum Buch-und Rechnungsprüfer zu bestehen? Damit könnten Sie neue Fähigkeiten erwerben. Es würde Ihnen mehr Raum verschaffen.

Vielleicht sind Sie Elektriker, Klempner oder Mechaniker. Das ist großartig, doch welche Schritte unternehmen Sie, um Ihre Fähigkeiten zu erweitern und damit Ihre Lebenssituation zu verbessern? Wenn Sie täglich zwei Stunden darauf verwenden, Ihre Fähigkeiten zu verbessern, dann werden Sie in drei Jahren ein Spezialist auf Ihrem Gebiet sein.

Finden Sie heraus, was Sie gut können, und arbeiten Sie beständig daran. In unserer heutigen Wettbewerbsgesellschaft mit ihrer angespannten Wirtschaft und den stark gewinnorientierten Unternehmen hat man schnell das Nachsehen, wenn man sich nicht kontinuierlich verbessert. Wenn Ihr Leistungsniveau heute noch mit dem Niveau identisch ist, das Sie vor fünf Jahren aufwiesen, dann befinden Sie sich im Nachteil.

Ich möchte ein neues Feuer in Ihnen entzünden. Schütteln Sie die Zielkrankheit ab. Schärfen Sie Ihre Fähigkeiten. Neulich las ich einen Artikel darüber, wie man das Risiko, entlassen zu werden, vermindern kann. Arbeitgeber halten nach drei zentralen Elementen Ausschau, um zu bestimmen, wer seinen Job behält: eine positive Einstellung, Flexibilität und das Bestreben, dazuzulernen und sich weiterzuentwickeln.

Um ein Gewinner zu sein, müssen Sie Ihre Talente so weiterentwickeln, dass Sie für Ihr Unternehmen unverzichtbar werden oder Ihr Chef zumindest weiß, dass die Dinge längst nicht so gut laufen würden, wenn Sie nicht mehr da wären.

Wenn Sie eine Woche fort sind und niemand Sie vermisst – die Verkaufszahlen sind unverändert, alle Arbeit wird erledigt – dann ist das in Ordnung, wenn Sie der Firmeninhaber sind. Wenn Sie dagegen ein Angestellter sind, dann ist diese Situation alarmierend. Wenn man Sie nicht vermisst, dann werden Sie vielleicht nicht gebraucht.

Sie müssen neue Maßstäbe setzen. Produzieren Sie mehr als bisher. Belegen Sie Kurse, um Ihre Kompetenzen zu erweitern. Legen Sie einen Zahn zu. Geben Sie sich nicht mit einer untergeordneten Position zufrieden, wo niemand Sie vermissen wird. In Ihnen steckt ein Schatz. Sie haben Talente und Fähigkeiten, die nicht unbemerkt bleiben werden. Im Buch der Sprüche 22,29 heißt es: „Kennst du jemanden, der geschickt ist bei seiner Arbeit? Er wird erfolgreich sein, und du wirst ihn nur bei einflussreichen Leuten finden." Arbeiten Sie weiter an Ihren Fähigkeiten. „Sahne steigt überall nach oben", lautet ein sorbisches Sprichwort.

So handelte Josef in der Bibel. Er fing ganz unten an. Er wurde in einen Brunnen geworfen und von seinen Brüdern in die Sklaverei verkauft. Josef wartete nicht darauf, dass ihm Gerechtigkeit widerfuhr. Er beschloss, sein Bestes zu geben. Selbst als Sklave entwickelte er seine Talente weiter.

Josef erwies sich als so wertvoll, dass sein Herr ihn über sein ganzes Haus setzte. Als er fälschlich angeklagt und ins Gefängnis geworfen wurde, war er so organisiert, weise und geschickt, dass man ihm die Aufsicht über das gesamte Gefängnis anvertraute.

Josef war Sahne, die nach oben stieg. Als der Pharao jemanden brauchte, der das landesweite Ernährungsprogramm leiten und das Land verwalten sollte, wählte er niemanden von seinen eigenen Leuten aus. Er entschied sich nicht für einen Ressortleiter oder ein Kabinettsmitglied. Er entschied sich für Josef, einen Häftling, einen Ausländer.

Warum? Josef entwickelte seine Fähigkeiten genau dort, wo er sich befand, und seine Gaben schufen ihm Raum. Nehmen Sie nicht den Ort, an dem Sie sich zurzeit befinden, als Vorwand, um nicht zu wachsen. Sagen Sie nicht: „Ich habe einen schlechten Job. Ich mag meine Stellung nicht. Mir sind ungerechte Dinge zugestoßen. Deshalb habe ich meinen Schwung verloren."

Denken Sie daran: Der Schatz ist noch immer in Ihnen. Gott sagt, es ist an der Zeit, Ihre Gaben zu nutzen. Strecken Sie sich. Belegen Sie Kurse. Schärfen Sie Ihre Fähigkeiten. Sie sollten so produktiv, so von Weisheit erfüllt sein – egal, wo Sie sich gerade befinden – dass Sie wie Josef an die Spitze gelangen.

SEIEN SIE DIE LÖSUNG, NICHT DAS PROBLEM

Ein Weg, um unschätzbaren Wert zu erlangen, besteht darin, ein Problemlöser zu sein. Josef war so jemand. Er war lösungsorientiert. Gehen Sie nicht zu Ihrem Chef und sagen: „Unsere Abteilung bricht auseinander. Der Abteilungsleiter wird uns bald verlassen. Bob hat Jim beleidigt und Bill geht nach wie vor zu früh nach Hause. Letzten Monat hat niemand unsere Steuern bezahlt. Sagen Sie mir, was soll ich tun?"

So wird man keine Beförderung erlangen. Wenn Sie ein Problem präsentieren, dann stellen Sie auch jeweils eine Lösung dazu vor. Wenn Sie keine Lösung anbieten können, dann warten Sie mit der Problempräsentation.

Ein Kind kann zu mir kommen und mir sagen, dass das Gebäude in Flammen steht. Das ist nicht schwer. Es braucht keine besonderen Fähigkeiten dazu. Doch ich möchte nicht nur, dass mir jemand sagt, das Gebäude stehe in Flammen, sondern gleichzeitig, dass die Feuerwehr auf dem Weg ist, dass alle Personen in Sicherheit sind, dass die Versicherungsgesellschaft informiert und dass Notunterkünfte organisiert wurden. Wenn Sie für Ihren Arbeitgeber unerlässlich sein wollen, dann präsentieren Sie ihm Lösungen, nicht Probleme.

Welche Schritte unternehmen Sie, um sich zu verbessern und zur nächsten Ebene vorzudringen? Lesen Sie Bücher und Fachzeitschriften, um auf dem Laufenden zu bleiben? Könnten Sie einen Kurs belegen, um sich einen Vorteil zu verschaffen?

Sie müssen in die Offensive gehen, auch wenn Sie über Ihren Berufsabschluss verfügen. Wussten Sie, dass viele Abschlüsse nach nur fünf Jahren überholt sind? Die Welt verändert sich im Laufschritt. Wenn Sie sich nicht kontinuierlich weiterbilden und Fortschritte machen, werden Sie bald ins Hintertreffen geraten.

Brechen Sie aus Ihren gewohnten Bahnen aus

Vor Kurzem sprach ich mit einem Linienpiloten. Er sagte mir, dass Piloten jedes Jahr eine Fortbildung machen müssen, um weiterhin fliegen zu dürfen. Warum? Die Technologie verändert sich in rasendem Tempo.

Lassen Sie sich nicht von der „Zielkrankheit" niederstrecken. Brechen Sie aus Ihren gewohnten Bahnen aus und lernen Sie etwas Neues. Der Komiker und Schauspieler Will Rogers sagte: „Auch wenn Sie auf der richtigen Spur sind – wenn Sie dort nur still stehen, werden Sie schließlich von allen anderen überholt werden." Wenn Sie nichts unternehmen, um Fortschritte zu machen, dann wundern Sie sich nicht, wenn jemand Ihnen die Beförderung, die Ihnen eigentlich zusteht, vor der Nase wegschnappt.

Gott hält neue Ebenen in Ihrer Zukunft bereit, doch wenn Sie nicht darauf vorbereitet sind und die Schätze, die er in Sie hineingelegt hat, nicht weiterentwickelt haben, dann werden Sie nicht die ganze Fülle dessen, was er für Sie bereithält, ausschöpfen.

Jeder von uns sollte einen persönlichen Wachstumsplan haben. Nicht irgendetwas Unklares, Verschwommenes wie: „Ich werde ab und zu ein Buch lesen. Ich werde dieses Jahr eine Fortbildung besuchen." Nein, wir brauchen einen spezifischen Plan, der festlegt, wie wir vorankommen. Darin sollten die Schritte enthalten sein, die wir unternehmen wollen, um uns zu verbessern.

Erstellen Sie einen persönlichen Wachstumsplan

Hier ein paar Ideen: Anstatt auf dem Weg zur Arbeit im Auto das Radio zu hören, hören Sie sich gutes Lehrmaterial auf CD an. Legen Sie solche CDs ein, die Ihnen helfen, sich auf Ihrem Gebiet weiterzuentwickeln.

Der durchschnittliche Deutsche verbringt pro Jahr 114 Stunden im Auto. Sie könnten Ihr Auto in eine Universität verwandeln. Das ist wertvolle Zeit. Stellen Sie sich nur vor, was Sie in 114 Stunden lernen könnten. Nutzen Sie diese Zeit.

Sie könnten sich auch während des Sports Dinge anhören, die Sie inspirieren oder informieren. Immer wieder sagen mir Leute: „Joel, ich höre mir deine Predigten an, während ich laufe oder Sport mache." Eine Frau sagte: „Ich höre mir deine Predigten jeden Abend an, bevor ich ins Bett gehe. Dann bin ich in der richtigen Verfassung, um einzuschlafen."

Ich dachte: „Na, vielen Dank auch!"

GEWINNER TUN DIE KLEINEN DINGE, DIE ZÄHLEN

Das alles sind einfache Dinge, die Gewinner tun, um sich weiterzuentwickeln und zu verbessern. Sie müssen nicht drei Stunden täglich mit Studieren zubringen. Nutzen Sie einfach die Zeit, die Ihnen gerade zur Verfügung steht.

Eine weitere sehr gute Möglichkeit ist die Nutzung von Podcasts. Sie können Predigten aus dem Internet herunterladen und anhören, wann immer Sie wollen. Wir haben in den letzten Jahren bereits 100 Millionen Kopien meiner Predigten kostenlos verteilt. Sie können über iTunes ein entsprechendes Abonnement unterzeichnen und sich die Predigten so oft anhören, wie Sie wollen. Das ist ein Plan zur Weiterentwicklung.

Wenn Sie Fortschritte machen wollen, brauchen Sie gute Mentoren – Menschen, die dort waren, wo Sie hingelangen wollen, und die mehr wissen als Sie. Lassen Sie diese Menschen in

Ihr Leben hineinsprechen. Hören Sie sich ihre Ideen an. Lernen Sie von ihren Fehlern. Denken Sie intensiv darüber nach, wie diese Personen denken und wie sie dorthin gelangt sind, wo sie sind.

Ich hörte von einem Unternehmen, das für mehrere Hundert Angestellte einen Verkaufskurs durchführte. Der Kursleiter fragte, ob jemand die Namen der drei Spitzenverkäufer nennen konnte. Alle Anwesenden hoben die Hand.

Dann fragte der Kursleiter, wie viele der Teilnehmer schon einmal mit jenen drei Personen zu Mittag gegessen und sich Zeit genommen haben, um herauszufinden, wie sie ticken? Nicht eine einzige Hand ging in die Höhe.

In unserem Lebensumfeld befinden sich Menschen, die Gott auf unseren Weg gestellt hat, damit wir von ihnen Weisheit, Einsicht und Erfahrung gewinnen können. Doch wir müssen dafür offen sein, von ihnen zu lernen. Schauen Sie umher und finden Sie die Gewinner, von denen Sie lernen könnten.

Lassen Sie sich inspirieren

Ich sage dies mit allem Respekt: Vergeuden Sie nicht Ihre kostbare Zeit mit Menschen, die nicht zu Ihrer Weiterentwicklung beitragen. Das Leben ist zu kurz, um mit Menschen herumzuhängen, die ohne Ziel leben. Die Zielkrankheit ist ansteckend. Wenn man lange genug mit solchen Menschen zu tun hat, wird ihr Mangel an Ambitionen und Energie auf uns abfärben.

Gewinner müssen sich mit inspirierenden Menschen zusammentun, die sie aufbauen und vor neue Herausforderungen stellen – nicht mit Menschen, die sie herunterziehen und davon überzeugen, dass sie beim Status Quo bleiben sollten. Ihre Bestimmung ist zu wichtig!

Junge Menschen tappen häufig in die Falle, sich um Beliebtheit zu bemühen, statt darum, ihr Bestes zu geben. In 20 Jahren interessiert sich niemand mehr dafür, ob man in der Schule beliebt war. Wer nach Aufmerksamkeit strebt und sich so verhält, dass man allen anderen gefällt, statt zu studieren – denn das ist ja uncool – der wird nach der Schule feststellen, dass sich die Dinge gewaltig ändern.

SCHAFFEN SIE EINE GRUNDLAGE FÜR BESTÄNDIGES WACHSTUM

Worum es dann geht, das sind eine gute Bildung, gute Lern- und Arbeitsgewohnheiten und eine gute Einstellung als Grundlage, auf die man aufbauen kann. Bei Popularität geht es darum, dass man sich wünscht, von den anderen gemocht zu werden. Bei Glück und Zufriedenheit geht es darum, sich selbst zu mögen.

In den meisten Schulen sind die Wissenschaftsprojekte bei weitem nicht die beliebtesten Ereignisse. Es ist wesentlich cooler, in der Fußballmannschaft zu sein als im Mathematikclub. Einige meiner Freunde machten sich über Schüler lustig, die im Debattierclub waren. Heute arbeiten sie für die Leute, die an diesem Club teilgenommen haben.

Die Sekundarstufe ist eine kritische Zeit in unserem Leben. Es sind prägende Jahre. In Amerika wird viel Wert auf Sport gelegt und zu wenig auf das Studium. Ich liebe Sport. Ich habe als Heranwachsender Sport getrieben und ich treibe auch heute noch Sport. Man lernt dadurch Disziplin und Teamwork und

Durchhaltevermögen, und das ist alles großartig. Doch der Sport darf nicht zu viel Gewicht bekommen.

Die meisten von uns werden nicht professionelle Sportler. Eines von einer Million Kindern wird ein professioneller Basketballer. Ich möchte Sie nicht deprimieren, aber wenn Sie eine weiße Hautfarbe haben, dann ist das Verhältnis eins zu fünf Millionen! Die durchschnittliche *Football*-Karriere beträgt dreieinhalb Jahre. Und selbst wenn man eine Karriere im Sport macht, braucht man eine gute Grundlage für die Zeit nach der aktiven Sportlerlaufbahn.

Wenn Sie lernen und studieren und die Schule ernst nehmen, dann werden Sie vielleicht als Bücherwurm, Streber oder Langweiler abgestempelt, aber darüber sollten Sie sich nicht den Kopf zerbrechen. In einigen Jahren wird man Sie Chef nennen. Sie werden Geschäftsführer, Doktor oder Professor genannt werden.

> Zeit ist ein Geschenk von Gott

Thomas Edison, Henry Ford und Harvey Firestone hatten alle drei Sommerhäuser in Florida, die nah beieinander lagen. Sie waren eng befreundet und verbrachten im Sommer viel Zeit miteinander.

Mit wem wir Zeit verbringen, spielt eine entscheidende Rolle bei der Frage, wie weit wir im Leben kommen. In der Bibel werden wir aufgefordert, die Zeit „auszukaufen" (Epheser 5,16). Wir müssen Zeit als Geschenk betrachten. Gott hat jedem von uns für jeden Tag 86 400 Sekunden zur Verfügung gestellt.

Sie gehen nicht verantwortungsvoll mit Gottes Gaben um, wenn Sie mit Leuten zusammen sind, die Ihre Zeit verschwenden und keine Ziele oder Träume haben.

Sie haben eine Bestimmung zu erfüllen. Gott hält in Ihrer Zukunft erstaunliche Dinge bereit. Es ist von entscheidender Wichtigkeit, dass Sie sich mit den richtigen Leuten umgeben. Wenn Sie in Ihrer Gruppe der Klügste sind, dann ist die Gruppe zu klein. Sie brauchen Leute in Ihrem Umfeld, die mehr wissen als Sie und mehr Talent haben. Lassen Sie sich nicht von ihnen einschüchtern, sondern vielmehr inspirieren.

Wenn Sie den Samen einer Eiche in einen 15-Liter-Blumentopf pflanzen, dann wird der Baum niemals die Größe erreichen, für die er geschaffen ist. Warum? Er wird durch die Größe des Blumentopfs begrenzt. Und so ist es auch mit Ihnen: Gott hat Sie dazu geschaffen, große Dinge zu tun. Er hat Fähigkeiten und Talente in Sie hineingelegt. Sie sollten sich nicht durch Ihr Umfeld einschränken lassen. Es könnte zu begrenzt sein.

Einige von uns werden durch ein zu begrenztes Umfeld eingeschränkt. Die Leute um uns herum sind negativ und ziehen uns herunter. Wir müssen aus diesem Topf herausklettern. Gott hat uns dazu geschaffen, uns in die Höhe zu schwingen. Es ist gut, Menschen zu helfen, die Probleme haben, aber wir sollten nicht unsere gesamte Zeit mit ihnen verbringen.

Wir brauchen talentierte und kluge Menschen in unserem Leben; Gewinner, die schon ein Stück weiter gekommen sind als wir und die uns inspirieren und dazu motivieren können, uns höher hinaufzuschwingen.

Nun frage ich Sie: Unternehmen Sie bewusst und strategisch etwas, um weiter Fortschritte zu machen? Wenn nicht, dann können Sie heute damit beginnen. Erstellen Sie einen persönlichen Entwicklungsplan. Er könnte zum Beispiel so aussehen: „Ich werde jeden Morgen die 20 ersten Minuten des Tages damit verbringen, über Gottes Wort nachzudenken. Auf dem Weg zur Arbeit werde ich eine lehrreiche CD hören. Vor dem Schlafengehen werde ich jeweils eine Viertelstunde ein Buch lesen. Ich werde mich zwei Mal im Monat mit meinem Mentor treffen. Ich werde jeden Sonntag zum Gottesdienst gehen."

Das ist ein konkreter Plan. Wenn Sie die Verantwortung für Ihr Wachstum übernehmen, wird Gott Ihre Bemühungen belohnen.

Förderung, gute Gelegenheiten, Geschäfte, Bücher und göttliche Verbindungen liegen in Ihrer Zukunft bereit. Doch jetzt ist es an der Zeit, sich vorzubereiten. Lassen Sie sich nicht von der Zielkrankheit anstecken.

> In Ihnen schlummert ein Schatz, der darauf wartet, gehoben zu werden

In Ihnen schlummert ein Schatz, der darauf wartet, gehoben zu werden. Nutzen Sie die Zeit. Beschließen Sie, jeden Tag in irgendeiner Weise zu wachsen. Wenn Sie Ihre Fähigkeiten weiterentwickeln und sich verbessern, verspricht Gott, dass Ihre Gaben Ihnen Raum schaffen werden.

Wenn Sie vorbereitet sind, dann glaube ich ganz fest daran, dass Sie wie David von Gott in die ganze Fülle Ihrer Bestimmung gedrängt werden. Er wird Türen öffnen, die niemand schließen kann. Sie werden weiterkommen, als Sie sich vorstellen können, und der Gewinner werden, als den er Sie geschaffen hat.

KAPITEL 7

Dienen Sie anderen

Jesus sagte, wenn wir im Reich Gottes groß sein und ein gesegnetes Leben leben wollen, dann gibt es einen ganz einfachen Schlüssel dazu: Wir müssen anderen Menschen dienen. Er sprach nicht von Ereignissen, die sich dann und wann ergeben. Er sprach von einem Lebensstil, bei dem es darum geht, anderen zu helfen und stets nach Möglichkeiten des Dienens Ausschau zu halten.

Wenn wir einen „Diene-den-anderen"-Lebensstil haben, dann helfen wir Freunden, verrichten ehrenamtliche Dienste in unserer Gemeinde und kümmern uns um unsere Angehörigen. Es ist nicht etwas, wozu wir uns zwingen müssten. Es wird Teil unseres Selbst. Wir entwickeln die Haltung, jedem Menschen, dem wir begegnen, etwas zu geben. Auf diese Weise werden wir wahres Glück und echte Erfüllung finden. Wir leben nicht, um zu empfangen, sondern um zu geben.

> Wir leben nicht, um zu empfangen, sondern um zu geben

Viele Menschen sind nicht glücklich, weil sie sich nur auf sich selbst konzentrieren. Es geht immer nur um „meine Träume", „meine Ziele" und „meine Probleme". Eine solche Nabelschau schränkt uns ein. Unsere Gedanken dürfen sich nicht immer um uns selbst drehen.

Wir wurden dazu geschaffen zu geben. Gott hat Menschen in unser Leben gestellt, damit wir ein Segen für sie sind. Jeden Morgen sollten wir uns fragen: „Herr, welche Aufgabe hast du heute für mich? Hilf mir, die Menschen zu sehen, denen ich Gutes tun kann."

Ich kenne meinen Freund Johnny beinahe mein ganzes Leben lang, mehr als 40 Jahre. Er ist ständig damit beschäftigt, anderen zu dienen. Er bringt immer irgendjemanden zum Flughafen, führt einen Freund zum Abendessen aus, ermutigt einen Pastor oder unterstützt jemanden bei einem Projekt. Als mein Vater zur Dialyse musste, kam es manchmal vor, dass niemand aus der Familie ihn zur Klinik bringen konnte, und wenn wir Johnny darum baten, dann tat er es gern.

Ich rief Johnny an einem heißen Sonntagnachmittag an. Als er den Hörer abnahm, war es im Hintergrund sehr laut. Ich konnte hören, dass er mit irgendetwas beschäftigt war. Er sagte: „Ich bin auf einem Hausdach. Die Nachbarin meines Freundes ist eine ältere Frau und wir haben ihr versprochen, an diesem Wochenende ihr Dach neu zu decken."

Er kannte die Frau noch nicht einmal. Sie war einfach die Nachbarin eines Freundes. Doch Johnny hat die Mentalität eines Dieners entwickelt. Wenn wir anderen dienen, dienen wir Gott. Wenn wir es für sie tun, tun wir es für ihn.

Jesus sagte: „Wenn ihr einem Durstigen Wasser zu trinken gebt, werdet ihr euren Lohn dafür empfangen." Jedes Mal, wenn wir jemandem dienen, schaut Gott zu. Jedes Mal, wenn wir jemandem helfen. Jede Zeit, die wir opfern – wir machen einen Umweg, um einen Freund abzuholen, wir stehen früh auf, um im Chor mitzusingen, wir bleiben länger im Büro, um einem Kollegen zu helfen – jede dieser Zeiten wird von Gott aufgezeichnet.

IHRE BELOHNUNG IST AUF DEM WEG

Rechnen Sie nicht damit, von anderen belohnt zu werden. Sie werden vielleicht keinen Dank hören. Sie werden vielleicht keine Anerkennung bekommen. Sie werden vielleicht keinen Applaus erfahren. Doch seien Sie versichert: Wenn Sie anderen dienen, gibt es im Himmel Applaus. Gott sieht Ihre Opfer.

Sie brauchen den Applaus der anderen nicht. Sie brauchen niemanden, der Ihnen zujubelt. Sie brauchen nicht die „Angestellter des Monats"-Plakette. Was Sie tun, tun Sie für Gott. Nur er ist wichtig. Er sieht, wo Sie freundlich gehandelt haben. Er sieht Ihre ehrenamtliche Arbeit im Krankenhaus. Er sieht, dass Sie jede Woche in der Kleinkindergruppe der Gemeinde mithelfen. Er sieht, wie Sie Ihren Nachbarn an Ihrem freien Tag zum Arzt gefahren haben. Wenn Sie anderen dienen, werden Sie nach Gottes Aussage groß in seinem Reich.

J. J. Moses war am College der absolute *Football*-Star. Er wurde von den *Houston Texans* engagiert und spielte sechs Jahre lang für sie. Er war der *Kick Returner* und *Punt Returner*. Er war so schnell wie der Blitz! Wenn er den Ball hatte, waren seine Fans wie elektrisiert. Es war wirklich beeindruckend, ihm zuzusehen.

J. J. spielte in der Nationalliga vor Millionen von Fans und war auf dem Gipfel des Erfolgs. Doch was glauben Sie, was er außerhalb der Spielsaisons oder an freien Tagen jeden Samstagabend tat?

Er saß nicht bequem zu Hause mit hochgelegten Füßen. Er ging nicht aus, um seine Berühmtheit zu genießen. Er war in unserer Gemeinde in Houston und diente als Platzanweiser; er führte Leute zu ihren Sitzen, führte Besucher herum, ließ den

Kollektenbeutel herumgehen und sorgte dafür, dass sich alle willkommen fühlten.

Viele, die zur Gemeinde kamen, wussten nicht, dass er ein Football-Star war. Im Stadion waren alle Lichter auf ihn gerichtet. Fans wollten ein Autogramm oder Fotos mit ihm. J. J. hätte zulassen können, dass ihm seine Berühmtheit zu Kopf stieg. Er hätte denken können: „Ich bin ein Spitzenmann, ich werde nicht als Platzanweiser dienen. Ich werde niemanden bedienen, ich erwarte, dass die anderen mir dienen.“

Stattdessen sagte er zu mir: „Meine größte Ehre war es nicht, jede Woche vor 80 000 Zuschauern im Stadion zu spielen. Als größte Ehre habe ich es empfunden, jeden Samstagabend in der Gemeinde als Platzanweiser zu dienen.“

J. J. ist ein lebendiges Beispiel für die Wahrheit, dass man nie zu groß ist, um zu dienen, nie zu wichtig, nie zu einflussreich. Ich kannte einen anderen Mann, dessen Vermögen auf mehr als neun Milliarden Dollar geschätzt wurde. Er ist heute im Himmel, aber er hatte praktisch bei null angefangen und war sehr erfolgreich im Ölgeschäft tätig. Er liebte Gott und half ständig anderen Menschen. Unter anderem besaß er ein großes Einkehrzentrum, wo man ein Wochenende lang Pause machen und auftanken konnte.

Eines Tages stand ein Ehepaar vor dem Empfangstresen des Einkehrzentrums, als der Rezeptionist gerade nicht da war. Zufällig war mein Freund, der Multimilliardär, gerade anwesend. Er war ein älterer Mann, sehr freundlich und bescheiden. Er besorgte das Einchecken für das Ehepaar, gab ihnen die Schlüssel, nahm ihre Koffer und trug sie auf ihr Zimmer. Er half ihnen, sich einzurichten und besorgte sogar Eis für sie.

Er wollte gerade den Raum verlassen, als die Frau einen Fünf-Dollar-Schein aus ihrem Portemonnaie nahm und ihm als Trinkgeld gab. Sie dachte, er sei der Hotelpage.

Er lächelte nur und dachte still: „Danke, Herr, jetzt habe ich neun Milliarden und fünf Dollar!"

Ich finde es großartig, dass er sich nicht zu wichtig fand, um zu dienen. Er sagte nicht: „Hören Sie, ich brauche Ihr Trinkgeld nicht. Mir gehört hier alles. Wissen Sie, wer ich bin?"

Man braucht eine große Persönlichkeit, um etwas Kleines zu tun. Es erfordert Demut zu sagen: „Ich brauche dies nicht zu tun. Man erwartet es nicht von mir. Ich könnte dies jemand anderen machen lassen. Niemand würde mir das vorwerfen, aber ich weiß, dass ich anderen Menschen dienen muss, wenn ich Gott dienen will."

Sie wurden dazu geschaffen zu geben. Sie wurden dazu geschaffen, das Leben anderer Menschen besser zu machen. Irgendjemand braucht das, was Sie ihm geben können. Jemand braucht Ihre Liebe. Jemand braucht Ihr Lächeln. Jemand braucht Ihre Ermutigung und Ihre Talente.

Wenn Sie anderen dienen, werden Sie eine Befriedigung erleben, die mit nichts erkauft werden kann. Sie werden Frieden, Freude, Kraft und eine Erfüllung finden, die nur Gott schenken kann. In der Bibel wird berichtet, wie Jesus mit seinen Jüngern einen langen Marsch nach Samaria unternahm. Sie waren müde und hungrig. Jesus sandte die Jünger in die Stadt, um Lebensmittel zu besorgen, während er am Brunnen wartete. Dort traf er eine Frau an. Er sprach mit ihr über ihre Zukunft und ermöglichte ihr einen Neuanfang.

Ein paar Stunden später kamen die Jünger mit dem Essen

zurück, doch Jesus war nicht mehr hungrig. Er war auch nicht müde. Er saß zufrieden und voller Frieden am Brunnen. Sie waren überrascht. Sie boten ihm etwas zu essen an, aber er lehnte ab.

Er sagte: „Ich habe eine Nahrung, von der ihr nichts wisst." Sie dachten, dass vielleicht jemand vorbeigekommen war und ihm etwas zu essen gegeben hatte. Sie sprachen darüber: „Vorhin war er müde, jetzt sieht er ausgeruht aus. Er war hungrig, und nun sagt er, er sei satt. Wie ist das möglich?"

Jesus hörte, was sie sagten. Er erklärte ihnen das Geheimnis. Er sagte: „Meine Speise besteht darin, den Willen dessen zu tun, der mich gesandt hat, und sein Werk zu erfüllen." Mit anderen Worten: „Ich bin gesättigt, weil ich das getan habe, was Gott von mir wollte. Ich wurde dadurch genährt, dass ich Menschen half. Meine Nahrung, mein Frieden, meine Freude und Erfüllung stellen sich dann ein, wenn ich anderen diene."

NÄHREN SIE IHRE SEELE DURCH DIENEN

Manchmal arbeitet man den ganzen Tag und ist nur noch müde. Und dann gibt es Momente, in denen man etwas Besonderes tut, um anderen zum Segen zu sein. Man steht früh auf, um einem Kollegen zu helfen. Man hält beim Krankenhaus an und betet mit einem Freund. Man mäht den Rasen des Nachbarn nach der Arbeit.

Eigentlich sollte man sich nach solchen Aktionen müde und erschöpft fühlen, stattdessen fühlt man sich voller Energie und erfrischt. Wie kommt das?

Wenn wir den Willen unseres Vaters tun, dann werden wir nicht austrocknen, sondern – im Gegenteil – erfrischt sein. Vielleicht dienen Sie jede Woche ehrenamtlich in Ihrer Gemeinde. Sie stehen früh auf und gehen an Ihrem freien Tag zur Gemeinde, wo Sie vielleicht beim Kinderprogramm mithelfen, nachdem Sie die ganze Woche gearbeitet haben. Vielleicht helfen Sie, samstags im Rahmen einer Sozialaktion der Gemeinde Häuser zu putzen. Vielleicht verbringen Sie den Nachmittag im Gefängnis, um den Häftlingen Mut zuzusprechen. Nun könnte man meinen, Sie würden müde, ausgelaugt und erschöpft nach einem Tag voll ehrenamtlicher Arbeit nach Hause gehen. Doch wenn Sie anderen helfen, werden Sie genährt – genau wie Jesus.

Kraft, Freude, Energie, Frieden, Weisheit und Heilung kommen auf Menschen, die anderen dienen. Gott erfrischt und stärkt uns, sodass wir nach einem Tag des Dienstes nicht ausgelaugt, sondern fit sind. Wir gehen nicht geduckt, sondern aufrecht nach Hause. Gott belohnt uns.

Nach unseren Gottesdiensten fühle ich mich jedes Mal stärker als zuvor. Biologisch gesehen macht das keinen Sinn. Ich investiere eine Menge Energie, verbringe lange Stunden dort und schüttele viele Hände, und doch gehe ich gestärkt nach Hause. Warum? Wenn wir anderen dienen, ihr Leben besser machen, sie aufrichten, Verwundete heilen –

> Wenn Sie andere aufrichten, wird Gott Sie aufrichten

dann segnen wir sie, aber wir werden auch selbst gesegnet. Wir werden genährt. Wir werden neu gefüllt.

Wenn Sie sich ständig müde und ausgelaugt fühlen, dann kann es sein, dass Sie nicht genug für andere tun. Sie müssen Ihren Blick von sich selbst abwenden. Gehen Sie in ein Altenheim und muntern Sie jemanden auf, der einsam ist. Backen Sie einen Kuchen für Ihre Nachbarn. Trainieren Sie die Kinder-Fußballmannschaft. Rufen Sie einen Freund im Krankenhaus an.

Wenn Sie andere aufrichten, wird Gott Sie aufrichten. Sie sollten nicht nur hin und wieder anderen dienen, wenn Sie freie Zeit haben. Es sollte vielmehr ein Lebensstil sein, ein Teil Ihrer Natur. Sie müssen nichts Großartiges tun. Ein einfaches Wort der Ermutigung kann jemandem den Tag aufhellen.

Victoria ging neulich nach dem Gottesdienst durch den Flur des Gemeindehauses, als sie eine junge Frau in einer Gruppe von Leuten auf sich zukommen sah. Als sie an ihr vorbeiging, schaute Victoria ihr in die Augen und sagte: „Sie sind so schön."

Sie tauschten ein paar Sätze aus und dann ging jeder seines Weges. Ein paar Wochen später erzählte mir die junge Frau, dass diese kleine Freundlichkeit einen Wendepunkt in ihrem Leben darstellte. Sie hatte eine Beziehung hinter sich, in der sie sehr schlecht behandelt worden war. Sie hatte sich unattraktiv, unwohl in ihrer Haut und vom Leben geschlagen gefühlt.

Als Victoria ihr sagte, wie schön sie sei, da war es für sie, als ob die Ketten zerbrachen, in denen sie gefangen war. Etwas in ihrem Innern erwachte zu neuem Leben. In der Bibel heißt es: „Ein freundliches Wort schenkt Freude am Leben" (Sprüche 15,4). Wir können den ganzen Tag über Gott dienen, indem wir freundliche Worte sagen, Komplimente aussprechen, Ermutigung geben und die Menschen um uns herum aufrichten.

„Du siehst heute großartig aus."

„Ich schätze dich."

„Ich glaube an dich."

„Ich bete für deine Familie."

EINFACHE WORTE KÖNNEN EINEN GROSSEN UNTERSCHIED MACHEN

Sie können zu Hause damit beginnen. Es ist toll, Menschen in der Öffentlichkeit zu dienen, aber vergessen Sie nicht, in Ihrer eigenen Familie zu dienen. Ehemänner sollten ihren Ehefrauen dienen.

„Schatz, ich gehe in die Küche. Kann ich dir etwas mitbringen?"

„Komm, lass mich mit dem Auto zur Tankstelle fahren, dann brauchst du das morgen nicht zu tun."

„Ich werde den Kindern bei den Hausaufgaben helfen. Du kannst mal eine Pause machen."

Seien Sie ein Segen für Ihre Frau.

Wenn wir alle diese dienende Haltung gegenüber unserer Ehefrau hätten, dann würden unsere Ehen nicht auseinander brechen. Ich kenne Männer, die von ihrer Frau erwarten, alles für sie zu tun. „Ich werde ihr nicht dienen, ich erwarte, dass sie mich bedient: Sie soll kochen, putzen, mein Abendessen bringen, meine Kleider waschen und das Haus in Ordnung halten."

Das ist keine Ehefrau, sondern ein Dienstmädchen! Sie können jemanden einstellen, der diese Arbeiten verrichtet. Wenn Sie eine Ehefrau wollen – eine Freundin, eine Geliebte, die Frau, die Ihr Leben wirklich bereichert – dann müssen Sie bereit sein, ihr zu dienen.

Bringen Sie ihr das Frühstück ans Bett. Räumen Sie Ihre schmutzige Wäsche in den Wäschekorb. Kümmern Sie sich um die Kinder. Sorgen Sie dafür, dass sie den Eindruck hat, etwas

Besonderes zu sein. Die Ehe ist keine Alleinherrschaft, sondern eine Partnerschaft!

Vielleicht sagen Sie: „Nun, Joel, in der Bibel steht doch, dass die Frau sich ihrem Mann unterordnen soll." Ja, doch dort steht auch, dass der Mann seine Frau so lieben soll, wie Christus seine Gemeinde liebt.

Christus war das lebendige Vorbild für die Haltung eines Dieners. Er verfügte über alle Macht der Welt. Er war der einflussreichste Mann, der je gelebt hat. Und doch lesen wir in Johannes 13, wie er sich hinunterbeugte und die Füße seiner Jünger wusch. Er hätte jemanden dazu anheuern können. Er hätte jeden der Jünger bitten können, diese Aufgabe zu verrichten, und sie hätten es getan. Er hätte einen Engel vom Himmel rufen und sagen können: „Tu mir einen Gefallen und wasche die Füße meiner Jünger. Sie riechen nicht gut; ich möchte heute nichts damit zu tun haben. Matthäus hat Fußpilz. Johannes hat seit zwei Wochen nicht mehr gebadet. Petrus könnte ein Fußspray gebrauchen."

Stattdessen nahm Jesus ein Handtuch, beugte sich herab und wusch die Füße der Jünger nacheinander. Er gab uns ein Beispiel, damit wir verstehen, dass wir nie zu wichtig sind, um anderen zu dienen. Wir sind nie zu erfolgreich. Wir sind nie zu hoch positioniert, um uns herabzubeugen und jemand anderem zu dienen. Je demütiger wir sind und je mehr wir dazu bereit sind, anderen zu dienen, desto höher hinauf kann Gott uns bringen.

Wenn Sie verheiratet sind, versuchen Sie, Ihrer Frau mehr zu dienen, und Sie werden sehen, wie Ihre Ehe noch glücklicher wird. Ich hörte von einem Mann, der damit prahlte, dass er zu Hause der Chef sei und alles unter Kontrolle habe. In dem Moment tauchte seine Frau auf.

Er sagte: „Ich habe Staub gesaugt. Ich habe die Spülmaschine angestellt und den Rasen gemäht."

Victoria und ich haben zu Beginn unserer Ehe eine Vereinbarung getroffen: Ich würde alle großen Entscheidungen treffen und sie alle kleinen Entscheidungen. Es ist komisch – seit 27 Jahren hat es nie eine große Entscheidung gegeben! Victoria sagt, ich sei der Kopf unserer Familie, doch sie sei der Hals, auf dem sich der Kopf dreht.

HALTEN SIE NACH MENSCHEN AUSSCHAU, DIE SIE SEGNEN KÖNNEN

Wem dienen Sie? Wem tun Sie etwas Gutes? Wen richten Sie auf?

Halten Sie nach Menschen Ausschau, die Sie segnen können. Gott stellt absichtlich Menschen in unser Leben hinein, damit wir ihren Tag aufhellen können. Wir sollten jeden Morgen aufstehen und sagen: „Herr, zeige mir, was ich heute tun soll. Hilf mir, für die Bedürfnisse um mich herum empfänglich zu sein."

Ich habe einmal fast 800 Menschen an einem Samstag getauft. Darunter war ein älterer Mann, der einen Schlaganfall gehabt hatte. Er konnte nicht laufen. Er wurde in einem Rollstuhl zum Taufbecken gefahren. Um in das Becken zu gelangen, muss man ein paar Stufen hinauf und dann hinunter klettern. Der Mann, der den Mann im Rollstuhl schob, war ungefähr so alt wie ich. Er hat sich sehr um den älteren Mann bemüht. Er tat alles, um für sein Wohlergehen zu sorgen.

Ein paar Männer halfen dem Älteren aufzustehen. Dann legte besagter Mann seine Arme unter seine Beine und um seinen Rücken, sodass er ihn ins Wasser tragen konnte, so wie man ein schlafendes Baby tragen würde. Es war ein sehr bewegender Augenblick, wie der jüngere Mann dem älteren half, der trotz seines Alters und seiner Behinderung so entschlossen war, sich taufen zu lassen.

Mithilfe des jüngeren Mannes waren wir imstande, den älteren Mann zu taufen. Als er wieder in seinem Rollstuhl saß, fragte ich den jüngeren Mann: „Ist das Ihr Vater?"

Er schüttelte den Kopf.

„Ist es Ihr Onkel oder sonst ein Verwandter?"

Der jüngere Mann erklärte, er habe den älteren Mann ein paar Wochen zuvor in der Gemeinde kennengelernt. Am Sonntag, als ich das Datum für die Taufe bekannt gab, hatte sich der ältere Mann zu ihm umgedreht und gesagt: „Ich würde mich so gern taufen lassen. Ich will es schon so lange, aber ich hatte diesen Schlaganfall. Wenn ich es nur früher getan hätte."

Der junge Mann bot dem älteren Mann an, ihm dabei zu helfen, seinen Wunsch zu erfüllen. Der ältere Mann hatte keine Angehörigen, die ihn zur Gemeinde brachten. Er kam in der Regel mit einem Bus für Rollstuhlfahrer.

Der jüngere Mann sagte: „Machen Sie sich keine Sorgen, ich werde mich um alles kümmern." Er holte den älteren Mann zu Hause ab, fuhr mit ihm zur Gemeinde und trug ihn ins Taufbecken. Sie hatten sich zuvor nur ein einziges Mal gesehen.

Mein Gebet lautet: „Herr, hilf uns allen, dieselbe Barmherzigkeit zu haben. Hilf uns, nicht zu beschäftigt zu sein, so viel mit unserem eigenen Leben zu tun zu haben, dass wir Gelegenheiten verpassen, anderen zu dienen." Gott fragt Sie: Wollen Sie jemanden tragen? Vielleicht nicht körperlich, aber indem Sie seine Lasten tragen? Wollen Sie einem anderen helfen, seine Träume zu erfüllen? Wollen Sie keine Mühe scheuen, um gut zu ihm zu sein?

Wenn wir Menschen helfen, die benachteiligt oder bedürftig sind, sind wir Gottes Herz am allernächsten. Ich werde nie diese Szene vergessen, wie der jüngere Mann den behinderten älteren Mann ins Wasser trug. Ich hätte verstanden, wenn er all das für seinen Vater, einen Verwandten oder langjährigen Freund getan hätte, aber er tat es für einen Fremden, den er erst ein Mal in der Gemeinde getroffen hatte.

Er tat es an einem Samstag, an dem er Sport treiben, an den Strand gehen oder sich mit Freunden hätte treffen können. Es wäre in Ordnung gewesen, sich einfach nur zu entspannen, aber seine Haltung lautete: „Ich habe eine Aufgabe. Gott hat mir jemanden auf meinen Weg gestellt, dem ich dienen soll. Ich kann einen Unterschied in seinem Leben machen und seinen Tag aufhellen."

> Gott sieht Ihre Barmherzigkeit und wird Sie belohnen

Jesus sagte: „Was ihr für einen meiner geringsten Brüder getan habt, das habt ihr für mich getan" (Matthäus 25,40). Ich finde es so wundervoll, dass jener junge Mann keine Anerkennung suchte. Er kündigte nicht an: „Ich vollbringe eine gute Tat – seht mich an." Niemand applaudierte ihm. Er diente einfach ganz still diesem Mann.

Niemand hätte gewusst, dass die beiden nicht verwandt waren, wenn ich nicht danach gefragt hätte. Denken Sie daran: Wenn Sie anderen Gutes tun und keine Mühe scheuen, um andere zu segnen – oder wenn Sie Opfer bringen, von denen niemand etwas weiß – Gott sieht Ihnen zu! Er sieht Ihr Herz voller Barmherzigkeit. Vielleicht wird niemand auf dieser Erde Applaus spenden, aber der ganze Himmel jubelt Ihnen zu.

JUBEL IM HIMMEL

Als Leiter der *Lakewood*-Gemeinde werde ich oft durch Menschen belohnt, die mir danken und mich anspornen. Ich bin sehr dankbar dafür und es berührt mich. Doch wenn niemand Sie anspornt oder Ihnen dankt oder sich erkenntlich zeigt, dann verlieren Sie nicht den Mut oder meinen, man würde Sie übersehen. Ihre Belohnung wird größer sein!

Wenn andere Menschen Ihnen Anerkennung zollen, dann haben Sie bereits einen Teil Ihrer Belohnung erhalten. Wenn niemand anerkennt, was Sie tun, dann gilt folgendes Wort der Bibel: „Dein Vater, der auch das Verborgene sieht, wird dich dafür belohnen" (Matthäus 6,4). Wenn der Zeitpunkt kommt, da Gott Belohnungen verteilt, werden einige von uns nach hinten treten müssen. Dann wird es größere Belohnungen geben für diejenigen, die hinter den Kulissen gearbeitet haben. Es wird Umarmungen für all die ehrenamtlichen Mitarbeiter geben, die Jahr für Jahr ohne besondere Anerkennung gearbeitet haben und für alle jenen uneigennützigen Personen – wie der junge Mann, der dazu beitrug, den Traum des älteren Mannes zu erfüllen – die still und ohne viel Aufhebens darum zu machen ihre Zeit, ihr Geld und ihre Kraft gegeben haben.

Vor Kurzem ging einer unserer Platzanweiser heim in die Herrlichkeit. Er hatte fast 30 Jahre lang ehrenamtlich in unserer Gemeinde gearbeitet. Er war absolut treu. Ich sah diesen älteren Herrn regelmäßig, immer lächelnd, immer gut angezogen. Ich glaube nicht, dass wir uns je persönlich unterhalten haben, aber ich kann mich gut erinnern, dass er Gottesdienst für Gottesdienst da war, Jahr für Jahr. Man konnte sich darauf verlassen, dass er jede Woche da war, um den Leuten zu helfen.

Meine Mutter nahm an seiner Beerdigung teil. Er hatte vor seinem Tod den Wunsch geäußert, mit seiner *Lakewood*-Platzanweiser-Anstecknadel beerdigt zu werden. Und so lag er im Sarg, mit der Anstecknadel an seinem besten Anzug angeheftet. Er war stolz darauf gewesen, Platzanweiser zu sein. Er hätte mit allen möglichen Dingen beerdigt werden können, aber für ihn war es eine Ehre, anderen in unserer Gemeinde gedient zu haben.

Ich stelle mir vor, dass bei der Ankunft unseres ehemaligen Platzanweisers im Himmel eine große Feier stattfand. Ich stelle mir vor, wie Engel sangen, Trompeten geblasen wurden, Applaus erklang und eine wundervolle „Willkommen-zu-Hause"-Zeremonie abgehalten wurde. Während seines Lebens voller Dienst und Freundlichkeit gab es nicht viel Applaus und Trara, doch er blieb nicht unbemerkt. Sein Lohn wartete im Himmel auf ihn.

Ich hörte von einem älteren Ehepaar, das mehr als 60 Jahre lang als Missionspaar in Afrika gedient hatte. Sie hatten ihr ganzes Leben der Missionsarbeit gewidmet und so viel Gutes getan.

Als sie schließlich in Rente gingen, kehrten sie nach New York zurück. Es ergab sich, dass sie auf demselben Schiff fuhren wie der damalige Präsident Teddy Roosevelt, der von einer großen Jagdexpedition zurückkehrte. Als ihr Schiff in den Hafen einfuhr, gab es eine Menge Trara. Eine Band spielte Musik. Der Bürgermeister und andere Würdenträger standen in einer Reihe. Flaggen wurden geschwenkt, Konfetti rieselte herab, Luftballons flogen durch die Luft. Es war eine riesige Feier.

Als der Präsident das Schiff verließ, geriet die Menge außer Rand und Band. Zehntausende jubelten, winkten und machten Fotos. Am nächsten Tag wurde in Zeitungen rund um den Globus über die Ankunft des Präsidenten berichtet.

Der Missionar sah sich das alles an und sagte zu seiner Frau: „Es scheint ungerecht zu sein, dass wir unser Leben dafür gegeben haben, anderen zu helfen und zu dienen und einen Unterschied zu machen, während der Präsident einfach eine große Urlaubsreise macht und von der ganzen Welt zu Hause willkommen geheißen wird. Niemand weiß, dass wir überhaupt existieren."

> Es wird eine Feier geben, wie Sie sie noch nie erlebt haben

Der Missionar war sehr entmutigt, als er das Schiff verließ. Später am Abend betete er: „Herr, ich verstehe das nicht. Der Präsident kehrt mit allem Trara heim, und wir kehren zurück und niemand weiß, dass wir da sind."

Er hörte Gottes Antwort tief in seinem Herzen: „Mein Sohn, das liegt daran, dass du noch nicht zu Hause angekommen bist."

Sie werden belohnt werden. Es wird eine Feier geben, wie Sie noch nie zuvor eine gesehen haben. Es wird nicht mit einer Band geschehen, die Sie auf der Erde gehört haben. Die Engel werden singen, und der ganze Himmel wird einstimmen, um Sie zu Hause willkommen zu heißen.

Wenn Sie treu waren, Opfer gebracht haben, ehrenamtliche Arbeit verrichtet und anderen gegeben haben, dann dürfen Sie heute Mut fassen: Gott sieht jede einzelne Tat der Freundlich-keit. Er sieht jedes gute Werk. Nichts von dem, was Sie getan ha-ben, ist unbemerkt an ihm vorbeigegangen. Gott hat es gesehen, und die gute Nachricht lautet: Sie werden belohnt werden.

Vergessen Sie nicht: Wenn Sie tun, was Gott Ihnen aufträgt, werden Sie genährt, erfrischt, gestärkt und mit neuer Kraft be-schenkt. Halten Sie Ausschau nach Möglichkeiten, anderen Gu-tes zu tun. Wenn Sie einen Lebensstil des Dienens entwickeln, werden Sie nach Gottes Verheißung in seinem Reich groß sein. Ich glaube und bin mir sicher, dass Sie Ihre Belohnung erhalten werden, wenn Sie ein Geber sind. Sie werden Gesundheit, Kraft, Gelegenheiten, Förderung und Durchbrüche erleben. Sie wer-den neue Ebenen der Güte Gottes erfahren.

KAPITEL 8

Bewahren Sie Ihre Begeisterung

Studien zeigen, dass begeisterte Menschen bessere Gelegenheiten im Leben erhalten. Sie werden häufiger befördert, haben ein höheres Einkommen und leben glücklicher. Das ist kein Zufall. Das Wort *enthusiastisch* kommt von dem griechischen Wort *entheos*. Theos bedeutet Gott.

Wenn wir enthusiastisch sind, dann sind wir von Gott erfüllt. Wenn wir morgens aufwachen und uns über das Leben freuen, in dem Bewusstsein, dass jeder Tag ein Geschenk ist, dann sind wir motiviert, unsere Ziele zu verfolgen. Wir werden Gnade und Segen erfahren, die uns zum Erfolg führen.

Die achte unverkennbare Charaktereigenschaft eines Gewinners ist die, das Leben mit Begeisterung zu leben. Zu viele Menschen verlieren irgendwann ihre Begeisterung. Sie waren einst voller Enthusiasmus bezüglich ihrer Zukunft und ihrer Träume, doch im Laufe ihres Lebens haben sie Rückschläge erfahren. Sie haben nicht die ersehnte Beförderung erhalten, vielleicht ist eine Beziehung zerbrochen oder sie sind krank geworden. Irgendetwas hat ihnen den Wind aus den Segeln genommen. Nun leben sie mechanisch den täglichen Rhythmus: Aufstehen, zur Arbeit gehen, nach Hause kommen.

Gott hat uns nicht Leben eingehaucht, damit wir uns mühsam durch den Tag schleppen. Er hat uns nicht nach seinem Bild geschaffen, mit seiner Gnade gekrönt und mit seiner Kraft ausgestattet, um ohne Begeisterung zu leben.

Vielleicht haben Sie manche Rückschläge erlitten. Der Wind wurde Ihnen aus den Segeln genommen. Doch heute ist ein neuer Tag! Gott haucht Ihnen neues Leben ein. Wenn Sie die Schwermut abschütteln und Ihre Begeisterung wiederfinden, dann wird der Wind wieder blasen – nicht gegen Sie, sondern für Sie. Wenn Sie mit Gott übereinstimmen, dann wird er die Dinge zu Ihren Gunsten wenden.

Am 15. Januar 2009 konnte Flugkapitän Chesley Sullenberger ein Düsenflugzeug erfolgreich auf dem Hudson River zur Landung bringen, nachdem die Motoren durch mehrfache Vogelkollisionen beschädigt worden waren. Es war ein großes Risiko, ein schweres Passagierflugzeug in eisigen Gewässern zu landen, doch alle 155 Passagiere und Besatzungsmitglieder überlebten. Der Vorfall ist als das „Wunder vom Hudson River" bekannt.

Direkt nach der erfolgreichen Notlandung und Rettung fragte ein Reporter einen Überlebenden in mittleren Jahren, wie er sich nach diesem großen Schrecken fühlte. Der Mann war durchnässt und zitterte vor Kälte, doch sein Gesicht leuchtete und seine Stimme bebte vor Aufregung, als er antwortete: „Ich habe vorher gelebt, doch jetzt bin ich *wirklich* lebendig."

Nachdem er knapp dem Tod entronnen war, hatte dieser Überlebende eine neue Perspektive erlangt: Er erkannte, dass jeder Augenblick ein Geschenk ist und beschloss, dass er nicht nur leben, sondern *wirklich* lebendig sein wollte.

SAMEN DER GRÖSSE

Nun möchte ich Sie fragen: Sind Sie *wirklich* lebendig? Leben Sie mit Begeisterung, oder stecken Sie in einer Routine fest, lassen zu, dass der Druck des Lebens Sie herunterzieht oder nehmen alles, was Sie haben, als selbstverständlich hin? Sie wurden nicht geschaffen, um einfach nur zu existieren, das Leben zu ertragen oder mechanisch dem Rhythmus des Lebens zu folgen. Sie wurden geschaffen, um *wirklich* lebendig zu sein!

Sie tragen Samen der Größe in Ihrem Innern. Es gibt mehr für Sie zu erfüllen. Der Tag, an dem Sie nicht mehr begeistert an Ihre Zukunft denken, ist der Tag, an dem Sie aufhören zu leben. Wenn Sie nicht länger begeistert in die Zukunft sehen, dann wechseln Sie vom Leben zu reiner Existenz.

Nun gibt es vielleicht nichts für Sie, über das Sie begeistert sein könnten. Ihre Zukunft erscheint Ihnen öde und grau. Dann müssen Sie stark sein und sagen: „Ich weigere mich, mich ohne Begeisterung durch diesen Tag zu schleppen. Ich bin dankbar dafür, dass ich lebe. Ich bin dankbar dafür, dass ich ohne Schmerzen atmen kann. Ich bin dankbar dafür, dass ich meine Kinder spielen hören kann. Ich bin dankbar dafür, dass ich bei jenem Unfall nicht verletzt wurde. Ich bin dankbar für die Gelegenheiten, die ich habe. Ich lebe nicht nur – ich bin *wirklich* lebendig."

Paulus schrieb an Timotheus: „Lass die Gabe wieder aufleben, die Gottes Geist in dich gelegt hat" (2. Timotheus 1,6; GN). Wenn Sie Ihre Begeisterung wieder aufleben lassen, wird Gott erstaunliche Dinge tun. Wenn Sie Ihre Begeisterung bewahren wollen, dürfen Sie nicht zulassen, dass etwas, das Ihnen einst als Wunder erschien, nun alltäglich wird. Als Sie jenen neuen Job begannen, waren Sie so begeistert. Sie erzählten allen Ihren Freunden davon. Sie wussten, dass Gott Sie gesegnet hatte. Bewahren Sie diese Begeisterung, auch wenn Sie diesen Job jetzt schon seit fünf Jahren machen.

Als Sie die Frau bzw. den Mann Ihrer Träume kennenlernten und sich verliebten, waren Sie auf Wolke sieben. Sie wussten, dass Gottes Güte Sie zusammengeführt hatte. Nehmen Sie diese Beziehung nicht als selbstverständlich hin. Erinnern Sie sich an das, was Gott getan hat.

Als Ihre Kinder zur Welt kamen, haben Sie vor Freude geweint. Ihre Geburt war ein Wunder. Sie waren so aufgeregt. Nun haben Sie Teenager zu Hause und sagen vielleicht: „Herr, womit habe ich das verdient?"

Lassen Sie nicht zu, dass das, was anfangs ein Wunder für Sie war, nun ganz normal wird. Jedes Mal, wenn Sie Ihre Kinder sehen, können Sie sagen: „Danke, Herr, für dieses wundervolle Geschenk."

Wir haben drei Jahre lang daran gearbeitet, die ehemalige *Houston Rockets Basketball-Arena* für unsere Gemeinde zu erwerben. Während dieser Zeit wurde die Arena noch für Sport- und Musikereignisse genutzt. Wenn kein Konzert und kein Match stattfanden, kamen Victoria und ich manchmal spätabends in die Arena und gingen durch die Reihen. Wir beteten und baten Gott um seine Gunst.

Als die Stadtverwaltung unserem Kauf zustimmte, feierten wir das Ereignis. Ein Traum war wahr geworden. Zehn Jahre später könnte man sich leicht daran gewöhnen. Es könnte gewöhnliche Routine werden, in diesem riesigen Gebäude Gottesdienste zu feiern, weil wir es nun schon so lange tun. Doch jedes Mal, wenn ich das Gebäude betrete, kann ich nicht anders als zu beten: „Danke, Herr. Du hast mehr getan, als ich erbitten oder erdenken kann."

LEBEN SIE VOLLER STAUNEN

Wir alle haben Gottes Güte auf die eine oder andere Weise erfahren. Gott öffnete eine Tür, gab uns eine Beförderung, bewahrte uns auf der Autobahn und sorgte dafür, dass wir jemanden trafen, der uns zum Segen war. Seine segnende Hand hat diese Dinge bewirkt.

Lassen Sie nicht zu, dass diese Segnungen gewöhnlich werden. Wir sollten voller Staunen über Gottes Taten leben. Wenn ich meine Kinder betrachte, denke ich: „Herr, du bist erstaunlich." Wenn ich Victoria sehe, denke ich: „Herr, du warst so gut zu mir." Wenn ich mit dem Auto vor meinem Haus ankomme, denke ich: „Danke, Herr, für deinen Segen."

> Lassen Sie Ihre Wunder nicht gewöhnlich werden

Lassen Sie nicht zu, dass Ihre Wunder so gewöhnlich werden, dass Sie nicht mehr begeistert darüber sind. Ich las einmal von einem berühmten Chirurgen, der noch im Alter von über 80 Jahren jeden Tag zur Arbeit ging. Er liebte die Medizin. Seine Mitarbeiter versuchten, ihn zur Pensionierung zu bewegen und es ruhig angehen zu lassen, aber er wollte nicht. Er hatte ein bestimmtes Verfahren entwickelt, das er über 10 000 Mal angewandt hatte. Es schien reine Routine zu sein. Er tat es immer und immer wieder.

In einem Interview wurde er gefragt, ob er irgendwann genug davon hatte, immer das gleiche Verfahren anzuwenden und ob es nicht irgendwann langweilig wurde. Er sagte: „Nein, denn ich führe jede Operation so durch, als ob es meine erste wäre."

Er sagte gewissermaßen: „Ich nehme das, was Gott mir zu

tun erlaubt hat, nicht als selbstverständlich hin. Ich werde nicht zulassen, dass es so gewöhnlich wird, dass ich meine Ehrfurcht verliere."

Was hat Gott für Sie getan? Haben Sie gesunde Kinder? Haben Sie Menschen in Ihrem Leben, die Sie lieben? Haben Sie eine Arbeit? Ist Ihnen bewusst, dass Ihre Gaben und Talente von Gott kommen? Erkennen Sie, dass das, was Sie für eine glückliche Gelegenheit hielten, Gottes Führung war?

> Hören Sie nicht auf, über Gottes Handeln zu staunen

Um uns herum geschehen Wunder. Nehmen Sie sie nicht als selbstverständlich hin. Hören Sie nicht auf, über Gottes Handeln zu staunen. Entfachen Sie Ihr Feuer zu neuem Leben. Lassen Sie Ihre Gaben wieder aufleben.

Manchmal sind wir zögerlich und meinen, wir würden wieder begeistert sein, wenn uns wieder etwas Gutes passieren wird. Erst dann werden wir wieder voller Elan sein. Doch ich habe folgenden Grundsatz gelernt: Wenn Sie nicht dort, wo Sie sich befinden, glücklich sind, werden Sie nicht dorthin gelangen, wo Sie sein möchten.

Sie müssen einen Samen säen. Vielleicht passiert gerade nichts Aufregendes in Ihrem Leben. Vielleicht kämpfen Sie mit großen Herausforderungen. Sie könnten leicht den Mut verlieren und Ihre Träume aufgeben. Doch wenn Sie mit einem Lächeln zur Arbeit gehen, Ihr Bestes geben, anderen gegenüber freundlich sind, dann säen Sie einen Samen.

Gott wird diesen Samen nehmen und zum Wachsen bringen, um etwas Aufregendes in Ihrem Leben hervorzubringen. In der Bibel heißt es, dass Gott uns von Herrlichkeit zu Herrlichkeit und von Sieg zu Sieg führt. Vielleicht befinden Sie sich gerade zwischen zwei Siegen, doch behalten Sie Ihre Begeisterung und Leidenschaft bei. Die gute Nachricht lautet: Ein weiterer Sieg ist auf dem Weg, eine weitere Ebene der Herrlichkeit und der Gunst Gottes.

TUN SIE ES VON GANZEM HERZEN

In der Bibel lesen wir: „All euer Tun – euer Reden wie euer Handeln – soll zeigen, dass Jesus euer Herr ist" (Kolosser 3,17).

Wenn wir uns hundertprozentig bemühen, dann geben wir im Rahmen unserer Möglichkeiten das Beste. Damit ehren wir Gott, und er wird uns segnen. Das wiederum bedeutet, dass die Dinge besser laufen werden – es wird einfacher und wir werden mehr vollbringen.

Wir wollen das einmal ganz praktisch betrachten. Wenn Sie den Abwasch machen, beklagen Sie sich nicht. Tun Sie ihn von ganzem Herzen und ehren Sie Gott. Wenn Sie den Rasen mähen, dann seien Sie nicht mürrisch dabei. Mähen Sie mit Begeisterung, als ob Sie eine Aufgabe für Gott erfüllten.

Danken Sie Gott bei jedem Schritt dafür, dass Ihre Beine funktionieren. Danken Sie ihm für Ihre Gesundheit. Tun Sie Ihre Arbeit im Büro nicht halbherzig. Tun Sie nicht nur so eben das, was von Ihnen gefordert wird. Sie arbeiten nicht für Menschen, sondern für Gott. Tun Sie es von ganzem Herzen. Tun Sie es mit einem Lächeln. Geben Sie Ihr Allerbestes.

In meiner Jugend kannte ich einen Polizisten, der an der *Galleria Mall* in Houston den Verkehr regelte. Seine Aufgabe bestand darin, an einer der verkehrsreichsten Straßenkreuzungen der Stadt für Sicherheit zu sorgen. Manchmal staute sich der Verkehr an diesem Knotenpunkt fünf oder zehn Minuten lang. Der Polizist regelte nicht nur einfach den Verkehr, er tanzte regelrecht dabei.

Beide Hände waren ständig in Bewegung. Er hatte eine Trillerpfeife und hielt seinen Kopf wie ein Tambourmajor. Seine Füße tanzten hin und her. Er konnte den Verkehr regeln und gleichzeitig wie ein *Moonwalker* tanzen. Es war eine richtige Show.

Es gab Autofahrer, die extra dorthin kamen, um ihn zu beobachten. Dieser Polizist schleppte sich nicht mühsam durch den Tag. Er ging nicht mit bleiernen Schritten zur Arbeit. Er war begeistert von dem, was er tat.

So sollten auch Sie sein. Schleppen Sie sich nicht durchs Leben. Bleiben Sie nicht in einer Spur stecken. Was auch immer Sie tun, tun Sie es von ganzem Herzen. Seien Sie voller Elan. Lächeln Sie. Sie ehren Gott, wenn Sie alles von Herzen tun.

GEBEN SIE IHR BESTES

In der Bibel lesen wir, dass Gott uns die Macht gegeben hat, das zu genießen, was er uns zugeteilt hat. Das bedeutet, dass *ich* nicht *Ihr* Leben genießen kann. Vielleicht haben Sie mehr Geld, mehr Talente, mehr Freunde, einen besseren Job. Doch wenn ich Ihr Leben leben sollte, könnte ich es nicht genießen.

Sie wurden einzigartig dazu geschaffen, Ihren eigenen Lauf zu laufen. Hören Sie auf, jemand anders sein zu wollen oder zu denken: „Wenn ich jenes Talent hätte …" Wenn Gott gewollt hätte, dass Sie jenes Talent haben, dann hätte er es Ihnen gegeben. Nehmen Sie das, was Sie haben, und entwickeln Sie es weiter. Machen Sie das Beste aus Ihren Gaben.

Anstatt zu denken: „Wenn ich nur so aussehen würde wie sie …", seien Sie dankbar für das Aussehen, das Gott Ihnen gegeben hat. Es ist kein Zufall. Das Leben, das Sie haben, ist auf Sie zugeschnitten worden.

Warum leben Sie Ihr Leben nicht mit Begeisterung? Freuen Sie sich über Ihr Aussehen, Ihre Talente und Ihre Persönlichkeit. Wenn Sie begeistert über die Person sind, die Sie sind, dann ehren Sie Gott.

Tatsächlich ist es eine Beleidigung Gottes, wenn Sie sich wünschen, eine andere Person zu sein. Sie sagen gewissermaßen: „Gott, warum hast du mich so mittelmäßig gemacht? Warum hast du mich so geschaffen, dass ich weniger bin als andere?"

> Sie sind Gottes Meisterwerk

Gott hat niemanden geringwertig geschaffen. Er hat niemanden dazu geschaffen, zweite Klasse zu sein. Sie sind ein Meisterwerk. Sie sind vollständig für den Lauf ausgerüstet, der für Sie bestimmt ist.

Sie sollten folgende Einstellung haben: „Ich bin vielleicht nicht so groß, so gebräunt oder so talentiert wie jemand anderes, aber das ist in Ordnung. Niemand wird je ein besseres Ich sein als ich selbst. Ich bin dazu gesalbt, ich selbst zu sein. Ich bin dafür ausgerüstet. Und außerdem ist es leicht, ich selbst zu sein."

Es ist leicht, Sie selbst zu sein. Es ist leicht, Ihren Lauf zu laufen, denn Sie sind dafür ausgerüstet. Doch so oft wollen die

Leute etwas anderes sein. Ich kenne dunkelhäutige Menschen, die eine bestimmte Creme verwenden, um heller auszusehen. Und ich kenne hellhäutige Menschen, die ins Sonnenstudio gehen, um dunkler auszusehen.

Neulich berührte eine ältere Frau bei einer Signierstunde meine Haare. Sie sagte: „Joel, ich wünschte, ich hätte so lockiges Haar." Heutzutage kann man daran etwas ändern. Wenn man glattes Haar hat und gern Locken hätte, kann man eine Dauerwelle machen lassen. Wenn man graue Haare hat und gern braune hätte, kann man sie färben lassen. Wenn man keine Haare hat und gern welche hätte, kann man eine Perücke kaufen!

ARBEITEN UND WACHSEN SIE WEITER

Wenn Sie Ihre Begeisterung bewahren wollen, müssen Sie produktiv sein. Sie brauchen einen Grund, um morgens aufzustehen. Wenn Sie nicht produktiv sind, machen Sie keine Fortschritte. Vielleicht haben Sie sich aus dem Berufsleben zurückgezogen, doch ziehen Sie sich nicht aus dem Leben zurück! Bleiben Sie aktiv. Benutzen Sie weiterhin Ihren Geist. Helfen Sie weiterhin anderen. Finden Sie Möglichkeiten, um produktiv zu bleiben. Arbeiten Sie ehrenamtlich im Krankenhaus. Passen Sie auf die Kinder Ihrer Verwandten auf. Übernehmen Sie die Rolle eines Mentors für einen jüngeren Menschen.

Wenn Sie aufhören, produktiv zu sein, dann werden Sie beginnen, ganz langsam zu sterben. Gott verspricht, dass er Ihnen ein langes, erfülltes Leben schenkt, wenn Sie ihm weiterhin den ersten Platz einräumen. Wie lang ist ein langes Leben? So lang, bis es erfüllt ist.

Wenn Sie mit 50 aufhören, produktiv zu sein und Sie sind erfüllt, dann hat sich dieses Versprechen bewahrheitet. Ich weiß nicht, wie es mit Ihnen steht, aber ich habe noch viel zu viel in mir, um jetzt sofort zu sterben. Ich bin noch nicht satt. Ich habe Träume, die noch nicht in Erfüllung gegangen sind. Ich habe noch Botschaften weiterzugeben. Ich habe Kinder, die ich genießen will, und meine Frau zu *erziehen* … Ich meine, meine Frau zu *genießen*. Ich habe meine Enkelkinder noch nicht gesehen.

Wenn ich ungefähr 90 bin, und wenn ich dann noch Kraft habe, gesund, voller Freude und noch immer gutaussehend bin, dann werde ich sagen: „Okay, Herr. Jetzt bin ich zufrieden. Ich bin bereit, meine Adresse zu ändern. Auf gehts."

Manche Menschen sind zu schnell zufrieden. Sie hören mit 50 auf zu leben. Wir begraben sie erst mit 80. In der Zwischenzeit lebten sie zwar, aber sie waren nicht wirklich lebendig. Vielleicht haben Sie Enttäuschungen durchgemacht. Sie haben Verluste erlebt, oder jemand hat Ihnen Unrecht getan und Sie haben Ihre Freude verloren. Sie haben sich irgendwann hingesetzt und aufgehört, das Leben zu genießen.

Doch Gott hat noch Siege in Ihrer Zukunft vorgesehen. Sie würden nicht mehr atmen, wenn Gott nicht etwas Großartiges für Sie bereithielte. Sie müssen Ihre Begeisterung wiederfinden. Gott hat noch nicht mit Ihnen abgeschlossen.

Gott möchte vollenden, was er in Ihrem Leben begonnen hat. Er will uns zu einem blühenden Ende bringen – nicht zu einem allmählichen Versanden. Sie müssen Ihren Teil dazutun und das Selbstmitleid und das, was nicht funktioniert hat, abschütteln.

Vielleicht haben Sie Grund dazu, mit sich selbst Mitleid zu haben, doch Sie haben kein Recht dazu. Gott hat uns zugesagt, das, was zu unserem Schaden gedacht war, zum Guten zu wenden, sodass wir hinterher noch besser dastehen als zuvor.

STIMMEN SIE MIT GOTT ÜBEREIN

David schrieb: „Erhebt, ihr Tore, eure Häupter, und erhebt euch, ihr ewigen Pforten, dass der König der Herrlichkeit einziehe!" (Psalm 24,7; ELB). Solange unser Haupt gesenkt ist und wir entmutigt sind, ohne Freude, ohne Begeisterung, ohne Leidenschaft, wird der König der Herrlichkeit nicht kommen.

Stehen Sie stattdessen morgens auf und sagen: „Vater, danke für diesen neuen Tag. Danke für einen neuen Sonnenaufgang. Ich freue mich auf diesen Tag." Wenn Sie wirklich lebendig, hoffnungsvoll, dankbar, begeistert und produktiv sind, dann wird der König der Herrlichkeit, der Allerhöchste, hereinkommen. Er wird einen Weg für Sie bahnen, wo Sie keinen Weg sehen.

Wir alle haben mit Schwierigkeiten zu kämpfen. Wir erleben unfaire Dinge. Lassen Sie nicht zu, dass Ihr Leben dadurch bitter wird. Ich hörte einmal den Spruch: „Probleme sind unvermeidlich, aber Bitterkeit ist gewählt." Wenn Sie etwas Schwieriges durchgemacht haben, bedeutet das nicht, dass Ihr Leben zu Ende ist.

Ich kenne einen beliebten Pastor, der seine Gemeinde viele Jahre lang betreute und so gute Predigten hielt, dass er ständig als Redner gefragt war. Doch vor einigen Jahren erkrankte er an Parkinson. Er verlor schließlich die Fähigkeit zu sprechen. Er musste den Dienst in seiner Gemeinde aufgeben. Er war einst so redegewandt, stark und dynamisch, und nun sah es so aus, als ob sein Dienst zu Ende wäre. Seine besten Tage schienen hinter ihm zu liegen.

Doch als es begann, wirklich schwierig für ihn zu werden, schickte er mir ein Manuskript mit der Anmerkung: „Joel, wie du weißt, kann ich nicht mehr reden, also habe ich begonnen zu schreiben. Hier ist das Manuskript meines neuesten Buches."

Auch wenn Sie nicht mehr tun können, was Sie vorher taten, brauchen Sie nicht im Abseits zu stehen. Wenn Sie nicht sprechen können, schreiben Sie. Wenn Sie nicht rennen können, gehen Sie. Wenn Sie nicht aufstehen können, setzen Sie sich auf. Wenn Sie nicht tanzen können, bewegen Sie den Kopf hin und her. Wenn Sie nicht singen können, tippen Sie mit dem Fuß. Tun Sie, was Sie tun können. Solange Sie atmen, haben Sie noch etwas in sich.

> Verlieren Sie nicht Ihre Begeisterung

Denken Sie an den Apostel Paulus: Er wurde auf dem Höhepunkt seiner Laufbahn ins Gefängnis geworfen. Als alles wie am Schnürchen lief, erlebte er diese schwere Enttäuschung. Paulus hätte deprimiert sein und denken können: „Ich bin am Ende." Er hätte seine Träume aufgeben können. Stattdessen behielt er seine Begeisterung.

Während seiner Haft schrieb er mehr als die Hälfte des Neuen Testaments. Was wie ein Rückschlag aussah, war für Gott der Ausgangspunkt, etwas noch Größeres in Paulus' Leben zu tun. Vielleicht haben Sie einige schwierige und unfaire Situationen durchgemacht. Bewahren Sie Ihre Begeisterung. Gott sitzt noch immer auf dem Thron. Halten Sie den Kopf hoch, der König der Herrlichkeit wird kommen und Sie dahin führen, wo Sie nach seinem Plan sein sollen.

SCHAUEN SIE NACH VORN

Die Versuchung ist groß, mit dem Blick in den Rückspiegel durchs Leben zu gehen. Wenn man ständig rückwärts schaut, konzentriert man sich meistens auf das, was nicht gut gelaufen ist, auf die Kränkungen, die man erlitten und die Fehler, die man begangen hat:

„Wenn ich doch nur die Uni abgeschlossen hätte."

„Wenn ich doch nur mehr Zeit mit meinen Kindern verbracht hätte."

„Wäre ich doch nur in einem besseren Umfeld aufgewachsen."

Solange Sie mit Bedauern leben und sich auf die negativen Aspekte Ihrer Vergangenheit konzentrieren, werden Sie nicht in die helle Zukunft hineingelangen, die Gott für Sie bereithält. Sie müssen die Dinge, die nicht geklappt haben, loslassen. Lassen Sie Ihre Verletzungen und Schmerzen los. Lassen Sie Ihre Fehler und Irrtümer los.

Sie können nichts an Ihrer Vergangenheit ändern, doch Sie können auf das Hier und Jetzt Einfluss nehmen. Egal, ob Ihre Kränkungen oder Fehler 20 Minuten oder 20 Jahre zurückliegen, lassen Sie sie los und gehen Sie vorwärts. Wenn Sie den negativen Ballast von gestern in Ihr Heute mit hineinnehmen, wird Ihre Zukunft vergiftet.

Sie können nichts daran ändern, was Ihnen widerfahren ist. Vielleicht haben Sie in Ihrer Vergangenheit viel Ungerechtigkeit erlitten, aber das bedeutet nicht, dass auch Ihre Zukunft davon geprägt sein muss. Vielleicht hatten Sie einen schwierigen Start, aber es geht nicht um Ihren Start, sondern darum, wie Sie Ihren Lauf beenden.

Lassen Sie nicht zu, dass eine schmerzhafte Beziehung Ihr Leben bitter macht. Lassen Sie nicht zu, dass schwierige Situationen, ein Verrat, eine Scheidung oder eine schwierige Kindheit dazu führen, dass Sie nicht mehr viel vom Leben erwarten. Gehen Sie vorwärts, und Gott wird zurückerstatten, was Ihnen fehlte.

Gehen Sie vorwärts und Gott wird Ihnen Recht verschaffen. Gehen Sie vorwärts und Sie werden einen neuen Anfang machen. Nichts, was Ihnen zugestoßen ist, war für Gott eine Überraschung. Der Verlust eines geliebten Menschen hat ihn nicht überrumpelt. Gottes Plan für Ihr Leben ist nicht zu Ende, weil Ihr Geschäft nicht erfolgreich lief oder eine Beziehung zerbrach oder Sie ein schwieriges Kind haben.

Lassen Sie mich folgende Frage stellen: Wollen Sie auf der Stelle treten und verbittert sein, in Selbstmitleid baden, andere beschuldigen und zulassen, dass die Vergangenheit Ihre Zukunft vergiftet? Oder wollen Sie die Vergangenheit abschütteln und vorwärts gehen, wissend, dass Ihre besten Tage noch vor Ihnen liegen?

Wenn Sie beim nächsten Mal in Ihr Auto steigen, machen Sie sich bewusst, dass die Windschutzscheibe groß und der

Rückspiegel vergleichsweise sehr klein ist. Das liegt daran, dass das, was in der Vergangenheit passiert ist, nicht annähernd so wichtig ist wie das, was in Ihrer Zukunft bereitliegt. Nicht wo Sie waren, ist von Bedeutung, sondern worauf Sie zugehen.

WERFEN SIE DEN BALLAST FORT

Wenn Sie sich auf die Vergangenheit konzentrieren, dann werden Sie auf der Stelle treten. Aus diesem Grund leben viele Menschen ohne jede Freude. Sie haben ihre Begeisterung verloren. Sie schleppen all den Ballast der Vergangenheit mit sich herum.

Jemand hat sie letzte Woche gekränkt, und sie stopfen das in ihre bereits mit Groll gefüllte mentale Schublade. Sie haben ihre Beherrschung verloren oder etwas gesagt, was sie nicht hätten sagen sollen. Nun haben sie diese Dinge in ihre mit Schuld und Selbstverachtung gefüllte mentale Schublade gesteckt.

Vor zehn Jahren starb ein geliebter Mensch, und sie fragen sich noch immer, warum. Ihr Schmerz und ihre Trauer befinden sich in der mentalen Schublade der „Enttäuschungen". Sie wurden in ihrer Kindheit schlecht behandelt – eine weitere mentale Schublade ist mit Bitterkeit gefüllt.

Und sie haben auch ihre „Reue"-Schublade, in der sich all das befindet, was sie am liebsten anders gemacht hätten. Vielleicht gibt es noch eine andere Schublade mit der Scheidung, die sie durchgemacht haben, und sie sind noch immer wütend auf ihren ehemaligen Ehepartner. Sie schleppen seit Jahren diese negativen Gefühle mit sich herum. Sie könnten es sich gar nicht leisten, ein Flugzeug zu nehmen. Das Gewicht all dieser mentalen Schubladen lastet viel zu schwer auf ihnen.

Das Leben ist zu kurz, um es auf diese Weise zu leben. Lernen Sie es, mit wenig Gewicht zu reisen. Jeden Morgen, wenn Sie aufstehen, sollten Sie denen vergeben, die Sie gekränkt haben. Vergeben Sie Ihrem Partner, wenn er Sie verletzt hat. Vergeben Sie Ihrem Chef seine Unhöflichkeit. Vergeben Sie sich selbst für die Fehler, die Sie begangen haben.

Zu Beginn eines neuen Tages sollten Sie die Rückschläge und Enttäuschungen von gestern loslassen. Beginnen Sie jeden Morgen frisch und neu. Gott hat Sie nicht dazu geschaffen, all diesen Ballast mit sich herumzuschleppen. Vielleicht haben Sie jahrelang daran festgehalten. Nichts wird sich ändern, solange Sie nicht beschließen: „Das reicht. Ich will nicht länger mit Bedauern leben. Ich will mich nicht länger auf meine Enttäuschungen konzentrieren. Ich will nicht weiter über Beziehungen nachgrübeln, die nicht funktioniert oder die mich verletzt haben. Ich will nicht mehr darüber nachdenken, wie unfair man mich behandelt hat. Ich lasse die Vergangenheit los und gehe vorwärts."

Sie sollten sich auf das konzentrieren, was Sie ändern können, nicht auf das, was nicht mehr zu ändern ist. Was passiert ist, ist passiert. Wenn jemand Sie gekränkt, schlecht behandelt oder enttäuscht hat, können Sie diese Verletzungen nicht rückgängig machen. Nun können Sie entweder verbittert sein, alles in eine mentale Schublade stopfen und sich von dem Gewicht herunterziehen lassen, oder aber Sie können denen vergeben, die Sie gekränkt haben, und vorwärts gehen.

Wenn Sie gestern Ihre Beherrschung verloren haben, können Sie sich selbst dafür anklagen und Ihre Schuld und

Selbstverachtung in eine weitere mentale Schublade stopfen – Sie können aber auch um Vergebung bitten, Gottes Gnade in Anspruch nehmen und es heute besser machen.

Wenn Sie nicht die Beförderung bekommen haben, die Sie sich wünschten, können Sie verärgert und gereizt sein, Sie können aber auch diese Enttäuschung abschütteln und darauf vertrauen, dass Gott etwas Besseres für Sie bereithält.

Egal, was passiert ist, große oder kleine Dinge – wenn Sie beschließen, diese loszulassen und vorwärts zu gehen, dann kann die Vergangenheit Ihre Zukunft nicht vergiften.

Vor einigen Jahren machte eine Frau, die ich kenne, eine Scheidung durch. Wir beteten wiederholt in der Gemeinde für sie und baten Gott, ihr einen guten neuen Mann zu schenken. Eines Tages lernte sie einen tollen Mann kennen, der Gott liebte und sehr erfolgreich war. Sie war so glücklich, doch sie beging den Fehler, den negativen Ballast ihrer Scheidung mit in die neue Beziehung hineinzunehmen. Sie redete ständig darüber, was sie durchgemacht hatte und wie schlecht sie behandelt worden war.

> **Hören Sie auf, in den kleinen Rückspiegel zu schauen**

Sie hatte eine Opfermentalität. Der Mann erzählte mir später, sie sei so sehr auf ihre Vergangenheit konzentriert und in ihren schlechten Erfahrungen gefangen gewesen, dass er nicht mehr damit zurechtkam. Er beendete die Beziehung und ging weiter. Das geschieht, wenn wir an den Kränkungen und Verletzungen der Vergangenheit festhalten. Sie werden uns vergiften, wohin wir auch gehen. Wir können nicht den Ballast der Vergangenheit mit uns herumschleppen und erwarten, dass wir gute Beziehungen haben können. Wir müssen den Ballast loslassen.

Hören Sie auf, in den kleinen Rückspiegel zu schauen und sehen Sie stattdessen durch die große Windschutzscheibe vor Ihnen. Vielleicht haben Sie einige schwierige Situationen durchgemacht, doch Gottes Plan für Ihr Leben ist deshalb nicht zu Ende. Er hält noch immer erstaunliche Dinge in Ihrer Zukunft bereit.

Wenn sich eine Tür schließt, dann bewahren Sie Ihr Vertrauen, und Gott wird eine neue Tür öffnen. Wenn ein Traum stirbt, dann sitzen Sie nicht voller Selbstmitleid herum und reden darüber, was Sie verloren haben, sondern gehen Sie vorwärts und träumen Sie einen neuen Traum. Ihr Leben ist nicht vorbei, weil Sie einen geliebten Menschen verloren, eine Scheidung durchgemacht, einen Job verloren oder nicht das gewünschte Haus bekommen haben. Sie wären nicht am Leben, wenn Gott nicht einen weiteren Sieg für Sie bereithielte.

BEREITEN SIE SICH AUF DIE NEUEN DINGE VOR, DIE GOTT FÜR SIE BEREITHÄLT

Pastor Dutch Sheets erzählte die Geschichte einer 40-jährigen Frau, die am offenen Herzen operiert werden musste. Eine ihrer Arterien war verstopft und sie brauchte eine Bypass-Operation. Das ist ein heikler Eingriff, der aber mittlerweile zur Routine geworden ist und mehr als 230 000 Mal jährlich durchgeführt wird.

Während der Operation klemmt der Chirurg die Hauptader ab, die zum Herzen strömt, und schließt sie an eine Maschine an, die das Blut pumpt und das Funktionieren der Lungen gewährleistet. Das Herz hört auf zu schlagen, während die Vene einen Bypass bekommt.

Wenn der Eingriff vorbei ist und die Maschine abgestellt wird, bewirkt die Wärme des Blutes im Körper normalerweise, dass das Herz wieder aktiv wird und erneut zu schlagen beginnt. Wenn das nicht funktioniert, werden Medikamente eingesetzt, die das Herz wachrütteln.

Jene Frau lag also auf dem OP-Tisch, der Bypass war gelegt und der Chirurg ließ erneut das Blut durch die Adern strömen, doch ihr Herz begann nicht zu schlagen. Man gab ihr die üblichen Medikamente, doch ohne Erfolg.

Das Herz blieb inaktiv. Der Chirurg begann eine Herzmassage, um den Muskel zu stimulieren und das Herz zu aktivieren, doch auch das funktionierte nicht.

Der Chirurg war verzweifelt. Es sah so aus, als ob alles vorbei wäre. Nachdem er alles getan hatte, was medizinisch gesehen möglich war, lehnte er sich vor und flüsterte ihr ins Ohr: „Mary, ich habe alles getan, was ich tun konnte. Jetzt müssen Sie Ihrem Herzen befehlen, wieder zu schlagen."

Er trat einen Schritt zurück und hörte *bumm, bumm, bumm*. Ihr Herz hatte begonnen, wieder zu schlagen.

Müssen Sie vielleicht Ihrem Herzen befehlen, erneut zu schlagen? Vielleicht haben Sie Enttäuschungen erlebt und die Dinge sind anders gelaufen, als Sie es sich erhofft hatten. Jetzt sitzen Sie gewissermaßen im Abseits. Sie müssen Ihre Begeisterung wiederfinden. Entfachen Sie neu das Feuer in Ihnen. Befehlen Sie Ihrem Herzen, wieder zu träumen. Befehlen Sie Ihrem Herzen, wieder zu lieben, wieder zu lachen, wieder zu glauben.

GEBEN SIE DEM LEBEN ALLES, WAS SIE HABEN

Ich habe einen Freund, der nach 26 Jahren Ehe eine Scheidung durchmachen musste. Seine Frau hatte ihn verlassen, indem sie einen Zettel hinterließ, auf dem sie erklärte, sie habe einen anderen Mann gefunden. Mein Freund war immer ein kontaktfreudiger, lustiger und energiegeladener Mensch gewesen. Doch nachdem seine Frau ihn verlassen hatte, wurde er ernst, mutlos, ohne Freude, ohne Leben.

Ich sagte ihm, was ich auch Ihnen sage: „Dies ist nicht das Ende. Gott hält einen neuen Anfang für dich bereit. Doch du musst deinen Teil dazutun und deinem Herzen befehlen, erneut zu schlagen." Nach und nach fand er seine Freude, seine Vision und seine Begeisterung wieder.

Dann ließ Gott ihn eine wundervolle Frau kennenlernen und die beiden heirateten. Vor Kurzem erzählte er mir, er sei glücklicher als je zuvor in seinem Leben.

Vielleicht haben auch Sie einen Rückschlag erlitten, doch baden Sie nicht in Selbstmitleid. Befehlen Sie Ihrem Herzen, erneut zu schlagen. Befehlen Sie Ihrem Herzen, erneut zu lieben. Vielleicht hat jemand Ihnen Unrecht getan, doch lassen Sie nicht zu, dass Sie dadurch vergiftet werden. Befehlen Sie Ihrem Herzen, erneut zu vergeben. Vielleicht hat sich ein Traum nicht erfüllt, doch nichts wird sich ändern, wenn Sie innerlich aufgeben. Befehlen Sie Ihrem Herzen, wieder zu träumen.

Vielleicht sind Sie durch den Stress des Lebens niedergedrückt und haben Ihre Freude verloren. Sie müssen Ihrem Herzen befehlen, wieder zu lachen. Finden Sie Ihre Freude wieder. Finden Sie Ihre Begeisterung wieder.

Jesus sagt in der Offenbarung 2,4 (ELB): „Aber ich habe gegen dich, dass du deine erste Liebe verlassen hast." Es heißt hier nicht, dass wir unsere Liebe *verloren*, sondern dass wir unsere erste Liebe *verlassen* haben. Das bedeutet, dass wir sie wiedererlangen können. Sie haben Ihre Begeisterung nicht verloren. Sie haben sie verlassen. Holen Sie sie zurück.

Sie haben die Liebe zu Ihrer Familie nicht verloren, Sie haben sie verlassen – holen Sie sie zurück! Sie haben jenen Traum nicht verloren; er ist noch immer da, in Ihrem Innern. Sie haben ihn nur verlassen – holen Sie ihn zurück!

Fachen Sie wieder an, was Gott in Sie hineingelegt hat. Geben Sie der Flamme wieder Nahrung. Begnügen Sie sich nicht damit, zu überleben. Gott möchte, dass Sie wirklich lebendig sind.

Seien Sie bereit für Gottes Segen

Vielleicht haben Sie manche Rückschläge erlitten, doch heute ist ein neuer Tag. Träume erwachen wieder zum Leben. Ihre Vision wird erneuert. Ihre Begeisterung kommt zurück. Herzen schlagen wieder. Seien Sie bereit für Gottes Güte. Seien Sie bereit für Gottes Segen.

Sie *können* ein Leben des Sieges führen. Sie *können* jedes Hindernis überwinden. Sie *können* Ihre Träume erfüllen. Sie *können* neue Maßstäbe für Ihre Familie setzen.

Sie sind nicht nur dazu imstande, sondern ich erkläre, dass Sie alles *werden*, wozu Gott Sie geschaffen hat. Sie *werden* zu neuen Ebenen aufsteigen. Sie *werden* ein gesegnetes, erfolgreiches, lohnendes Leben führen. Meine Ermutigung lautet: Bleiben Sie nicht auf der Stelle stehen.

Sie tragen Samen der Größe in Ihrem Innern. Setzen Sie diese Grundsätze jeden Tag um. Stehen Sie morgens in der Erwartung auf, dass gute Dinge passieren werden, gehen Sie mit einer positiven Einstellung durch den Tag, indem Sie sich auf Ihre Vision konzentrieren, Ihren Lauf laufen und wissen, dass Sie sehr gut imstande sind, es zu schaffen.

Das Gewinnen ist in Ihre DNA eingeschrieben. Der Allmächtige hat Ihnen sein Leben eingehaucht. Sie haben alles, was Sie brauchen, um erfolgreich zu sein. Es ist Ihre Zeit. Es ist Ihr Augenblick. Schütteln Sie Ihre Zweifel ab, schütteln Sie Angst und Unsicherheit ab und seien Sie bereit, Segen und Wachstum zu erfahren und die Fülle Ihrer Bestimmung zu erreichen. Sie schaffen das!

> **Bleiben Sie nicht auf der Stelle stehen**

Verlagsgruppe Random House FSC®N001967
Das für dieses Buch verwendete FSC®-zertifizierte Papier
Munken Premium Cream liefert Arctic Paper Munkedals AB, Schweden.

Die amerikanische Originalausgabe erschien im Verlag FaithWords,
Hachette Book Group, 237 Park Avenue, New York, NY 10017
unter dem Titel „You can You will".
This edition published by arrangement with FaithWords,
New York, NY, USA. All rights reserved.
Dieses Werk wurde vermittelt durch die Literarische Agentur
Thomas Schlück GmbH, 30827 Garbsen.
© 2014 by Joel Osteen
© 2016 der deutschen Ausgabe Gerth Medien GmbH, Asslar
in der Verlagsgruppe Random House GmbH, München

Die Bibelstellen sind der Übersetzung Hoffnung für alle® entnommen,
Copyright © 1983, 1996, 2002 by Biblica Inc.®. Verwendet mit freundlicher Geneh-
migung von Fontis – Brunnen Basel. Alle weiteren Rechte weltweit vorbehalten.
Außerdem wurde vereinzelt aus den folgenden Übersetzungen zitiert:
Revidierte Elberfelder Bibel, © 1985/1991/2008 SCM R.Brockhaus im SCM-Verlag
GmbH & Co. KG, Witten. (ELB)
Gute Nachricht, © 1997 Deutsche Bibelgesellschaft, Stuttgart. (GN)
Luther, revidierte Fassung von 1984, durchgesehene Ausgabe in neuer Rechtschreibung.
© 1984 Deutsche Bibelgesellschaft, Stuttgart. (LÜ)

1. Auflage 2016
Best.-Nr. 817095
ISBN 978-3-95734-095-5

Umschlaggestaltung: Michael Wenrist
Umschlagfoto: Shutterstock
Satz: Greiner & Reichel, Köln
Druck und Verarbeitung: GGP Media GmbH, Pößneck
Printed in Germany